2018年度教育部人文社会科学研究青年基金项目"世界一流大基于案例分析的视角"（18YJC880154）

"教授治学"的制度化过程

一所研究型大学的个案研究

朱贺玲◎著

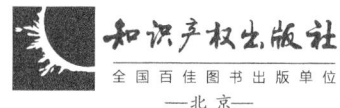
知识产权出版社
全国百佳图书出版单位
—北京—

图书在版编目（CIP）数据

"教授治学"的制度化过程：一所研究型大学的个案研究/朱贺玲著. —北京：知识产权出版社，2019.12

ISBN 978-7-5130-6650-1

Ⅰ.①教… Ⅱ.①朱… Ⅲ.①高等学校—科研管理—研究—中国 Ⅳ.①G644

中国版本图书馆 CIP 数据核字（2019）第 283277 号

内容提要

《国家中长期教育改革和发展规划纲要（2010—2020年）》提出"教授治学"的概念，强调应充分发挥教授在教学、学术研究和学校管理中的作用。本书从制度化过程的理论视角切入，以我国一所研究型大学为个案，主要探讨我国大学教师参与课程、招生、人事等事务的制度化过程。分析并比较"教授治学"在不同阶段的特征及主要表现方式，归纳总结出教师在日常工作情境中，参与课程、招生、教师招聘、职称评定等事务决策的制度化过程。

策划编辑：	李　瑾	责任校对：	潘凤越
责任编辑：	张利萍　韩　冰	责任印制：	孙婷婷

"教授治学"的制度化过程
——一所研究型大学的个案研究

朱贺玲　著

出版发行：	知识产权出版社有限责任公司	网　　址：	http://www.ipph.cn
社　　址：	北京市海淀区气象路50号院	邮　　编：	100081
责编电话：	010-82000860 转 8387	责编邮箱：	65109211@qq.com
发行电话：	010-82000860 转 8101/8102	发行传真：	010-82000893/82005070/82000270
印　　刷：	北京九州迅驰传媒文化有限公司	经　　销：	各大网上书店、新华书店及相关专业书店
开　　本：	720mm×1000mm　1/16	印　　张：	15.25
版　　次：	2019年12月第1版	印　　次：	2019年12月第1次印刷
字　　数：	240千字	定　　价：	69.00元

ISBN 978-7-5130-6650-1

出版权专有　侵权必究

如有印装质量问题，本社负责调换。

前 言
Preface

大学治理一直都是国际学术界的讨论焦点，尤其是强调竞争与问责的新公共管理兴起后，决策速度成为各国大学的重要考量，精简决策程序、集中决策权力纷纷被提上改革日程。在此背景下，大学治理的路向应该如何发展，教师是否、如何参与治理成为学术讨论的焦点之一。与此同时，"建立现代大学制度""去行政化""教授治学"等议题近年同样引起国内诸多学术讨论和媒体关注，如何定位大学与政府的关系，何种治理结构能够促成大学权责利清晰、高效且健康的运作，如何分离和平衡政治权力、行政权力、学术权力，如何理解"教授治学"落实的现实困境等均为大学治理改革所要解决的重要议题。

大学治理的概念较为复杂，通常可区分为外部治理（external governance）和内部治理（internal governance）。外部治理侧重大学与政府、市场等外部利益相关者之间的互动，内部治理则通常指涉决策（decision-making）的结构和过程，其中，在决策过程中往往涉及权力的安排、资源的分配、利益的平衡等诸多议题。外部治理与内部治理并非完全独立，大学与政府、市场等外部利益相关者的互动在一定程度上形塑内部治理的结构、过程和文化。

从国际视野来看，传统西方大学强调学术和机构自治，认为大学有权在资深教授的指导和监督下，对内部事务独立做出决策，同僚治理、教授治校因此成为经典的治理模式。随着政治、经济、文化和社会结构的变革，大学组织以及外部环境日益复杂，政府、市场逐渐介入大学的内部治理活动，强调利益相关者协同参与的共同治理，以及主张精简决策程序，集中决策权力，形成强有力的核心行政领导层的企业化治理迅速受到广泛关注。

在中国情境下，中华人民共和国成立初期，政府多以计划调控和行政命令直接干预大学具体运作，改革开放以后，政府实施一系列还权、放权政策，大学渐次获得招生、学科建设和调整、教学、科研、学术交流、教师队伍建设、内部组织机构的设置及人员配备、经费管理及使用等一系列自主权。然而，中央政府、地方政府逐级下放的权力多数集中于以党委、校长为中心的学校行政管理层，学院自治空间有限，学术权力也并未凸显。

具体来说，一方面，从决策权力的纵向分配来看，既有研究表明，中国大学呈现出较为明显的"倒金字塔"式治理结构，决策权力大多集中于学校高层，院系等基层学术组织缺乏办学自主权❶。事关大学发展和教职工切身利益的决策，多由以党委书记为主的学校党委会和以校长为主的校长办公会"拍板"，更有甚者，二者下属的行政部门简单提议后，便可形成一项决策或规章制度❷。由于学校掌握着经费等资源分配的权力，基层学术组织多对其形成依赖，依据校领导决策意图执行相关决议被视为理所当然。

另一方面，从决策权力的横向分配来看，政治权力、行政权力仍居主导地位，但学术权力也逐渐受到国家政策文本和大学改革实践的重视。以往政策文本大多强调教师的福利、权益，以及学术事务中的讨论、监督、审议、咨询权，2010年的《国家中长期教育改革和发展规划纲要（2010—2020年）》提出"教授治学"的概念，强调应充分发挥教授在教学、学术研究和学校管理中的作用。2014年，《高等学校学术委员会规程》首次明确了教师在学术事务中的决策权。

从实践层面来看，自中华人民共和国成立以来，大学治理形式几经改革，但大多围绕学校党委与校行政职权如何划分而展开。例如，有学者指出，我国大学先后经历了"校长负责制""党委领导下的校务委员会负责制"、新的"校长负责制""党委领导下的校长负责制"等阶段❸。不过，教师虽然并未享有学校层级的决策权，但在学院或学系层级，却可以通过学术委员会、学

---

❶ 周光礼. 从管理到治理：大学章程再定位 [J]. 湖南师范大学教育科学学报, 2014, 13 (2): 71-77.

❷ 周本贞, 陆选荣, 王飞. 多元共治视阈中大学内部四大管理主体的问题及消解 [J]. 高校教育管理, 2013, 1 (7): 21-26.

❸ 张斌贤. 我国高等学校内部管理体制的变迁 [J]. 教育学报, 2005, 1 (1): 36-42.

位评定委员会、职称评定委员会等学术机构切实地发挥影响力❶。而且,随着"教授治学"政策的出台,大学纷纷在院系层级设立教授委员会,个别学校甚至明令院级领导不可参与其中,以保证普通教师在学术事务决策中的参与。与此同时,大学章程也为相关学术组织在大学层级决策过程中的参与搭建了平台。

既有关于大学治理的研究,西方早期研究大部分集中于结构取向,认为检验组织结构是理解和完善大学治理的关键,多数学者试图界定何种机构(董事会、校长、学院、系部)享有决策权及其各自的权力范围❷,20 世纪 80 年代以后,外部力量对于大学治理的影响开始受到关注。随着研究的深入,关注点逐渐由结构转向"人",人际互动成为大学治理新的研究取向❸,教师是否、如何参与决策引发广泛讨论。与此同时,国内学者多以思辨或经验分享的方式探讨大学治理的应然结构,或量化分析教师参与决策的意愿和现状,鲜有研究以质性研究方法呈现大学的决策过程,深入、细致地探讨各群体之间的互动如何影响决策结果。

本书从制度化过程的理论视角切入,以我国一所研究型大学为个案,探讨"教授治学"在教师工作情境中的制度化过程。相关讨论认为,制度化是一个连续的过程,新的实践方式一般通过惯习化在实践中获得相对稳定的操作方式或运作流程;通过客观化成为客观存在的制度并付诸实施,而且在实施过程中,相关规则具体明确,运作程序清晰,沟通过程及结果独立,与决策者的个人好恶无关;通过沉积为个体所内化,并代代相传,成为理所当然的行为方式。"教授治学"近期被列入政策文本,强调教师应该在与学术相关的领域享有决策权。作为一种新的实践方式,"教授治学"在不同的制度化阶段,将会呈现出怎样的发展过程?如何影响教师的行为?教师如何逐渐内化

---

❶ 张斌贤. 我国高等学校内部管理体制的变迁 [J]. 教育学报, 2005, 1 (1): 36-42.

❷ Duryea E. Evolution of university organization [M] //M Peterson. ASHE reader on organization and governance in higher education. Needham Heights, MA: Ginned Press, 1991: 3-15.

Gross E, Grambasch P. Changes in university organization, 1964-1971 [M]. New York: McGraw-Hill, 1974.

❸ Kezar A J, Eckel P D. Meeting today's governance challenges: a synthesis of the literature and examination of a future agenda for scholarship [J]. The Journal of Higher Education, 2004, 75 (4): 371-399.

这一新的实践方式？如何做出回应？均为本书主要关注的问题。

值得注意的是，本书同时参考路径依赖的相关讨论，分析教师如何看待原有方式对于新的做法的影响。路径依赖强调制度一旦建立，便倾向于持续稳定并影响个体行为，即使有新的制度产生，个体也往往需要缓慢的适应过程，方能对新的制度予以反应，并相应地调整自己的行为。因而，在路径依赖的讨论下，可以关注"教授治学"这一新的实践方式在实施过程中如何受到之前治理形式的影响。

目 录
CONTENTS

- **第一章 导论** | 001
  - 第一节 研究背景 | 001
  - 第二节 研究目的与问题提出 | 013
  - 第三节 研究意义 | 014

- **第二章 文献综述** | 016
  - 第一节 共同治理的内涵及其主要讨论 | 016
  - 第二节 新制度主义的主要讨论 | 030
  - 第三节 我国"教授治学"的相关讨论 | 057
  - 第四节 我国"教授治学"与传统治理形式的联系 | 059
  - 第五节 我国"教授治学"与"制度化过程"的联系 | 062
  - 第六节 概念框架 | 064

- **第三章 研究方法及研究设计** | 067
  - 第一节 研究问题 | 067
  - 第二节 研究方法 | 069
  - 第三节 研究设计 | 070
  - 第四节 研究可靠性与研究伦理 | 076

- **第四章　课程事务决策中的教师参与** | 077
  - 第一节　教师内化课程事务决策方式的过程 | 077
  - 第二节　课程事务决策过程的稳定及代代相传 | 096
  - 第三节　课程事务决策过程的惯性特征 | 108
  - 第四节　本章结语 | 113

- **第五章　招生事务决策中的教师参与** | 117
  - 第一节　教师内化招生事务决策方式的过程 | 117
  - 第二节　招生事务决策方式的稳定及代代相传 | 129
  - 第三节　招生事务决策方式的惯性特征 | 141
  - 第四节　本章结语 | 146

- **第六章　人事事务决策中的教师参与** | 150
  - 第一节　教师内化人事事务决策方式的过程 | 150
  - 第二节　人事事务决策方式的稳定 | 172
  - 第三节　人事事务决策方式的惯性特征 | 186
  - 第四节　本章结语 | 190

- **第七章　结论** | 193
  - 第一节　研究发现 | 193
  - 第二节　理论贡献 | 205
  - 第三节　政策建议 | 211

- **参考文献** | 214

- **后　记** | 233

第一章 导论

西方大学强调同僚治理或者共同治理，认为教师作为专业人员，或者作为大学事务的重要利益相关者，应该参与决策过程，影响决策结果。内地大学近年同样较为关注教师的决策权，不仅在政策层面明确提出"教授治学"，不少大学更是相继在院系层面成立教授委员会，提出教师在学院相关事务，尤其是在课程、教师招聘与职称评定、招生等学术领域应该享有决策的权力。本章主要介绍研究的政策和理论背景，明确研究目的，提出研究问题，并阐述研究的理论和实践意义。

第一节　研究背景

一、实践背景

自中华人民共和国成立以来，我国大学在学校以及院系层级的治理形式几经改革，但大多围绕学校党委书记与校长，或者学院党委书记与院长职权如何划分而展开，关于教师群体的政策文本，大多关注其福利与权益，以及学术事务中的讨论、监督、咨询权，2014年1月发布的《高等学校学术委员会规程》，首次明确了大学教师在学术事务中的决策权。

(一) 我国大学治理形式的发展

我国大学学校层级的治理形式主要经历了四个阶段的改革（张斌贤，2005）。第一阶段，中华人民共和国成立初期，受苏联大学"一长制"的影响，我国大学主要实行"校长负责制"（1950—1956年），这一时期的政策文件明确规定校长代表学校，领导全校一切教学、研究及行政事宜，至于教师群体的权力则没有专门文字提及；第二阶段，1956年后逐渐加强中国共产党在大学中的地位，实行"党委领导下的校务委员会负责制"（1958—1977年），相关政策文件规定高等学校的党委员会，是学校工作的领导核心，对学校工作实行统一领导；第三阶段，1976年后进入新的校长负责制的探索时期（1976—1988年），强调党组织应主要负责学校内党的建设和思想政治工作，并逐步探索校长负责制，尝试设立由校长主持的校务委员会，值得注意的是，这一阶段的大学开始设立教职工代表大会和学术委员会，强调教师应享有学校事务，尤其是学术事务的讨论、咨询与监督权；第四阶段，1989年至今，我国大学主要实行"党委领导下的校长负责制"，强调中国共产党统一领导学校工作，同时支持校长独立行使相关职权。

在院系层级，治理形式的改革依然主要围绕学院党委书记、院长职权如何划分而展开（王雅文，2011；严蔚刚，2013），并表现出逐渐强化党委书记参与决策的倾向。中华人民共和国成立初期，尤其是经历1952年的院系调整之后，我国大学院系一级主要实行"系主任负责制"；"文化大革命"期间，治理形式较为混乱，大学各院系主要在"革命委员会"的领导下开展各种政治运动和生产劳动；1978—1982年实行"系总支委员会领导下的系主任分工负责制"，强化了共产党在院系治理中的地位；1982年以后开始弱化共产党在院系层级的作用，实行"系主任负责、党总支监督制"；1989年后共产党逐渐恢复对院系治理的控制，强调党总支可以"参与决定"院系教学、科研、行政管理工作的重要事项，2010年重新修订的《中国共产党普通高等学校基层组织工作条例》明确规定，在高等学校院（系）级单位党组织要通过党政联席会议，讨论和决定本单位重要事项，党政联席会议因而成为学院的最高决策机构。

另外，有学者指出，现行治理形式下，学校掌握着包括经费在内的各种资源的分配权力，使学院或系所对学校形成依赖（张斌贤，2005）。周本贞等学者（2013）亦提出，关乎大学发展和教职工切身利益的决策，往往直接由学校党委会与校长办公会"拍板"，甚至仅仅通过党委会与校长办公会下属的行政部门简单提议后，便形成一项决策或规章制度，进而以"红头文件"的形式直接发布。陈霜叶（2013）以本科新专业设置为例，探讨了我国大学院系与大学层级的互动，结果显示，大学院系与大学的互动主要呈现两种方式，其一，单纯的科层决定，强调下级（学院）对上级（学校）的遵从，但学院并非盲目服从，亦会表现出无声的反对，甚至暗地利用这种互动方式达成自己的目的；其二，不同学院竞争相关资源时，尽管存在校级教授委员会，但学校仍享有最终决定权，如不同的院系竞争有限的新专业名额，某些申请虽得到学部教授委员会的支持，却最终被教务行政部门否决。

（二）"教授治学"的政策发展

教职工代表大会是保障教师权益与福利的主要机构，重在监督和约束学术领导的权力，较少涉及教师在学术事务中的决策权（章兢和彭兰，2012）。1978年，教育部出台《全国重点高等学校暂行工作条例（试行草案）》，规定大学在党委领导下定期召开教职工代表大会；1985年，教育部和全国教育工会颁布《高等学校教职工代表大会暂行条例》，明确其职责包括：（1）听取校长的工作报告，讨论学校的年度工作计划、发展规划、改革方案、教职工队伍建设等重大问题，并提出意见和建议。（2）讨论通过岗位责任制方案、教职工奖惩办法，以及其他与教职工有关的基本规章制度，由校长颁布施行。（3）讨论决定教职工的住房分配、福利费管理使用的原则和办法，以及其他有关教职工的集体福利事项。（4）监督学校各级领导干部，可以进行表扬、批评、评议、推荐，必要时可以建议上级机关予以嘉奖、晋升，或予以处分、免职。1998年通过的《高等教育法》，第四十三条规定"高等学校通过以教师为主体的教职工代表大会等组织形式，依法保障教职工参与民主管理和监督，维护教职工合法权益"。

学术委员会是保障教师学术权力的主要机构。事实上，早在1978年教育部出台的《全国重点高等学校暂行工作条例（试行草案）》中便规定"高等学校设立学术委员会"，并规定其职责包括"在校长或副校长领导和主持下，对学校教育事业发展规划、科学研究工作和研究生培养工作中的重大问题提出建议，审查、鉴定科学研究成果，评议研究生的毕业论文、毕业设计，参与提升教授、副教授工作的审议，主持校内学术讨论会，组织参加国内和国外学术交流活动等"。1998年通过的《高等教育法》第四十二条规定：高等学校设立学术委员会，审议学科、专业的设置，教学、科学研究计划方案，评定教学、科学研究成果等有关学术事项。

2010年出台的《国家中长期教育改革和发展规划纲要（2010—2020年）》同样强调"充分发挥学术委员会在学科建设、学术评价、学术发展中的重要作用"，并首次提出"探索教授治学的有效途径，充分发挥教授在教学、学术研究和学校管理中的作用"，但并未明确说明教授是否真正享有决策的权力。而2014年1月，由教育部发布的《高等学校学术委员会规程》则明确提出"以学术委员会作为校内最高学术机构，统筹行使学术事务的决策、审议、评定和咨询等职权"以及"尊重并支持学术委员会独立行使职权"。其中，学术委员会可直接做出决定的事务包括重大学术事务规划、学科资源配置、教学及教师评价、招生、教师聘任等。值得注意的是，《高等学校学术委员会规程》特意提出"学术委员会一般应当由学校不同学科、专业的教授及具有正高级以上专业技术职务的人员组成，并应当有一定比例的青年教师"，并规定"担任学校及职能部门党政领导职务的委员，不超过委员总人数的1/4；不担任党政领导职务及院系主要负责人的专任教授，不少于委员总人数的1/2"。此外，学术委员会的职责权限、运行制度也被予以了明确的界定和说明。

（三）不同决策域中的教师参与

中华人民共和国成立之初，政府多以计划调控和行政命令的方式干预大学的运作，其中，政务院❶于1950年公布的《关于高等学校领导关系的决定》

---

❶ 政务院为1949年10月—1954年9月的政府机构，是国家行政事务的最高执行机关。

以及1953年公布的《关于修订高等学校领导关系的决定》，均明确了"全国高等学校以由中央人民政府教育部统一领导为原则"，大学应执行中央高等教育部❶所颁布的有关全国高等教育的建设计划（包括高等学校的设立或停办、院系及专业设置、招生任务等）、财务制度（包括经费开支标准、教师学生待遇等）、人事制度（包括人员任免、师资调配等）、教学计划、教学大纲等多方面涉及大学运作的政策或决定。

1. 人事决策中的教师参与

教师参与决策的领域是学术讨论的重要议题，与学术相关的事务与教师的专业知识紧密相关，而且在很大程度上涉及教师的切身利益，被认为更容易引发其参与的兴趣与热情，应该成为教师的主要决策领域（尹晓敏，2006）。至于财政资源分配、战略规划等，教师被认为缺乏相应的决策知识和全局观念，无法顾及学院或学校的整体利益（邱晓雅，2009；魏进平、刘志强、何小丰，2008）。而且，"教授治学"而非"教授治校"被写入政策文本，其本身即意在强调教师应该主要在学术领域享有决策的权力。有鉴于此，本研究通过各个时期的政策文本，重点梳理我国大学教师在教师招聘、职称评定、课程、招生等决策域中的参与。

关于教师招聘，在中华人民共和国成立初期大学主要接受由政府"分配"而来的教师，而且多项政策文件❷表明，大学教师的分配名额、分配标准、分配方式以及教师的流动等均由中央和地方政府统一规划、严格控制。改革开放之后，《中共中央关于教育体制改革的决定》（1985年）和《高等教育管理职责暂行规定》（1986年）开始提出"扩大高等学校的办学自主权"，大学校长可以依照政府规定的标准和程序"聘任、辞退教师"。不过，这一时期的大学教师仍然主要由政府分配，并严格规定每所大学应有的教师数量及其确定标准❸。

---

❶ 中央高等教育部是1952年11月15日从中央人民政府教育部中分设出来的部门。
❷ 详见《高等学校任用教、职、工人的暂行规定》（1956年）、《关于高等学校教师调动的暂行规定》（1956年）、《关于高等学校师资的补充、培养和调配问题的规定》（1959年）。
❸ 详见1985年7月，国家教委颁发的《普通高等学校人员编制试行办法》，以及1986年3月的《高等教育管理职责暂行规定》。

进入 20 世纪 90 年代，大学逐渐获得教师招聘的自主权。其中，1995 年的《国家教委关于深化高等教育体制改革的若干意见》以及 1998 年的《高等教育法》提出，大学在人事安排方面享有法定权力，校长享有聘任与解聘教师的权力；1999 年的《关于新时期加强高等学校教师队伍建设的意见》进一步规定，"根据按需设岗、公开招聘、平等竞争、择优聘任、严格考核、聘约管理的原则，高等学校依法自主聘任教师"；2000 年的《关于深化高等学校人事制度改革的实施意见》亦明确提出，大学全面推行聘任制，"学校根据学科建设和教学、科研任务的需要，科学合理地设置教学、科研、管理等各级各类岗位，明确岗位职责、任职条件、权利义务和聘任期限，按照规定程序对各级各类岗位实行公开招聘、平等竞争、择优聘用。学校和教职工在平等自愿的基础上，通过签订聘用（聘任）合同，确立受法律保护的人事关系"。

关于职称评定，中华人民共和国成立初期，学校享有职务评定的权力，其中，1950 年政务院颁布《高等学校暂行规程》，规定"大学及专门学院教师，分为教授、副教授、讲师、助教 4 级，均由校（院）长聘任，报请中央教育部备案"。随后，政府不断强化其在职务评定方面的控制，一方面，详细规定教师职务的名称、评定标准及程序❶；另一方面，加强对职务评定权力的控制，相关政策文件表明❷，大学"校务委员会"只有助教和讲师的职称确定和晋升权限，副教授的确定或提升，"须经校务委员会讨论通过，报请所在省、自治区、直辖市的高教（教育）厅（局）批准，并且报中央教育部和中央有关主管部门备案"，而教授的确定或提升，则需要中央教育部的批准。其后，中央政府曾将"教授"职称评定的权力下放至地方政府，不过随即又被收回，且对教师职务确定与晋升的思想政治条件、考核制度、评审程序、批准权限等均作了具体而详细的规定❸。

1983 年以后，教育部不断探索大学教师"评""聘"分离，即资格评审

---

❶ 详见《高等学校教师学衔条例》（1956 年）和《教育部直属高等学校暂行工作条例（草案）》（1961 年）。

❷ 详见《关于修订教师升等问题的补充通知》（1955 年）和《关于高等学校教师职务名称及其确定与提升办法的暂行规定》（1960 年）。

❸ 详见《关于高等学校恢复和提升教师职务问题的报告》（1978 年）和《关于当前执行〈国务院关于高等学校教师职务名称及其确定与提升办法的暂行规定〉的实施意见》（1982 年）。

与职称聘任相互独立的晋升方式。一方面，关于资格评审，大学以及各省、自治区、直辖市设立教师职务评审委员会，助教、讲师的任职资格由学校教师职务评审委员会审定，副教授、教授的任职资格需由学校报各省、自治区、直辖市教师职务评审委员会审定，而且，教授的审定还需报国家教育委员会备案❶；另一方面，资格审查过后，"由系主任、教研室主任或学科组负责人依据教师任职条件推荐提出任职人选，经相应教师职务评审组织评审通过后，按照限额进行聘任或任命"，其中，校长可以设立一个临时性组织，负责教师的职务聘任工作。

随后，政府逐渐将教授、副教授的任职资格审定权下放至各高校，不过，获得审定权的学校须满足政府规定的系列条件，并由国家教育委员会以及国务院有关部委或省、自治区、直辖市批准通过❷。1999年以后，政府全面下放大学教师职称评定的权力，《关于当前深化高等学校人事分配制度改革的若干意见》（1999年）以及《关于深化高等学校人事制度改革的实施意见》（2000年）均明确表明，大学可以制定各自的职称评定标准、任职要求等，而且"政府部门不对学校办学自主权范围内的事务进行干预，使高等学校真正拥有办学、用人和分配等方面的内部管理权"。

值得注意的是，直至目前，无论是教师招聘，还是职称评定，政府仍然对大学教师的"编制"，即各级职称的教师数量进行控制，其中，1999年颁布的《普通高等学校编制管理规程（草案）》明确规定了编制的制定标准及具体计算方法，并提出教育行政部门根据高等学校发展规划提出"编制"建议方案，负责高等学校编制的监督管理，而各大学在政府部门的规定范围内，享有"编制"管理自主权，即"可以自主确定学校内部管理机构设置，自主安排人员编制的规划使用，自主决定用人形式"；2006年、2007年国家人事部颁发的《事业单位岗位设置管理试行办法》及《关于高等学校岗位设置管理的指导意见》均提出了类似的规定，并进一步细化了大学教师岗位的类别、

---

❶ 详见《高等学校教师职务试行条例》（1986年）。
❷ 详见《关于〈高等学校教师职务试行条例〉的实施意见》（1986年）、《关于高等学校继续做好教师职务评聘工作的意见》（1991年）、《关于进一步做好授予高等学校教授、副教授任职资格评审权工作的通知》（1994年）。

等级，各级岗位的职责、任职条件等。

2. 招生决策中的教师参与

关于本科生招生，中华人民共和国成立初期，各大学仍然沿袭之前的单独招生制度，1952年，全国统一考试、统一录取的高考制度建立❶，其后近60年的时间内，尽管在考试内容、次数、时间以及命题、录取方式等多方面进行了改革❷，高考仍是大学选拔新生的主要手段（刘海峰，2007）。2003年，教育部发布《关于做好高等学校自主选拔录取改革试点工作的通知》，提出在北京大学等22所高校试行自主招生，试点学校可自主决定考试内容、面试形式以及录取标准，至2012年，全国已有80余所高校获得自主招生的资格（刘海峰，2012），值得注意的是，被录取的考生仍需参加高考，自主招生只是一种加分手段，是高考的环节之一，而非单独的招生方式。不过，2010年《国家中长期教育改革和发展规划纲要（2010—2020年）》明确提出：探索招生与考试相对分离的办法，政府宏观管理，专业机构组织实施，学校依法自主招生，学生多次选择，逐步形成分类考试、综合评价、多元录取的考试招生制度。在这样的政策背景下，不同层级的大学教师如何参与其中，仍是值得进一步关注的议题。

关于硕士研究生招生，1950—1979年主要实行大学自主招生，但政府仍对考试科目、考试形式以及招生计划等进行整体规定，并在随后的几十年内不断进行调整。不过，自1980年开始，教育部规定考试科目中的政治理论课和外语实行全国统一命题，其他科目仍由各大学自主命题❸；1983年规定各大学在初试的基础上，全面实行复试，其中复试的科目、形式等由大学自主决定❹；1987年部分专业基础课改为全国统一命题❺；1990年实行"推荐入

---

❶ 详见《关于高等学校一九五〇年度暑期招考新生的规定》（1952年）。

❷ 涉及政策文本包括《关于一九八〇年全国高等学校招生工作会议的报告》（1980年）、《关于进一步提高普通中学教育质量的几点意见》（1983年）、《普通高等学校招收保送生的暂行规定》（1988年）、《关于进一步改革普通高等学校招生和毕业生就业制度的试点意见》（1994年）、《普通高等学校招生全国统一考试建立标准分制度实施方案》（1994年）、《教育部关于进一步深化普通高等学校招生制度改革的意见》（1999年）、《关于深化教育改革，全面推进素质教育的决定》（1999年）。

❸ 详见《关于一九八〇年研究生招生工作安排的意见》（1980年）。

❹ 详见《关于一九八三年招收国内攻读硕士学位研究生和出国预备研究生工作的通知》。

❺ 详见《关于一九八七年招收攻读硕士学位研究生工作的通知》。

学",由各大学自主决定考试形式及录取❶;2003年开始加大复试权重,推行差额复试,即可按当年招生计划的120%确定参加复试的考生名单,并规定北京大学等34所高校可自行确定复试的分数线❷;2006年将复试成绩的录取权重提高到30%~50%❸;自2007年开始,将教育学、历史学和医学三个学科的初试科目由四门调整为三门,除政治理论和外语之外,以前的两门专业课考试合并为一门专业基础综合考试,并由以往各大学自主命题、自主阅卷的方式调整为全国统一命题、统一考试、统一阅卷❹。

关于博士研究生招生,自1981年首次开展招生工作以来,政府仅对招生数量进行统一规划、严格控制,对考试科目、考试形式等进行整体规定,具体操作方式由各大学自行决定。其后虽对考试科目、形式等进行了一系列调整,但大学在"初试+复试"的基础上,实行自主招生的制度一直未有太大变动。不过,《教育部　国家发展改革委　财政部关于深化研究生教育改革的意见》提出,自2013年开始,"逐步建立博士研究生选拔'申请—审核'机制,发挥专家组审核作用,强化对科研创新能力和专业学术潜质的考察"。

3. 课程决策中的教师参与

中华人民共和国成立之初,政府主要以行政命令的方式,统一规划大学的专业设置、课程及教学大纲,这一时期的大学倾向于根据国家颁布的专业目录,申请对应专业,并严格执行既定的课程标准、教学计划和教学大纲,其中,教学计划详细规定了各专业培养的人才规格、开设的课程门类、课程实施的学年学时分配等。改革开放之后,国家依次出台多项政策文件❺,强调各大学可以根据社会需要调整专业方向,增设、撤销或合并本科专业,并有

---

❶ 详见《关于做好一九九〇年硕士生录取工作的意见》。
❷ 详见《关于做好2003年招收攻读硕士学位研究生工作的通知》。
❸ 详见《关于加强硕士研究生招生复试工作的指导意见》。
❹ 详见《关于2007年改革全国硕士研究生统一入学考试部分学科门类初试科目的通知》。
❺ 详见《中共中央关于教育体制改革的决定》(1985年)、《高等教育管理职责暂行规定》(1986年)、《关于国家教委直属高校深化改革,扩大办学自主权的若干意见》(1992年)、《关于国家教委直属高校深化改革扩大办学自主权的若干意见》(1996年)、《中华人民共和国高等教育法》(1998年)、《中共中央关于深化教育改革全面推进素质教育的决定》(1999年)、《教育部关于印发〈高等学校本科专业设置规定〉的通知》(1999年)、《关于做好普通高等学校本科学科专业结构调整的若干原则意见》(2001年)。

权制订教学计划、教学大纲，编写、选用教材，进行教学内容和方法的改革等。

值得注意的是，国家并未完全下放课程与教学领域的权力，其中，教育部于1998年颁布的《关于普通高等学校修订本科专业教学计划的原则意见》对大学课程结构进行了详细规定，大学的课程由"公共基础课程、专业基础课程（技术基础课程）、专业课程，必要的教学实习、生产实习（社会实践）和毕业论文（毕业设计）等组成"。其中，"公共基础课程应包括马克思主义理论课程（含邓小平理论课）、思想品德课程、体育课程、外语课程、军事训练课程、生产劳动课程、计算机基础教育课程和文化素质教育课程等；专业基础课程既要包括本专业的基本知识、基本理论和基本技能内容的课程，也要包括相邻专业的基本知识内容的课程；适当减少专业课程占有的学时比例"。此外，政府依次出台多项政策，规范和管理公共基础课程的课程标准、课程内容等❶。

由以上政策文本可以看出，从20世纪90年代开始，我国大学渐次获得教师招聘、职称评定、招生、课程等方面的自主权。然而，在大学内部，有学者研究发现，91%的教师认为大学的决策权力主要集中在学校层面（林炊利，2013），而学校层面的决策权则主要由以校长为主的校长办公会、以党委书记为主的党委会控制，相关研究指出，全国35所大学近5000名教师中，58.3%的教师对参与校级决策的程度感到不满意或很不满意（林杰，2009）。不过，也有学者指出，以往教师虽然并未在学校层面享有决策权，但在学院或学系层级，却可以通过学术委员会、学位评定委员会、职称评定委员会等学术机构切实地发挥影响力（张斌贤，2005），而且教授委员会逐渐兴起，有学者研究发现，截至2007年，全国已有23所高校成立了教授委员会，其中以国家重点建设高校为主，主要设置于学院层级（姚剑英，2007）。值得注意的是，各大学的教授委员会均在各自的"规章条例"中宣称赋予教授学术事

---

❶ 详见《全国普通高等学校体育教育本科专业课程方案》（2002年）、《全国普通高等学校体育课程教学指导纲要》（2003年）、《大学英语课程教学要求（试行）》（2004年）、《全国普通高等学校公共艺术课程指导方案》（2006年）、《关于加强普通高等教育"十一五"国家级规划教材管理的通知》（2006年）、《普通高等学校军事教学大纲》（2007年）。

务的决策权，本研究便是在这样的实践背景下，探讨不同层级大学教师如何参与学院层面教师招聘、职称评定、招生、课程等学术领域的决策过程并影响决策结果。

二、理论背景

欧洲中世纪大学强调学术自由和同僚治理，认为教师应在相互信任的基础上，共同参与大学事务的决策过程。美国大学重视共同治理，认为具备专业知识、决策实施过程中需要与之合作以及掌握决策所需资源的群体，均应享有决策的权力。20世纪80年代，强调竞争与问责的新公共管理逐渐兴起，决策速度成为各国大学的重要考量，精简决策程序、集中决策权力纷纷被提上改革议程，教师是否应该参与、如何参与决策也成为学术讨论的焦点之一。其中，多数研究结果显示，大部分教师认可共同治理的重要性，认为教师参与决策应该是其工作的重要组成部分，但是，教师同时对自己参与治理的程度表示不满，而且诸多实证研究发现，教师主要在课程与教学、招聘与晋升等学术领域享有决策权，而在财政预算、战略规划等领域则主要提供咨询和建议，决策的权力往往受到限制，这也是教师不满参与治理现状的重要原因之一。此外，教师在决策过程中的角色、相关学术委员会的角色以及教师与学术领导的关系等议题，同样受到较多的关注。值得注意的是，少有研究呈现决策的过程，教师与学术领导的互动如何影响决策结果的讨论更是难见，其中，新制度主义的部分概念，尤其是路径依赖和制度化过程的讨论，有益于进一步深入理解以上议题，以下分而论述之。

作为过程的制度化，强调制度所蕴含的特定状态或特征的形成过程，关注新的实践方式演变为客观存在的制度，以及个体逐渐内化这一实践方式的过程（Berger & Luckmann, 1966; Zucker, 1977）。相关研究认为，制度化主要包括惯习化（habitualization）、客观化（objectification）和沉积（sedimentation）三个阶段，每一阶段对个体的行为有着不同程度的影响（Tolbert & Zucker, 1996）。值得注意的是，制度化过程的讨论大多关注制度在个体日常生活中的形成过程，而非正式制度安排的创建和执行。

惯习化即个体行为以及个体之间的互动方式，因不断重复而逐渐稳定，并形成相对固定的模式（Berger & Luckmann，1966）。惯习化使个体行为或个体之间的互动方式较为集中和可预期，在此基础上，Toblert 和 Zucker（1996）提出，惯习化阶段主要包括新的实践方式的采纳，并在实践中形成固定的运作程序，其中，政策文本中对于该实践方式目标、运作流程的书面规定，有助于将不同个体较为分散的行为通过既定的规则集中起来。另外，惯习化阶段的个体，形成对该实践方式的直觉感知，并产生基本的赞同或反对的态度，但并未就其必要性或价值达成共识，而且，新的实践方式的运作往往较为临时和非正式，有些甚至仅存在于该任决策者的任期内（Miner，1987，1991），新的实践方式若想更为稳定和持久，在很大程度上依赖于客观化的过程。

客观化即惯习化的个体行为或个体之间的互动方式，逐渐成为外在于个体的客观现实的过程。一方面，客观化意味着相关行为脱离最初的特定个体和情境，被赋予共享的意义，适用于任何时空下的类似场合；另一方面，客观化意味着外在性和强制性，即使个体并不理解相关行为或互动方式的意义，也不能否认它的存在，而且几乎没有左右该客观制度的能力（Berger & Luckmann，1966；Zucker，1977）。在此基础上，Toblert 和 Zucker（1996）认为，客观化即新的实践方式付诸实施，并逐渐演变为客观存在的制度的过程，其中，实施包括行为和观念的同时反应，实践方式的客观化既需借助个体的外显行为予以表达，又要求个体理解并认同该实践方式的意义和价值，而后者往往更为重要，否则新的实践方式仅为"形式性的采纳"，并未真正影响个体行为（Meyer & Rowan，1977；Barley & Tolbert，1997）。在此过程中，个体试图诠释自身行为，并通过对话、合作等方式，对新的实践方式及其运作的理解渐趋一致，以至达成最终共识。

沉积即客观化的制度代代相传，成为影响个体日常生活的惯常之事的过程（Berger & Luckmann，1966）。在这一过程中，该制度在个体意识中得到理解，并嵌入记忆，成为指导其日常生活行为的知识。在此基础上，Tolbert 和 Zucker（1996）认为，沉积意味着新的实践方式为个体所在机构的成员广泛接受，成为常规活动之一，并被视为理所当然，也就是说，个体参与该实践的实施，不过是习惯性的循例行为，是其日常生活的一部分，无需外在刺激或理性思考。

综上所述，在制度化过程的讨论下，本研究主要关注内地大学的学院层级，在教师招聘、职称评定、课程开设、招生等领域有何新的做法？这些新的做法如何稳定及代代相传？不同的制度化阶段（惯习化、客观化、沉积）如何影响教师参与决策的行为？不同层级的教师（教授、副教授、助理教授）如何感知、诠释、评价目前新的做法？对其持有怎样的期待？如何做出回应？

路径依赖强调制度一经建立，便倾向于持续稳定，并广泛影响个体的行为。一方面，法律、规章等正式制度往往依托国家的强制权力，并辅以奖惩机制迫使个体服膺于既定规则；另一方面，即使正式制度可能通过政治决策而即时改变，社会规范、价值观等非正式规则经由长期互动演化而成，受到个体的广泛尊重，并被视为理所当然的行为准则，在很大程度上不能如正式规则般在一夕之间发生改变，而且个体也需要缓慢的适应过程，方能对正式规则的变化做出反应，一般来讲，即使有新的制度产生，也很难对个体行为产生即时影响。

总而言之，路径依赖的讨论，有助于关注我国大学在教师招聘、职称评定、招生、课程等领域的新的实践方式，如何受到之前做法的影响。以往的学院治理形式，学术领导、党委书记，甚至学校行政部门被认为过多地侵占决策资源、主宰决策过程、干预决策结果，因而本研究主要关注不同层级大学教师（教授、副教授、助理教授）如何参与相关学术领域的决策过程，如何看待原有做法对新的实践方式引入的影响。

第二节　研究目的与问题提出

本研究旨在探讨我国"教授治学"的制度化过程。制度化是一个连续的过程，新的实践方式一般通过惯习化在实践中获得相对稳定的操作方式或运作流程；通过客观化成为客观存在的制度并付诸实施，而且在实施过程中，相关规则具体明确，运作程序清晰，沟通过程及结果独立，与决策者的个人好恶无关（Miner, 1987; Scott, 1981）；通过沉积为个体所内化，并代代相传，成为理所当然的行为方式。"教授治学"被列入政策文本，强调教师应该在与学术相关的领域享有决策权。作为一种新的实践方式，"教授治学"在不同的制度化阶段，将会呈现出怎样的发展过程？如何影响教师的行为？教师如何逐渐内化这一新的实践方式？如何做出回应？这些问题均为本研究主要关注的问题。

本研究拟在"教授治学"的政策背景下，探讨我国大学教师参与学院层级之课程、招生、人事（教师招聘、职称评定）等学术事务的制度化过程，并主要关注以下三个研究问题：

1. 大学教师参与课程事务的制度化过程为何？
2. 大学教师参与招生事务的制度化过程为何？
3. 大学教师参与人事事务的制度化过程为何？

值得注意的是，本研究同样关注学术领导及不同层级的教师在制度化过程中可能存在的能动空间，具体来说，即一方面关注作为具有认知能力的能动者，大学教师如何感知、理解、诠释、评价"教授治学"这种新的实践方式，另一方面探讨大学教师如何有策略地应对既定的制度规则及压力。

第三节　研究意义

首先，丰富关于制度化过程和共同治理的学术讨论。关于共同治理，相关研究重在探讨教师是否应该参与决策？教师应在哪些领域，以何种角色参与治理？相关学术委员会的角色为何？教师和学术领导之间有着怎样的关系？本研究拟针对以上议题，提供中国情境下的回应。另外，无论是国际讨论，还是本土关注，少有研究探讨不同层级教师参与决策的过程，缺乏对于不同群体在决策过程中的互动如何影响最终决策结果的关注，本研究拟对以上问题进行一一回应，以丰富国际学术界关于共同治理及制度化过程的讨论。

其次，深化关于"教授治学"的相关研究。本研究以内地一所研究型大学为个案，深入分析大学教师在教师招聘、职称评定、课程开设、招生等学术领域，参与决策的惯习化、客观化及沉积过程。从学术视角来说，过程的制度化在国内的研究少有触及，而且，国内关于"教授治学"的讨论，多侧重于经验分享或现象评述，本研究以个案研究法，深入剖析其实施的制度化过程，希冀在研究视角方面丰富关于教授治学、教师参与决策等议题的讨论。

最后，为"教授治学"的实施提供政策建议。近年来，"建立现代大学制度""去行政化"等议题，引起诸多学术讨论和媒体关注，以往"上令下行"的决策方式受到诸多批评，学术领导被认为侵占过多的决策及学术资源，主宰决策的过程及结果，而且，学院层级的相关决策同样受到党委书记、学校行政部门的干预，教师的参与仅被认为是程序需要，"教授治学"正是在这样的实践背景中被提出的。本研究聚焦不同层级的教师参与决策的过程，关注此种新的决策方式如何发展成为影响个体行为的客观制度，以及其如何受到之前治理形式的影响，这些均为"教授治学"在实践中的执行提供了参考。

第二章
文献综述

教师参与决策历来是学术讨论的焦点之一,即使受到新公共管理的冲击,共同治理仍然被认为能够保证有效决策的制定和执行。不过,相关讨论较少关注决策的过程,以及教师、学术领导等群体如何互动并影响决策结果,新制度主义的部分概念,尤其是路径依赖和制度化过程的相关讨论,有助于对以上议题进行深入分析。与此同时,我国大学逐渐关注"教授治学",强调教授应在学术领域享有决策权,部分研究对我国大学治理形式的发展、"教授治学"与之前治理形式和制度化过程的联系均给予了相当大的关注。

第一节 共同治理的内涵及其主要讨论

传统的大学,特别是欧洲中世纪大学尤为强调学术自由的重要性。学术自由与洪堡主导的柏林大学的改革密切相关,一方面强调教师享有教学和探究的自由,履行职业责任过程中不受政府行政命令或教会的干扰(Hofstadter & Metzger, 1955; Metzger, 1987);另一方面,强调学者自主治理(academic self-governance)的权力,即大学有权在资深教授的指导和监督下,对内部事务独立做出决定(Horwitz, 2005)。

学术自由理念下的大学一般重视"同僚治理"（collegial governance），即掌握专业知识的教师群体组成学者社群，在相互信任和道德约束的基础上，共同参与决策过程，决策结果旨在达成专业共识（Olssen，2002）。20 世纪 60 年代，美国的大学提出"共同治理"（shared governance），强调相关事务的利益相关者均应参与其中，以保证治理结构的平衡，教师群体作为大学重要的利益相关者，理应参与决策过程，影响决策结果（Eckel，2000；Miller，Williams & Garavalia，2003）。

进入 20 世纪 80 年代，新公共管理带来的问责与竞争的强化，要求各国大学在更短的时间内做出更为有效的决策（Eckel & Kezar，2006），教师参与决策过程被认为降低了决策速度，导致大学难以迅速应对快速变化的外部环境（Birnbaum，2004）。在此情况下，各国大学相继精简内部决策程序，同时强调决策权力的集中，以提高决策速度，院长、中心主任等学术领导在决策中的作用得到强化（Hardy，1990；Magalhães et al.，2013）。

不过，教师参与决策，虽然降低了决策速度，但却可以保证决策的质量，教师与学术领导之间不同观点的协调与沟通，是有效治理的关键，同时亦有利于加深教师对决策结果的理解和认同，促进决策的有效执行（Williams et al.，1987；Eckel，2000）。有鉴于此，教师是否以及如何参与决策，教师应在何种领域以何种角色参与决策，决策过程中教师与学术领导的关系等均引起了诸多讨论，同时，这些问题也是共同治理主要关注的议题。

一、有关治理的讨论

治理（governance）通常指涉统治（governing）的机制，包括结构（Kooiman，1993；Pierre & Peters，2000）和过程（Scott，2001；Smouts，1998；Whitehead，2003）两方面。其中，统治（governing）即政府用来控制、引导或管理社会的所有行动（Kooiman，1993；Magalhães et al.，2013）。事实上，治理长期与政府（government）同义，意指国家的正式机构及其对于合法权威的垄断（Jessop，1998；Kjær，2004；Pierre，2000；Stoker，1998）。随着讨论的加深，二者逐渐区分开来，一般认为，相对于政府，治理的含义更为广泛。首先，治理涵盖更为广泛的行动者，除公立部门外，还扩展至私立部门和志愿部门，且三者之间的界限和责任日益模糊（Hughes，2010；Kjær，2004；Pierre & Peters，2000）；其次，治理更为关注行动者之间相互协商、彼此合作的互动过程（Kooiman，1993；Stoker，1998；Peters，2000a）；最后，政府强调自上而下的正式权力，而治理则关注权力的上下互动（Rhodes，1996）。可见，治理冲破了以政府为主的框架，强调社会的参与，主张国家和社会的共同治理。

相关讨论认为，治理主要包括科层（hierarchies）、市场（markets）、网络（networks）三种主要形式（Bell & Park，2006；Pierre & Peters，2000）。其中，科层是最为经典的治理形式，强调政府权威、界限清晰的权力结构以及自上而下的行政命令干预。尽管受到新公共管理的冲击，政府仍然被视为现代社会中的核心行动者（Kooiman et al.，2008；Pierre & Peters，2000）；市场突出私有化、价格、竞争以及供需分离，20 世纪 80 年代兴起的新公共管理，便旨在将市场机制引入公共部门的改革；网络是最近兴起且被广泛讨论的治理形式，主要指涉公共政策制定过程中，彼此交换资源、协商共同愿景、保持持续互动的多样化行动者所组成的治理网络，各行动者之间的互动以信任为根基，并通过网络参与者共同协商并达成共识的游戏规则来约束，因而有效治理的关键在于有效的网络管理（Ball & Junemann，2012；Rhodes，1996）。

从过程来看，治理主要包含操控（steering）和协调（coordination）两种方式。这一动态视角主要关注政府在治理过程中的角色。操控的治理过程关注政府在何种程度上，能够通过界定政策目标和设定政策优先项来操控经济和社会；以及相对于其他的重要行为者，政府应该发挥怎样的作用。协调的治理过程则强调政府如何无须依靠自身权威，而通过网络与社会各行动者进行各种形式的正式或非正式互动，来达成双方均可接受的决策（Kooiman，1993；Peters，2000a；Rhodes，1997）。

二、共同治理的概念界定

高等教育中的治理（governance），通常指涉决策（decision-making）的结构和过程（Hardy，1990；Kezar & Eckel，2004；Middlehurst，2013）；而管理（management）主要强调通过责任和资源的分配，达成预期的结果，并监测其效率和有效性；行政（administration）则指已授权之程序的实施，以达成商定的结果（Middlehurst & Teixeira，2012；Middlehurst，2013）。

共同治理（shared governance）即由结构和过程组成的决策系统，董事会、学术领导、教师及其他利益相关者共同参与其中，以保证治理结构的平衡以及有效决策的制定和执行（Johnston，2003；Kater & Levin，2004；Morrill，2002）。有学者认为共同治理的参与者可以归类为4个C，即具备专业知识/能力（expertise/competence）者理应在决策中发挥重要作用，此外，对相关决策议题表现出关心（concern）、决策实施过程中需要与之合作（co-operation）以及掌握决策所需资源（cash）之群体均需享有决策的权力，承担决策的责任（Mortimer & Sathre，2010）。

事实上，关于学术自由的讨论早已强调了学者自主治理（academic self-governance）的重要性（Goldstein，1976；Metzger，1987；Karran，2009a），要求教师必须拥有教育政策领域的发言权，并在决策过程中发挥决定性的作用（Karran，2009b）。不过，诸多学者关于共同治理的思考均从1966年发表的《学院与大学治理的联合声明》（以下简称《联合声明》）出发（Eckel，2000；Kezar & Eckel，2004；Mortimer & McConnell，1978），有学者认为，"共同治理"一词最早是见于《联合声明》（Kater & Levin，2004）。该声明确定了共同治理的两大原则：其一，重大事件的决策需要全体人员的参与；其二，各群体发言权的权重，因其在具体事务中所负责任的差异而有所不同。这两大原则也被认为是美国高等教育共同治理的原则基础（Jones，2011）。

当然，不同的人对共同治理会有不同的解读，Tierney 和 Minor（2003）总结了三种主要的共同治理方式：完全的合作式决策（fully collaborative decision-making）、咨询式决策（consultative decision-making）和分布式决策（distributed decision-making）。其中，完全的合作式决策是一种传统的治理模式，也被称为"同僚模式"（collegial model），强调教师和学术领导共同做出决策。咨询式决策更加注重沟通，权力主要集中于学术领导和董事会，但同时征求教师的意见和建议。咨询式决策中，尽管其他群体也参与决策过程，但这种参与仅限于信息的共享和集思广益，而非共同决策。分布式决策强调不同群体对其负有主要责任的特定领域享有决策权。也就是说，教师有权在学术领域做出决策，而学术领导和董事会在其他领域享有决策权。

三、新公共管理及其对高校治理的影响

公共部门的管理，起初称为公共行政（public administration），公共行政依托韦伯式官僚体制，强调自上而下的控制。进入20世纪70年代，世界范围的经济衰退引发如公共债务、财政赤字以及高失业率等诸多问题（Boston et al.，1996；Ferlie et al.，1996），公共部门的效率、参与性及合法性逐渐为世人诟病，转型已迫在眉睫。公共管理（public management）因而替代公共行政，成为新的管理范式。其中，行政意味着遵从指令（following instruction），而管理指结果的达成，并强调为此承担个人责任（Hughes，1998）。

20世纪80年代，经济危机为"新右派"政治权利的复兴提供了肥沃的土壤，随着里根（1978）和撒切尔夫人（1979）在选举中的胜利，以及其继任者对于"新右派"政策的继承，"（社会）意识形态转向右派，偏好更为精简高效的公共部门，并广泛依赖市场机制"（Boston et al.，1996）。再加上私立部门的管理机制和方式被认为本质上优于传统公立部门（Peters，2001），一场将市场、绩效、竞争、问责、成本效益等私立部门管理技术与概念引入公立部门的运动就此展开，其主要目标在于减少政府开支、重组公共部门以提升其效率和有效性（Ferlie et al.，1996；Sporn，2006；Christensen，2011；Wright，1994）。学者们确认了这场改革的共同特征，并将其赋予新公共管理的标签（Dunsire，1995）。可见，新公共管理即一系列理念与改革措施的松散集合，旨在借鉴市场、绩效、竞争、成本效益等私立部门的管理技术与概念，重组公共部门，改革其管理体制、运作方式及文化，以减少政府开支并提升公共部门的效率和有效性。

新公共管理被预期能同时融合市场原则（效率、效力、质量）和公共部门规范（合法、公正、平等）（Tolofari，2005），但现实中的新公共管理更为

关注绩效和物有所值（value for money），而非民主性与合法性（Ferlie, Musselin & Andresani, 2008）。具体来说，新公共管理主要具有以下特征：①强调政府的远端操控，关注结果的控制，而非运作过程（Hughes, 1998; Deem, 1998）；②注重明确的绩效标准及措施（Deem & Brehony, 2005; Gruening, 2001）；③强调市场而非计划，强化公共部门的竞争性（Peters & Pierre, 1998; Hall & Holt, 2008）；④重视私立部门的管理模式及技术（Deem, 1998）；⑤强调资源运用的纪律性及简约性（Hood, 1991; Rhodes, 1991）。

新公共管理依托国家权威和市场的力量，致力于打造一个更为精简、高效、结果导向的公共部门（Ferlie, Musselin & Andresani, 2009），在其影响下，政府对高校的治理手段发生转变，由直接干预转为远端操控（van Vught, 1999），政府一方面减少对大学的过程控制，转为强调结果问责，大学因而实现一定程度的权力下放，自主性有所增加（Amaral & Maassen, 2003），另一方面，政府引入绩效指标和审计系统（Schneider & Sadowski, 2010），设计新的预算分配方案，垂直控制高等教育系统（Ferlie, Musselin & Andresani, 2008），以下分而论述之。

首先，权力下放的倾向。权力下放（decentralization）即由高一级到低一级的组织或组织之间，决策权、责任与任务的转移（Hanson, 1998），主要有权力分散（deconcentration）、委派管理（delegation）、授权代理（devolution）三种形式（Hanson, 1998）。其中，权力分散意味着任务而非权力的转移；委派管理即由上而下下放决策权，但权力随时会被收回；授权代理指权力下放给自主的机构，中央无权回收。秉承新公共管理之远端操控的理念，各国政府不再详细规定高校应如何作为，而是通过"市场"平台和成果本位（outcome-based）的评估来"遥控"大学，大学因而获得一定程度的权力和自主治理的空间，具体表现为目标管理（management by objective）的引入，即政府不再全面规划、监管，而是给予大学更多的制度层面的操作空间（Meek & Goedegebuure 1991）。值得注意的是，政府一方面给予高校一定的操作空间和特定领域的决策权，另一方面却打着提升机构效率及竞争力的"幌子"，通过成果本位的评估，使高校在程序自主的基础上，达到最大化的产出。另外，有学者认为，政府采取的权力下放、放松治理等措施，似乎更多出于财政短缺问题，而非增加高校自主性的意愿（Schimank & Lange，2009）。

其次，表现性评估的强化。在新公共管理影响下，政府仍视大学为公共支出的一部分，市场机制的引入更使得政府将物有所值（value for money）的理念加诸大学，以成本效益的方式考虑对于高等教育的投入，运用表现指标（performance indicators）不间断地监控大学的教学和科研产出，国家从大学财政的供给者变为期待获取收益的投资者（Tierney，2003）。其具体表现为，各国渐次展开教学与科研质量评估，而且各项评估过程愈加标准化、数字化，以检验大学绩效指标的完成情况（Meek & Hayden，2005）；另外，顾客取向的价值观使得大学不得不对政府、学生及其他利益相关者负责，接受定期评估，对服务质量承担绩效责任。

最后，经费补助与绩效表现挂钩。鉴于高等教育大众化带来的教育成本的增加以及国家财政危机的加深，政府在新公共管理的影响下，坚持以效率作为支出和分配有限公共资源的标准，因而，在资源分配机制中引入竞争元素，绩效评估结果成为主要的分配依据。高校的科研质量与国家资助之间存在一条清晰的连接线，其背后的逻辑在于科研评估以及相应的差异化财政补助是促进竞争的奖励机制，能够交出漂亮"成绩单"的机构必然要获得较高的资助。基于绩效的资源分配有三方面的作用，首先，可以增加大学之间的竞争；其次，严格限制可能出现的收益或亏损，防止最差情况的出现；最后，作为利益相关者的政府，可以避免陷入财政困境（Schimank & Lange，2009）。

新公共管理强调绩效、问责与竞争，大学为应对不断强化的表现性评估，以及竞争与绩效表现挂钩的经费补助政策，日益强调决策速度，并在此基础上精简决策程序，集中决策权力，强化院长、中心主任等学术领导在决策过程中的作用。然而，大学不同于以谋求经济利益为主要目的的盈利机构，不能仅仅追求决策的速度，更要考虑决策的质量和有效性，考量决策结果能否得到广泛认同。教师参与决策，可以丰富相关信息，拓宽问题解决方案的范围，加深教师对决策结果的理解和认同，促进决策的有效执行。有鉴于此，教师参与决策的过程，是值得继续关注和讨论的议题。

四、共同治理的主要议题

在关于共同治理的研究中，论及教师参与的居多，以下主要从教师之于共同治理的意见、教师于共同治理中的决策域、共同治理中的教师角色、学术委员会的角色、教师与学术领导的关系、共同治理的存废之争六个方面展开论述。

（一）教师之于共同治理的意见

大部分教师认可共同治理的重要性。其中，Tierney 和 Minor（2003）调查了超过 750 所学院和大学的 3800 多名教师的意见，发现超过 80% 的博士、硕士和学士机构的教师认为"共同治理"是其机构价值观和身份的重要组成部分，Minor（2003）的研究亦有类似结论；另外，其他学者亦通过实证研究发现，大多数教师相信参与"治理"是其工作的重要部分，认为教师和学术领导应该共同参与决策（Williams et al.，1987；Miller，2002；McKnight，McIntire & Stude，2007）。

但与此同时，教师们又普遍对其参与治理的程度和水平感到不满（Welsh，Nunez & Petrosko，2005）。有学者直接指出教师在共同治理中的作用不断下降（Birnbaum，2004；Burgan，2006）；Tierney 和 Minor（2003）的调研结果显示，只有 43% 的教师表示充分参与了决策，在设有学术委员会的高校中，22% 的受访者认为该委员会并非重要的决策单位，43% 的受访者表示学术委员会并未受到学术领导的高度重视。不过，受访的主管学术的副校长却认为，教师具有较高的决策参与度，可见，教师和学术领导在这一问题上是有分歧的；另外，加州大学洛杉矶分校的一份 2004—2005 年的全国调研发现，四年制公立大学中，不到 50% 的全职教师认为其充分参与了校园决策（Miller，Williams & Garavalia，2003）。

关于教师不满其参与共同治理现状的原因，有学者认为，一方面，教师不满足于仅在学术领域的参与，在机构预算、校长遴选及校长工作评价等非学术领域也要求享有决策权（Dimond，1991）。而在现实生活中，教师并未被给予参与机构预算决策的权力，Tierney 和 Minor（2003）发现，教师在学术领域之外，尤其是校长、副校长的遴选及其工作评价方面，几乎没有任何权力。以上种种诉求与现实的落差，是教师不满参与共同治理现状的重要原因（Metzger，1987）。

另一方面，尽管教师不满意参与共同治理的现状，但部分教师对于真正参与其中却表现出漠不关心、不情不愿的姿态（Corson，1960），Tierney 和 Minor（2003）的研究显示，在设有博士学位的大学中，仅有19%的受访者表示对参与学术机构的活动有高度兴趣，在设有硕士、学士学位的机构中，这一比例分别为39%和54%。学术界对造成此现象的原因进行了诸多讨论。首先，缺乏足够的激励机制以及需要为参与决策投入时间是教师们的主要顾虑（Dimond，1991；Miller，2002；Miller，Williams & Garavalia，2003），而在现实生活中，教师确实没有因参与治理而得到足够的激励与奖励（Williams et al.，1987）；其次，Minor（2003）和 Dimond（1991）认为，相对于激励机制，教师更在乎自己的参与能否真正影响决策结果，当然，也有学者研究发现，若教师感觉到自己的意见已被严肃对待，即使最后的决策并未参考其意见，教师也倾向于对参与现状感到满意；最后，教师所在机构的规模以及机构内是否存在参与决策的文化等均可影响教师参与共同治理的热情和兴趣（Minor，2003）。

（二）教师于共同治理中的决策域

传统上，教师主要在课程、教学标准的建立等学术领域享有影响力，随着教师专业性的增强，以及第二次世界大战以来学术革命的激发，教师日益要求在非学术领域亦享有发言权（Nead，1994；Birnbaum，2004），不过，仍有学者认为教师应该主要关心课程标准、招生、教师招聘及晋升等学术决策（Duderstadt，2004；Williams et al.，1987；Dimond，1991），而且诸多实证研究发现，教师的影响域仍主要集中在学术领域。

课程与教学是教师最有决策权的领域，具体包括课程开设、教学评价、学位要求与类型等（Miller，2002；McKnight，McIntire & Stude，2007；Welsh，Nunez & Petrosko，2005）。其中，Brown（2001）调研发现，教师在课程、学位要求、学术表现、授予的学位类型、建立新的学术项目等领域最有决策权；Tierney 和 Minor（2003）同样发现，本科课程、教学评估标准是教师最有影响力的领域，教师在其中享有决定性的投票权。

人事领域，尤其是教师的招聘、晋升、裁退与任期也是教师决策权较为集中的领域。Tierney 和 Minor（2003）发现，除了课程与教学，教师的任期和晋升标准同样是教师享有较多影响力的领域，其他诸多学者的研究亦显示，在教师招聘、晋升与裁退等领域，教师享有决定性的决策权（Leach, 2008；Dimond, 1991），但是关于校长、副校长的遴选，教师仅享有建议和咨询等非正式权力，在校长、副校长的工作评价方面，教师几乎没有任何权力（Tierney & Minor, 2003）。

财政分配与战略规划是教师较少享有决策权（Minor, 2005；Brown, 2001），但可提供咨询和建议的领域（Corson, 1960；Tierney & Minor, 2003），不过，Dimond（2001）的研究则显示，教师大部分的咨询权亦受到限制，部分教师仅可以参与关乎薪酬的预算事项，更有甚者，教师几乎没有参与讨论任何具体的财政分配议题，仅被"通报"相关的财政事务决议；战略规划同样是教师影响力较少的领域，Brown（2001）发现，教师在是否建立新的学术项目方面是享有决策权的，不过，Tierney 和 Minor（2003）的研究显示，在设定战略优先项、设定预算优先项等领域，教师仅享有建议和咨询等非正式权力，较少享有决策权。

（三）共同治理中的教师角色

Minor（2003）总结涉及教师参与共同治理的研究，认为教师的角色主要有以下三种：首先，教师应该在一定程度上参与所有的校园决策；其次，教师应该参与决策，但其决策权应该主要限定在学术领域；最后，高等教育机构已经发生戏剧性的变化，应重新思考高校的治理。

Williams 等（1987）根据教师对共同治理的态度和参与程度将教师分为六类角色：第一类为共同掌权者（collegials），此类教师反对学术领导在治理中的主导角色，认为教师应该发挥重要作用，并愿意花时间参与其中；第二类为积极行动者（activists），此类教师同样反对学术领导的主导角色，并对教师参与决策的现状感到不满,大力倡导提升教师在治理中的影响力;第三类为接受者(accepters),此类教师既支持学术领导的重要地位,也认为教师应该在治理中发挥作用,接受者倾向于接受教师在治理中的角色,对学术机构没有过高的期待;第四类为科层者(hierarchicals),此类教师倾向于支持强有力的学术领导的角色,对于加强教授治校,普遍持负面反应,认为教师应该做好教学和科研,机构治理工作应该留给学术领导;第五类为应对者(copers),此类教师又被称为旁观者(spectator)(Milbrath,1965),他们普遍抱持"过得去即可"的信念,一方面承认共同掌权(collegiality)是治理的基础,另一方面却并未积极参与其中,只关注关乎其最大利益的事项,赞同学术领导应该发挥重要作用,却并未给予其充分的支持,应对者似乎在寻求一种方式,既可应付外在要求,又无须付出太多努力;第六类为抽离者(disengaged),也被称为冷漠者(apathetics)(Baldridge,1971),此类教师不愿公开自己的想法,对教学和科研有极大的兴趣,视参与共同治理为纷扰的杂事,并倾向于摆脱所有的杂事牵连。抽离者并未参与治理,且有意贬损教师在治理中的角色,认为教师没有必要参与其中。

(四)学术委员会的角色

学术委员会是保障教师参与共同治理,享有决策权的重要机构,Minor(2004)通过实地访问及42位学术委员会主席的电话访谈,根据教师在共同治理中的参与,以及教师与学术领导的关系,总结出学术委员会的四类角色。

第一类为功能性(functional)委员会。此类委员会主要代表和保护教师的利益,以教师为主要成员,但同时亦包含院长或其他学术领导。功能性委员会的决策域通常为课程、晋升、任期和学术标准等传统的以教师为主导的领域,但是其决策权往往受到限制,只能发挥咨询的作用,或在学术领导做出决策或撤销某项决策后提出意见。不过,当学术领导强制实施备受争议的决策,严重危害教师的切身利益时,这类委员会往往能够挺身而出,为教师发声,维护其基本权益,因而,功能性委员会往往被认为是代表教师利益的社团,而非大学的决策机构。

第二类为影响性(influential)委员会。此类委员会的权力完全由教师掌握,是教师权力的真正所在。影响性委员会的权力也主要集中在课程、晋升、任期和学术标准等学术领域,但同样参与并显著影响关乎学校发展、财政预算优先项、学术领导的遴选等非学术领域的决策。此类委员会是受到学术领导和其他决策机构认可的合法治理机构,与学术领导往往是合作而非对抗的关系,可以影响多个领域的重大决策。

第三类为形式性(ceremonial)委员会。此类委员会名存实亡,是一种象征性的存在,往往处于被动地位。形式性委员会很少定期开会,除非需要选举新的委员会主席等常规事项,教师对参与决策兴趣不大,往往脱节于治理过程,学术领导拥有主导性的权力。不过,正如 Birnbaum(1989)所言,此类委员会可能具有一些潜在功能,如沦为学术领导的替罪羊(scapegoat),为特定的教师提供"委员会主席"等重要身份,或者作为未来学术领导的筛选器,即在委员会中较为活跃和负责的教师,有可能获得其他教师的信任,以及学术领导的青睐,从而被推选为新任学术领导。这类委员会在决策中未起重要作用,被认为处于休眠(dormant)状态。

第四类为颠覆性(subverted)委员会。此类委员会虽然设有正式的结构和程序,但非正式的因素(如一个受人尊敬的学术泰斗)往往更能影响最后的决策。颠覆性委员会往往被认为视野狭隘,对抗性强,与学术领导无法合作,学术领导亦倾向于将其视为决策的障碍。另外,此类委员会缺乏自信,不认为其自身可以或者可能做出明智的决策,通常被排除在治理过程之外。

(五) 教师与学术领导的关系

学术领导即担任院长、系主任等职务的教师。教师与学术领导的关系被视为共同治理的核心(Del Favero & Bray, 2005; Guskin, 1996; Westmeyer, 1990),但二者的关系亦通常被认为极富争议性(Birnbaum, 1992; Kezar & Eckel, 2004; Peterson & White, 1992)。

一方面,Tierney 和 Minor(2003)发现,75%以上的教师认为其与学术领导间存在充分的信任,同时,70%以上的教师认为二者进行了充分的沟通,Miller(2002)和 Minor(2003)亦有类似发现;另有学者认为,学术领导注重征求教师意见(Weingartner, 1996),支持教师参与(Leslie, 2003),谋求二者的合作及共同发展（Minor，2004；Miller，Williams & Garavalia，2003）。

一份对421个机构中40000名教师的调研发现，仅有52%的全职教师对其与学术领导之间的关系感到满意或非常满意（Leach，2008），而且诸多学者认为教师和学术领导间缺乏对话和共识（Borland，2003；Bai，2003），在教师看来，学术领导漠视教师权力，质疑并隔绝教师参与决策过程（Carlisle & Miller，1999），而在学术领导看来，教师抗拒学术领导的控制、拒绝承认学术领导的权威（Etzioni，2000），会因自己未被咨询而感到愤怒和沮丧，但同时对治理漠不关心（O'Brien，1998）。有学者认为，二者的分歧可能源自不同的决策期待，学术领导偏爱迅速的决策方式，而教师则喜好谨慎、细致的决策沟通过程（Miller，2002）。

另外一个有趣的现象是，尽管学术领导很多均为"学而优则仕"的教师，两者之间的争议却仍然存在（Blackburn & Lawrence，1995；Cohen & March，1986；Dill，1980），这些学术领导被认为一旦处于管理的职位，便越来越远离教师的真正关心（Birnbaum，1988）。不过，也有学者认为，正是由于学术领导的此种职业路径，教师和学术领导之间的共识还是有可能达成的（Morphew，1999）。

当然，如上所述，不同的教师、学术领导之间存在多样化的关系，有学者以教师和学术领导对其关系的态度和教师的凝聚力为基本维度，整理了教师—学术领导间的共生性关系（symbiotic functioning）、谨慎式合作（wary collaboration）、分裂性分歧（fractured dissension）和激进性龃龉（aggressive discord）四类关系（Del Favero & Bray，2005）。其中，共生性关系表明教师群体既具有凝聚力，又对学术领导高度信任，教师和学术领导可以有效地合作，且相互尊敬，是理想的共同治理的环境；在谨慎式合作中，教师和学术领导都需要小心翼翼，因为教师往往并非一个有凝聚力的群体，不同的教师持有不同的观点，甚至会有分歧存在，因而相对于开放和信任，沟通更为重要；在分裂性分歧情境下，教师之间可能因内部意见冲突或者寻求其与学术领导关系时的不同取向而发生分裂，但分裂开来的教师群体均与学术领导之间充斥着不信任，且倾向于不与学术领导合作；激进性龃龉即教师可以联合起来反对学术领导的情况。

（六）共同治理的存废之争

共同治理存废之争的焦点在于探讨教师是否应该参与治理。反对者认为，从外部环境来看，大学同时面临财政紧缩和问责强化等多重压力，需要迅速回应复杂的外部环境，而教师的参与往往降低决策速度（Duderstadt，2000；Miller，2002；Burgan，1998）；从教师本身来看，有学者提出，教师往往消极对待有利于大学但不利于教师的决策，而且教师内部高度分化，学科等差异亦使得教师很难达成一致意见（Schuster et al.，1994；Benjamin et al.，1993；Kennedy，1994）。

不过，共同治理的支持者针对上述"教师消极对待有利于大学但不利于教师的决策"的观点提出了不同的意见。Eckel（2000）观察了四所研究型大学终止学术项目的决策过程，发现教师能够理解所在机构面临的挑战，愿意建设性地参与不利于自身的决策过程，并达成可能损害教师利益的决策结果；Minor（2004）同样认为，当需要制定高风险或者可能对教师产生消极后果的决策时，教师往往更愿意参与其中。

而且在高校治理中，效率和有效性可能是对立的（Berdahl，1991；Birnbaum，1991），共同治理的支持者认为教师具有相应的能力和资格，能够做出低成本、有效的"健康"的决策，教师的参与可以提高治理的质量和有效性（Williams et al.，1987），若无教师支持，学术领导的决策可能不会持久或产生重要影响（Birnbaum，1992；Eckel，2000）。另有学者认为大学核心理念的保持决定了共同治理不会发生根本性的改变（Lapworth，2004），教师参与治理对于保护学术自由和教育质量有积极作用（Tierney & Minor，2003；Ramo & Gallop，1997），而且强调共同治理可以鼓舞士气，拓宽问题解决方案的范围，增加教师对所在机构的归属感（Miller，2002；Evans，1999）。

共同治理强调大学利益的相关者，尤其是教师应该享有学校事务的决策权。教师享有决策权并不仅仅意味着大学设立学术委员会，教师参与学术会议，而是强调教师真正参与决策过程，影响决策结果。不少讨论关注了决策过程中的教师角色、学术委员会的角色，以及教师与学术领导的关系，却鲜有研究聚焦决策过程，以及决策过程中不同群体之间的互动，新制度主义的部分概念将有助于进一步深入理解上述问题。不同的群体，如教师与学术领导之间如何理解新的实践方式？二者如何达成一致，获得最后的决策结果？这些问题均需要做进一步深入的探讨。

第二节　新制度主义的主要讨论

一、何为制度

制度即人为设计或社会建构的、用以形塑人际互动并被广泛认可、遵守的规则系统（Campbell，2004；North，1990；Jepperson，1991；Nee，1998），其中，规则是对被要求履行责任的（obliged）、禁止的（forbidden）、批准的（permitted）行为或结果的规定（Ostrom，1999；Ostrom & Crawford，2005），表明了一种双向互动的制约关系，一方面制度是人类行为的结果，另一方面人类行为也受制度约束。规则可区分为正式规则和非正式规则，正式规则即人为设计的，并通过政治权力由上而下强加于社会并付诸实施的规则，一般以法律、规章等文本表现出来；非正式规则不出自人为设计，而是随经验而演化的规范以及常规（routines）、习俗、信仰等文化或观念（North，1990；Kasper & Streit，1998）。

制度具有以下主要特征：关注社会或政治组织的结构特征；制度存在某种程度的稳定性；制度必须对个人行为产生影响，即制度必须对个人行为具有约束力；制度内的成员必须具备共享的价值和意义（Peters，1999）。

二、新制度主义的缘起与发展

第二次世界大战以前盛行的旧制度主义强调正式的结构（Scott，1994；Shepsle，1989；Thelen & Steinmo，1992），主张结构决定行为（Peters，1999）。20世纪50、60年代兴起的行为主义（behaviorism）批评旧制度主义过于整体、静态的分析取向，提出结构下的"人"才是主要的分析单位，主张将观察到的或可观察的政治现象和人类行为作为主要的研究对象（Immergut，1998；Isaak，1985）。20世纪80年代，国家、制度被重新纳入研究的焦点，新制度主义迅速引起广泛讨论，并对过于关注微观的政治行为，严重忽视国家与制度重大影响的行为主义提出猛烈批评。新制度主义认为一个人"表现"出来的偏好并不等于其"真实"偏好，而且政治现象远非个人行为的加总求和，行为并不足以解释所有的现象（Immergut，1998；March & Olsen，1984），因而拒绝以观察到的行为作为分析基准，转而重新强调制度对于行动者之行为的影响。

相对于旧制度主义，新制度主义主要有以下六项特征：①从关注组织转为关注规则（rules），政治制度不再被等同于政治组织，而是将制度界定为引导、约束个体行为的规则；②从关注正式制度转为同时关注非正式制度，非正式制度可以强化正式制度，且同时关注两种制度可以拓展分析的深度与广度；③从关注制度的静态性转为更加关注制度的动态性，制度变迁成为研究的焦点；④从不关注价值转为持价值—批判立场，试图确认制度形塑社会价值的方式；⑤从关注整体制度系统转为关注单项制度的发展，以及制度间的互动关联；⑥从认为制度独立于环境转为强调制度嵌入特定背景当中（Lowndes，2002）。

新制度主义主要分为理性选择制度主义（rational-choice institutionalism）、历史制度主义（historical institutionalism）、社会学制度主义（sociological institutionalism）三大流派（Hall & Taylor，1996）。鉴于任何制度分析的核心问题均为"制度与行为之间的关系为何"，以下主要从这一核心问题衍生的三个子问题，即个体如何行为，制度有何功用，制度何以创建和变迁，来整理新制度主义三大流派的主要假设和观点。

理性选择制度主义的基本假设主要源自经济学，认为个体均为理性的、利己主义者，拥有一组既定的、外在于制度的偏好，个体的行为完全工具化，并以一种战略计算的方式试图最大限度地实现这些偏好；制度被定义为"游戏规则"，旨在约束个体追求自身利益最大化时采用的行为与选择，以解决集体行动的困境（个人采取最大化其个人偏好的行为时，往往会产生对集体不利的结果），同时降低人际互动中的交易成本和不确定性；在这种假设下，制度的创建、稳定与变迁均为个体理性与战略计算的结果，具体而言，即特定制度的创建，是由个体经过理性计算，确定符合多数个体的偏好或需求后，有意识、有目的地设计出来的，当既有制度能使大多数个体获得较大利益时，制度便倾向于持续稳定存在，其中，未来的不确定性、信息的不完全、制度变迁的交易成本过大等均为制度持续稳定的原因，而一旦制度经过成本-效益的评估被认为是无效率、无效益的，便因优胜劣汰的竞争而被人为修正或改变（Hall & Taylor, 1996; North, 1990; Peters, 1999, 2000b; Kasper & Streit, 1998）。

　　历史制度主义一方面认为个体确有自利倾向，亦基于理性意图以及战略计算而行动，另一方面又强调历史和情境的重要性，认为在信息不完全以及制度、结构的限制下，个体的理性往往是"受限的理性"（bounded rationality），诸多实践并非有计划、有意识的产物，而是意料之外的结果，是各种团体、利益、理念以及结构互动的产物；制度被认为除正式的规则与程序外，还包括规范与惯例等文化认知要素，因而，制度不仅约束个体的策略选择，其偏好和理性也为制度和历史脉络所塑造，内生于制度结构；历史制度主义者尤为强调历史中早期制度的影响，认为路径依赖特质使得制度一经创建，便倾向于持续稳定，而制度的创建与变迁则主要受到重大危机事件或偶然事件的影响（Hall & Taylor, 1996; Pierson, 2000; Thelen, 1999; March & Olsen, 1984; Campbell, 2004; Peters, 1999）。

　　社会学制度主义认为个体并非最大化利益者（maximizers），而是满足而止者（satisficers），个人的偏好并非既定，而是受到社会文化的建构，其行动并非基于战略计算，而是基于"适当性逻辑"，表现出符合法律或规则、社会规范以及理所当然的认知逻辑的行为；制度被认为除正式的规则外，还包括规范和文化-认知要素，通过构建意义框架、符号系统、社会规范等，赋予个体以特定的角色规范和期待，塑造个体的偏好、角色认同感与行动意义；制度的创建与稳定是因为该制度体现了文化协同性（cultural alignment），获得了规范支持（normative support）以及与相关法律或者规则相一致，提高了制度的社会适切性与合法性，从而增加了资源与生存能力，而制度的变迁则源于该制度与社会文化、规范以及法律或规则出现了不一致的情形（March &

Olsen, 1984; Jepperson, 1991; Peters, 1999, 2000b; Hall & Taylor, 1996; Meyer & Rowan, 1977)。

三、新制度主义的主要议题

(一) 制度的构成要素

关于制度的构成，D'Andrade (1984) 很早便提出制度涵盖多种因素，社会奖惩、规范压力以及价值观等内在激励相互作用，共同赋予制度以"规限"的意义。Scott (1994, 2008) 进一步将其区分为三大基本要素，即制度的三大支柱：制度性支柱 (regulative pillars)、规范性支柱 (normative pillars) 和文化-认知支柱 (cultural-cognitive pillars)。

制度性支柱是最容易为学者关注和讨论的制度要素 (North, 1990; DiMaggio & Powell, 1983; Kasper & Streit, 1998; Ostrom, 1999)，即制度以明确的、外在的规限过程，约束、调节行为，包括设定法律、规章等正式规则，监督个体是否遵守以及实施奖惩等强制性机制迫使个体服膺于制度，个体表现出遵从的行为往往是一种强权下的权宜之计。值得注意的是，一方面，制度通过法律等正式规则以及监督、奖惩机制约束、规限个体的行为，另一方面，制度不均衡地分配制度资源，赋权于特定的个体或团体，使其能够享有诸如制定规则、采取特定行动以惩罚违法违规行为的权力 (Scott, 2008)。

规范性支柱一般为个体视为应尽的社会义务，主要以道德评价的方式约束个体的行为，即区分社会认为的"适当"与"不当"，并认可符合社会规范的适当行为，排斥或否定违背社会道德的"不当"行为。价值观和规范是此类制度支柱的主要内容，其中，价值观即个体所认可的观念，既存结构的各种标准 (Scott, 2008); 规范即左右人的行为，使之符合社会期待的隐性规则 (Kasper & Streit, 1998)，体现了密切联系的群体中成员的利益和偏好 (Nee, 1998)，并规定行事的应然方式。规范性制度要素主要有两种表现形式，一方面，某些价值观和规范可能适用于一个群体中的所有成员；另一方面，某些价值观和规范可能只适用于特定的个体，这就涉及"角色"的概念，角色即与某一社会位置相关的规范和行为期待（Ashforth，2001），不同的个体内化与其角色相符的各种规范和价值观，因而明确知道自己应该做什么，也很清楚他人期望自己如何行为，与此同时，个体也会知道其他个体的角色是什么，并对其行为产生期待，角色所内含的各种规范和价值观是个体得以与其他个体互动且认识自己及外部世界的媒介。

规范性制度要素对于个体行为的影响，一方面，社会规范在长期的互动中演化而成，其区分出的"适当的"以及"不当的"行为，均广泛地受到个体的认可与尊重（Meyer & Rowan，1977；Tolbert & Zucker，1983），并养成近乎本能的遵守它们的习惯（Kasper & Streit，1998）；另一方面，规范性的制度要素通过角色嵌入个体的意识，个体只有内化与其角色相符的各种规范与价值观，并通过角色扮演的方式，才能参与社会互动，由此，个体或可被称为"角色履行者"（role performers），潜移默化地受到制度规范的约束而无法任意为之（Berger & Luckmann，1966）。另外，March 和 Olsen（1989）进一步阐释了规范性制度对个体的影响过程，一般而言，个体会首先考虑"我"处在一个什么样的情境中，进而思量"我"有着怎样的社会角色，最后选择在情境中最为合适或最为符合社会期待的行为。值得注意的是，规范性制度要素主要以道德评价的方式，而非依靠惩罚机制约束个体的行为，违规者虽然不会受到法律、规章等正式规则的惩罚，但往往会因此名誉受损或被其他个体排斥，这种情感或心理的代价使得个体倾向于"自愿"选择接受规范性制度要素的约束，也就是说，遵守规范性制度已经成为个体的内在需要或习性（Nee，1998）。

文化-认知支柱关注制度的认知维度，其中，认知被认为是外部刺激与个人反应的中介，个人内化的外部世界的符号表征（symbolic representation），符号（例如语言、标识等）蕴含着人类赋予外部刺激的意义，个体并非仅仅对刺激做出机械的反应，而是首先理解、诠释它们，进而决定做何反应，因此，理解个体的任何行动，均要重视个体对人类行为的主观意义的阐释过程（Weber，1968；Geertz，1973）。一般而言，主观意义的阐释过程可分为三个层次：其一，个体在接触外部世界时，仅能够意识到外在期望的一部分，且只有一小部分"意识过"的事物能够被保留下来，继而可以进行回忆

(recall)，形成个体对相关事物的感知（perception）；其二，虽然大部分感知可以在个体的意识中保留和回忆，但其本质上仅为以往所经历过的经验的沉淀，当个体对这些感知到的经验赋予特定的"态度"（attitude）时，则构成了人类行为主观意义阐释的第二个层次；其三，个体将赋予"态度"的经验进一步落实为期望（anticipation），期望一方面意味着取向未来的目标，另一方面亦指筹划（project）和计划，即个体预计通过行为，将来能够得到何种结果，并将其确立为个人目标，努力使之得以实现（fulfillment），这种期望—实现的理性筹划即意义阐释的第三个层次。个体感知、保留、回忆、采取态度、形成期望、确立目标并力图实现的过程，可视为个体认知以及诠释人类行为主观意义的过程（Schutza，1967）。

与此同时，个体感知到的经验需要嵌入意识中，并进一步沉淀为知识（knowledge），才能从容地应对日常琐事（daily tasks）。知识即个体将过去的经验进行总结与概括，明确特定的外部刺激需要做出何种反应，以及该反应将会产生何种结果，也就是说，个体需要组织（organize）或者简化（simplify）日常面临的诸多外部刺激，由经验发展而来的知识为其提供了行为参考（Huff，Huff & Barr，2000），即在类似的情境下，影响个体注意（attend to）、诠释当下的刺激，并进一步做出推断与决策的能力（Walsh，1995）。

关于文化，新制度主义学者较少关注文化的内在及主观方面的特性，而是强调其外在性和客观性，认为文化是人为创造并代代传承的、社会共享的、外在于个体行为者的符号系统（Hall & Taylor，1996；Scott，2008），其中外在性和客观性意味着文化已然成为社会所共享的现实（Berger & Luckmann，1966；Zucker，1977）。一般来说，文化的外在性和客观性是在个体互动的过程中产生的，以下主要通过解释不同个体的主观意义何以能够互相协调的命题，来阐释文化客观性的产生过程。

当不同的个体面对面交往以及互动时，怎样能够得知对方的主观意义并做出相应的行动，以至个体之间可以相互理解，进而展开合作？首先，个体在互动过程中，通过手势、语言等符号将其主观性外显出来，当彼此的主观性逐渐外显并得到相互的理解、接受时，个体之间便可较为顺利地展开互动与合作。其次，个体之间互动中产生的意义通过符号系统的传播而获得"客观性",也就是说,这些意义从参与互动的个体的经验中分离出来,使得所有共享该符号系统的个体均能获得和领会这些客观化的意义,其中,语言是最重要的符号系统,语言将个体之间共享的体验客观化,使其能够为所有使用该语言的个体所理解,至此,互动中产生的意义已然成为客观存在的知识,即个体总结的如何才能进行合作的客观认知。值得注意的是,客观性的意义可以超越时空,使得交往无须局限于面对面的形式,相隔甚远或素未谋面的个体同样可以进行互动与合作。最后,客观化的意义不断传播,从一个集体传给另一个集体,甚至从上一代传至下一代,并在传播过程中慢慢沉积且凝固在个体共同的或共享的记忆中,成为理所当然般的存在,个体在交往中产生的意义最终沉淀为一种文化(Berger & Luckmann,1966;Berger & Kellner,1981;Meyer,Boli & Thomas,1987)。

文化-认知支柱对个体行为的影响,主要通过个体之间所共享的认知图式(cognitive schema)来达成(Hall & Taylor,1996;Scott,2008)。图式又被称为知识结构(knowledge structure),是个体将过去的经验和行为总结为特定的模式以理解并应对日常面临的诸多外部刺激,主要由知识本身及如何使用这些知识的信息构成(Huff,Huff & Barr,2000;Walsh,1995)。个体所共有的认知图式在长期互动中逐渐形成,通过符号系统获得客观性,为所有共享该符号系统的成员所共享,并随着时间逐渐沉积、凝固在个体共同的记忆中,可见,认知图式使得知识惯习化,即个体在面对外部刺激时,无需外在的激励和约束、理性的决策或者深思熟虑的选择便可做出相应的行为(Powell,1991;Gorges,2001;Winter,2006)。因而,在文化-认知支柱的影响下,遵守制度是因为行为者视之为理所当然,且并未意识到还有其他方式的存在。这种依赖于潜意识的、被视若理所当然而接受的认知框架,是制度影响行为的"最深层次"的机制(Scott,2008)。

事实上,关注制度的文化-认知支柱是社会学制度主义区别于其他理论学派的最为重要的特征,社会学制度主义学者强调合法性(legitimacy)机制。一般认为,其一,个体是理性行为者及最大化利益者(maximizers),主要以战略计算的方式试图最大限度地选择其偏好的行为;其二,个体受制于其所存在的制度环境,第一种假设强调效率机制的作用,认为个体选择某项制度乃是基于该制度的有效性，第二种假设指出了个体在社会环境中对于合法性的需要，也就是说，个体若要生存，就必须遵从被社会界定为合乎情理的行为及思考方式，尽管其可能被认为效率低下（Meyer & Rowan, 1977; Tolbert & Zucker, 1983）。因而，合法性可被界定为个体行为在某一社会结构的价值体系中是恰当的（Suchman, 1995），制度若要存在下去，就必须得到社会的广泛认可、接受和信任（Scott et al., 2000）。合法性首先来源于权威机构的认定，即政府等国家强制机构对于相关实践、规则的认可（Tolbert & Zucker, 1983; Ruef & Scott, 1998），另外，合法性得益于规范性以及文化-认知性制度要素的支持，即强调个体所共有的认知图式、意义系统是否认同（Ruef & Scott, 1998），相关实践所蕴含的意义必须与社会主流的价值观及期待相一致，才能获得存在的合法性（Meyer & Scott, 1983; DiMaggio & Powell, 1983）。

值得注意的是，制度亦存在趋同性（isomorphism）的特点，即个体为了获得合法性，往往选择已被广泛采纳的实践，以避免与其他个体显得过于不同（Meyer & Rowan, 1977; Tolbert & Zucker, 1983）。DiMaggio 和 Powell（1983）进一步探讨了三种制度的趋同机制，其一，强制性趋同（coercive isomorphism）即个体对正式或非正式压力的直接反应，尤其是政府可能通过法律等强制手段强迫相关个体接受相应的制度；其二，模仿性趋同（mimetic isomorphism）产生于对不确定性所做的合乎公认做法的反应，即有意或无意地模仿其领域中被普遍认为成功且合法的其他个体的做法；其三，规范性趋同（normative isomorphism）即社会规范对个体所扮演的角色或行为产生约束作用，使得个体倾向于采取主流规范所支撑的相关制度。

制度的三大要素互相配合、共同发挥作用，稳定的制度通常是被人们视若当然而接受、得到社会规范的认可以及强制性权力支持的制度。不过，在特定情境下，其中一种会处于支配地位，而且随着时间的流逝和环境的变迁，以前由某一种基础要素所支持的制度，会转而由另一种要素来维持。制度的三大要素可以相互影响，最常见的情况是，制度性和规范性要素彼此强化，若制度性因素经过长时间的发展，最终沉淀为社会规范，受到广泛的认同，则更容易获得个体的遵从，至少无须依赖强制性的手段（Dornbusch & Scott,

1975)。当然，规范性制度要素亦可对正式制度产生约束作用，主要表现为，若特定法律与社会的"传统"或"习俗"存在不一致，则这些长期互动形成的"传统"或"习俗"往往影响着法律在现实生活中的实施。值得注意的是，规范性和文化-认知性要素大多依靠口耳相传的方式得以保留，含义较为模糊，若能借助制度性要素清晰呈现，则可在一定程度上更加明确地影响个体行为（Kasper & Streit, 1998）。

(二) 制度再生产及变迁的可能

不少讨论提出既存制度一旦建立，便不断自我强化与再生产，以至于其后续路径长期锁定（lock-in）在现有的制度模式中（Arthur, 1994；North, 1990；Pierson, 2000）。关于制度何以能够长期自我强化与再生产的讨论，主要有功利性解释（utilitarian explanation）、权力解释（power explanation）以及合法性解释（legitimation explanation）三种（Collins, 1994；Mahoney, 2000），每种解释均提供了不同的再生产机制及制度变迁的可能。

首先，功利性解释主要为理性选择学者所推崇，认为个体即理性的、利己主义者，个体的行为具有工具性，并以战略计算的方式试图最大化地实现由其特定偏好设定的目标。在这种假设下，制度之所以能够不断自我强化与再生产，乃是理性个体基于成本-效益的评估，若既有制度符合多数个体的偏好，且制度变迁的成本超过了效益，则倾向于选择再生产现有制度（Hall & Taylor, 1996；Mahoney, 2000）。在功利性解释下，制度之所以存在变迁的可能，主要是由于竞争压力的增加，其中，边缘个体（marginal actors）更容易感知到竞争的压力，倾向于尝试创新性的行为，其原因在于现有制度对其约束较少，尝试改变的成本相对较低（Leblebici et al., 1991），边缘个体的创新行为的成功以及日益强化的竞争压力，使得核心个体亦倾向于进行尝试。

其次，权力解释认为，制度得以再生产，是因为受到现有制度中的核心个体的支持（Powell, 1991）。制度往往以牺牲大多数个体的方式赋权于特定的个体（Knight, 1992），这些核心个体因而能够利用额外的权力推动制度的再生产，以维护自身的既得利益，并进一步扩展其权力，而权力的拓展使得核心个体能够再次推动制度的再生产（Mahoney，2000）。在权力解释下，即使大多数个人或群体想要改变制度，获益的核心个体在很大程度上有足够强大的权力促使其再生产（Collins，1994；Oberschall & Leifer，1986）。不过，制度仍然存在变迁的可能，一方面，现有制度的核心个体对于该制度合法性的否定，或者与现有制度原则相冲突的群体增加，均有可能使得该制度随着问题的累积而需要进行改革（Oliver，1992）；另一方面，处于不同权力位置的个体间的利益冲突，可能使得核心个体的权力逐渐弱化，最终引发制度的变迁（Mahoney，2000）。

最后，合法性解释主要在社会学制度主义方面引起广泛讨论。社会学制度主义假设个体往往受制于其所存在的制度环境，并指出个体对于合法性的需要。在合法性解释下，制度之所以再生产，首先可能是制度性要素的有意识的控制，也就是说，政府等国家强制机构可以通过制定法律、规章等正式规则约束、调节个体的行为，并以奖惩机制监督个体是否遵守规则，个体对强制性制度的服膺，使得该制度倾向于持续稳定的存在（North，1990；Kasper & Streit，1998；Ostrom，1999）；其次，制度的再生产，得益于规范性、文化-认知性因素的支持，强调个体所共有的认知图式、意义系统的重要性，这些认知图式在长期互动中逐渐形成，并日益固化于个体共同的记忆中，影响个体的行为，因而，相关实践所蕴含的意义若与社会主流的价值观及期待相一致，则倾向于长期维持稳定与再生产（Meyer & Scott，1983；DiMaggio & Powell，1983）。在合法性解释下，制度的变迁主要是制度性要素，即相关法律、规章等正式规则的改变（DiMaggio & Powell，1983；Tolbert & Zucker，1983），而规范性和文化-认知性制度要素是在长时期的互动中演化而成的，个体倾向于缓慢地对正式规则的改变做出反应。

（三）路径依赖的主要讨论

诸多讨论为制度不断强化与再生产提供了解释，而制度一旦建立，便倾向于持续稳定的现象，同样也是路径依赖的主要关注。路径依赖（path dependence）可被广泛地理解为"过去影响未来"，即先前发生的事件影响着随后所发生的一系列事件的可能结果（Sewell，1996；Quadagno & Knapp，

1992）。随着研究的深入，诸多研究较为关注路径依赖的演进过程，并将偶然性（contingency）、序列（sequence）等概念融入其中，认为路径依赖可被界定为偶然的历史事件以相对确定的模式引发一系列的后续事件（Mahoney，2000，2001）。其中，历史中的早期事件往往偶然发生并至关重要，即使微小的变化也会随着时间而累积，最终对结果产生重大影响，而且一旦偶然的历史事件发生，其后的发展路径倾向于稳定地持续下去，难以轻易改变。

Krasner（1984，1988）最先注意到路径依赖的现象，并提出"断续式均衡"（punctuated equilibria）的概念，认为制度一旦建立，便倾向于长期的稳定与均衡，直到重大危机事件导致历史的断裂，制度因而发生偶发的、不可预测的变迁，重大危机事件中的选择往往不可逆，且新制度一旦形成便倾向于再一次的长期稳定与均衡。可见，制度一旦建立，便很难轻易发生改变。

事实上，路径依赖概念的提出，得益于相关研究对于"何以一些无效或不合时宜的制度能够持续存在"这一问题的观察和讨论，其中，"报酬递增"（increasing returns）的概念为这一问题提供了解释基础。David（1985）最先观察到"报酬递增"的现象，并认为"报酬递增"是路径依赖存在的关键，具体来说，个体往往因某些偶然的因素选定一项新的实践，随着时间的累积，报酬递增的现象使得继续选择该实践所得到的报酬（returns）逐渐增加，且将远远超过其他的替代实践，换句话说，即报酬递增现象使得选择其他实践的成本随着时间逐渐增加，在此情形下，个体往往倾向于继续选择现有的实践方式，从而导致了路径依赖现象的出现。Arthur（1988，1989，1994）随后对"报酬递增"现象及其特征进行了系统的阐述，认为当多种新的实践方式同时存在时，一些偶然的事件使得某种新的实践方式被最先采纳，并因此获得更多的完善和传播机会，不断累积、巩固自己的垄断地位，其他的实践方式则逐渐失去个体的支持，甚至被最终放弃，尽管从长远来看那些被淘汰的实践方式可能更为有效，这种现象便被称为"报酬递增"。

North（1990）认为，"报酬递增"的概念同样适用于解释制度的变迁，Arthur（1994）总结的强化报酬递增机制的四大因素，即巨大的创建成本（large set-up costs）、学习效应（learning effects）、协作效应（coordination effects）和适应性预期（adaptive expectations），同样适用于解释制度的稳定性。首先，高昂的创建成本使得个体更倾向于保持现有的制度路径；其次，学习效应即个体投入时间、精力熟悉某一特定制度路径后，往往倾向于持续维持这一路径，而不愿或排斥重新投入时间、精力来熟悉其他的替代路径；再次，协作效应即个体之间通常需要彼此协作以获取更大的利益，若个体选择相同的制度路径，则更容易达成一致，降低互动过程中的成本，因而，特定的制度路径一旦被选择，便倾向于由于协作效应吸引越来越多个体的支持；最后，适应性预期即当后来者发现该路径已广为他人选择时，自己也倾向于跟从选择，而且长时间地处于优势地位，也使得个体增强了对于该路径继续处于优势地位的信念与期待。

另外，North（1990）同时指出，制度的变迁往往更为复杂，其原因在于制度变迁除了涉及法律、规章等正式规则的改变外，还需考虑规范、传统、价值观等非正式规则的限制，以及相关制度在实践中的执行情况。尽管正式规则可以通过政治决策而在一夕之间发生改变，但非正式规则通过长时期的互动演化而成，为个体内化并被视为理所当然的行为准则，因而倾向于缓慢地对正式规则的改变做出反应（Zenger, Lazzarini & Poppo, 2000）。Streeck 和 Thelen（2005）提出了类似观点，认为正式规则的改变可以通过决策达成，而非正式规则的改变主要依靠文化演进（cultural evolution）。另外，制度的变迁并非仅仅关乎正式规则的变化，还涉及个体对正式规则的反应，及其在实践中的执行情况，一般认为，非正式规则一方面涉及长期互动形成的，被个体广泛认可的社会规范，另一方面包括存留在个体意识中，且慢慢沉积、凝固在记忆里的认知图式，个体往往倾向于自愿或无意识地受到此类非正式规则的约束（Scott, 2008），这也决定了个体对正式规则变化的反应，亦需要极其复杂和缓慢的适应过程。由此可见，即使有新的制度产生，也无法即时地对个体行为产生影响。

Pierson（2000）在 Arthur（1994）和 North（1990）的基础上，提出了政治领域的四个基本特征，并认为这些特征使得报酬递增的概念同样适用于解释制度的稳定性和持续性。首先，强调集体行动（collective action）。制度的基本特征在于供给公共产品（public goods），公共产品（如国防、环保等）往往成本巨大，很难通过单一的个体提供，因而需要个体之间相互合作。

集体行动往往有利于报酬递增现象的发生（Marwell & Oliver, 1993），一方面，集体行动涉及高昂的启动成本（start-up costs），个体一般倾向于选择微调而非放弃长久运作的集体行动，因而，集体行动一旦发生便倾向于持续存在；另一方面，适应性预期（adaptive expectations）使得个体往往跟从选择已被其他个体广泛支持的实践方式，个体在进行选择时，一般会考虑其他大多数个体是否也会做同样的事情，其原因在于非大众的选择不利于与他人进行合作、互动，并可能为此付出高昂的代价，如遭到排挤、被边缘化等。

其次，强调高密度性（high density）。即正式制度广泛地约束个体的行为，无论个体是否支持、赞同该制度。正式制度往往依托国家的强制权力，明确规定个体必须要做什么，以及不能够做什么，并建立与之相关的奖惩机制迫使个体服膺于现存制度，因而，即使个体认为该制度是无效、不合时宜的，也会迫于正式制度的权威而不能轻易选择其他新的制度。

再次，强调权力不对称（power asymmetries）。制度总是给予某个人或某个群体特殊的地位及权力，这些个人或群体为维护其既得利益，必然努力维持现有制度，一方面，既得利益者往往选择与其具有相同利益的继任者，以保证现有制度的稳定与持续；另一方面，既得利益者一般享有较多的制度资源，广泛宣传、推广现有制度的价值和意义，增强其他个体对于现有制度的信任（Stinchcombe, 1987）。与此同时，即使新的制度更加符合大多数个体的需求，但是改变所需的成本以及个体对于新的制度能否带来收益的不确定性，都会产生抵消作用，使得现有制度得以维持（Ikenberry, 1988）。

最后，强调复杂性和不透明性（complexity and opacity）。一方面，不同的个体追求各种各样的政治目标，如部分个体追求制度的公平性，其他则偏爱制度的高效性，而且，即使某项制度被认为不合时宜，也很难在复杂的政治系统中确认是何种因素导致了这一结果，以及如何进行调整才能取得更好的结果；另一方面，制度往往依靠复杂的程序来处理集体行动中的协调问题，这样的做法同时削弱了制度的透明性，掩盖了其存在的问题，增加了现有制度持续发展的可能性。可见，制度的复杂性和不透明性同样有利于报酬递增现象的产生。

如上所述，Pierson（2000）确认了制度所处的政治环境中同样存在报酬递增现象，这一现象亦可被称为自我强化（self-reinforcing）或者积极的反馈过程（positive feedback processes），而且 Pierson（2000）指出，制度的发展过程中往往缺乏学习机制，这在一定程度上强化了制度的报酬递增现象。学习发生于个体吸收（assimilate）新的信息，并将其运用于后续行动的过程中（Hall，1993），因而学习可以使得个体根据自己或其他个体的经验对存在问题的实践进行纠正（Williamson，1993）。但是，政治的复杂性和不透明性，使得个体很难评估制度的表现，亦无法轻易确认如何进行调整才能使制度发挥更大的作用，此外，即使制度中真的有学习发生，学习的过程本身也存在路径依赖的现象，Cohen 和 Levinthal（1990）认为，个体以往所拥有的知识，会影响其被同化的能力，个体需要具备旧有知识，方可促进新知识的吸收与应用，学习的过程也在很大程度上受到"过去"知识的影响。

此外，Mahoney（2000，2001）和 Sydow 等（2009）学者逐渐关注制度路径的产生及发展过程，认为路径依赖主要包括预形成（preformation）、形成（formation）和锁定（lock-in）三个阶段。其中，预形成阶段的个体，行动及选择范围较为广泛，进入形成阶段，开始出现主导性的实践方式，该实践方式不断地自我强化，且随着时间的推移，逐渐进入锁定状态，成为广泛限制个体行为的制度规则，可见，路径依赖的发展过程，亦是个体的行动范围选择性逐渐缩小，并最终被锁定在既有的制度路径的过程。

具体来说，预形成阶段又被称为路径依赖的先行条件（antecedent conditions），界定了个体的行动及选择范围（Mahoney，2001）。这一阶段存在一个关键时刻（critical juncture），这一时刻所发生的事件以及个体的选择，被认为是路径依赖过程的起点（Mahoney，2000，2001）。早期的讨论认为，关键时刻主要为战争、自然灾害等突发性的危机事件（Krasner，1984，1988；Haydu，1998）；随后，Arthur（1994）、Pierson（2000）等学者提出，若时机正确，相对较小的事件也可以产生巨大、持久，甚至意料之外的结果。与此同时，Mahoney（2000，2001）主要强调关键时刻的偶然性（contingency），偶然性即不能预测或解释特定结果发生的概率，无论是突发性的大型危机事件，还是相对较小的随机事件，均可能导致在关键时刻出现多个可选的解决方案，而关键个体或群体之所以选择其中之一而非其他，往往具备偶然性。

值得注意的是，预形成阶段的个体，虽然行动范围较为广泛，但并非无所限制。一般而言，制度除了法律、规章等正式规则以外，亦涉及潜意识的文化-认知因素，即个体将感知到的、代代传承下来的知识、价值以及其他影响行为的制度意义及规范，以符号的形式（例如语言、标志等）储存于意识，并慢慢沉积且凝固在记忆中，成为个体的理所当然般的行为和思考方式，可见，个体在关键时刻所做的选择，在很大程度上受以前制度逻辑及意义的影响（Goldstone，1998；Sydow, Schreyögg & Koch, 2009）。

在形成阶段，制度的路径逐渐显现。个体在关键时刻选定某一制度选项后，自我强化的动力使得该选项逐渐占据主导地位，由于已选定的制度选项能够带来递增的报酬，这一制度路径变得越来越难以逆转（Sydow, Schreyögg & Koch, 2009）。Mahoney（2000, 2001）同样认为，一旦偶然的关键事件发生，自我强化的序列使得制度的发展路径具有相对稳定的特性。其中，序列即时间有序、因果相关的事件链。自我强化性序列中，初始的事件会设定一个方向，而后续事件则倾向于跟随这一方向继续发展，并且时间越长越难以改变。

在锁定阶段，早期选定的制度选项持续再生产，并排斥其他的替代选项，最终将个体的行为锁定在该制度路径上。值得注意的是，相关讨论认为，个体的行为并非被"完全"锁定，作为具有认知能力的能动者，个体能够诠释被赋予主观意义的行为，并试图将自己的理解加入其中，因而，个体的行为往往存在微小的调整空间，相同的制度在实践中可能并不完全雷同（Giddens，1984；Sydow, Schreyögg & Koch, 2009）。

总体而言，路径依赖主要经历预形成、形成和锁定三个阶段，关键时刻的危机或随机事件，使得一种实践方式偶然取得优势，并引发自我强化机制，该实践方式因而逐渐获得主导地位，持续的再生产使其不断排斥其他的替代实践方式并最终进入锁定状态，成为个体主要的行为参考。需要强调的是，首先，路径依赖中的早期事件具有至关重要的影响，后续发展往往遵循早期事件设定的制度路径，并且时间越长越难以改变方向；其次，早期的历史事件是偶然发生的，无论是突发性的危机事件，还是相对较小的随机事件，均有可能产生巨大而持久的结果；最后，一旦偶然的历史事件发生，随后的路径具有相对稳定的特征，制度的路径一般遵循初始选定的制度安排，并倾向于持续以及长期的再生产。

路径依赖强调制度一经建立，便倾向于持续稳定并发挥作用，个体行为一般被锁定在既有的制度路径上，尽管法律、规章等正式规则能够通过政治决策而即时改变，但个体往往需要缓慢的适应过程才能对正式规则的变化予以反应，可见，即使有新的制度产生，也无法即刻对个体行为产生影响。近年，"教授治学"被写入政策文本，并逐渐为我国大学采纳，路径依赖的相关学术讨论，可关注这一新的实践方式，在实施过程中如何受到之前治理形式的影响。

四、制度化过程的主要讨论

制度对个体行为的影响是新制度主义的主要讨论之一（Hall & Taylor，1996）。20 世纪 60 年代以前，个体主要被假设为"理性的利己主义者"，即以追求自身利益最大化为目标，依据成本-收益的计算，在可选范围内选择最具效率的、最佳的行为方式，制度因而被界定为"游戏规则"，旨在依托法律、规章等正式规则，以及相应的奖惩机制约束个体最大化自身利益的行为（Lawrence & Lorsch，1967；North，1990）。进入 20 世纪 70 年代，理性的个体假设逐渐受到质疑，Simon（1957，1975）提出"受限理性"（bounded rationality）的概念，认为个体并非完全理性，而是主要受到三方面的限制：其一，社会现象的多变性，有关社会现象的知识往往是零散、难以穷尽的，更难以对其做出准确的预测；其二，个体自身的限制，个体的认知能力与资源（金钱及时间）均不可避免地受到限制，使其难以对社会现象做出综合而又穷尽的掌握；其三，制度的限制，制度被认为不均等地分配资源、信息以及参与机会，个体在资源、信息等不完全的情境下很难做到完全理性，可见，个体并非完全理性的最大化利益者，而是追求满足，倾向于选择满意的或"足够好"的行为方式。

20 世纪 70 年代以后的新制度主义，一方面质疑理性的个体假设，另一方面逐渐关注文化-认知性制度要素对个体行为的影响，其中，Weber

(1968)认为,个体并非仅仅对刺激做出机械反应,而是首先从自身所处的情境出发,理解并诠释外部刺激,然后才决定如何回应,制度影响个体诠释刺激的方式,进而影响其表现出的行为,可见,个体之所以遵守制度,是因为个体相信制度所蕴含的意义和价值标准,而非完全出于自我利益的考虑。Meyer 和 Rowan(1977)进一步强调了正式制度的类似神话(myth)和仪式(ceremony)的特性,即制度中所蕴含的意义、规范和价值观被社会中的大多数个体广为接受,并嵌入意识成为理所当然的存在。制度影响行为,通过界定何种实践,或者思考及行为方式是受到社会广泛认可的,并限制个体诠释外部刺激以及做出回应的方式,也就是说,制度为个体提供了行为脚本(scripts),脚本即行为规律及特征,是可以观察到的、重复发生的活动(Giddens,1984;Barley & Tolbert,1997)。

新制度主义强调个体遵循制度界定的脚本而产生行为,却并未过多讨论这些脚本的产生和持续过程(Barley & Tolbert,1997;Tolbert & Zucker,1996),制度化(institutionalization)为这一问题提供了可资借鉴的理论视角。其中,制度化既是一种过程,又是一种状态或者结果,作为过程的制度化,主要指制度所蕴含的特定状态或特征的形成过程,关注新的实践方式如何形成客观性的制度,以及个体内化这一客观制度的过程(Berger & Luckmann,1966;Zucker,1977;Tolbert & Zucker,1996)。

值得注意的是,有学者提出,正式的制度安排与制度的实际运作可能是脱节的(decoupled),也就是说,正式的制度安排可能仅为形式性的采纳(ceremonial adoption),个体并未认同或理解制度所蕴含的意义和价值,因而在实践中,相关的制度规则可能被违背,决策也可能并未得到执行(Meyer & Rowan,1977;Kostova & Roth,2002)。与此同时,Burns 和 Scapens(2000)认为制度脚本包括规则和常规(routines)两部分,其中,规则即正式规定的事情应该如何完成的方式,常规则是事情实际上被完成的方式。有鉴于此,关于制度化过程的讨论,大多关注制度在个体日常生活中(everyday life)的形成过程,而非讨论正式制度安排的创建和执行。日常生活由环绕在个体身上的此地(here),以及个体所呈现的此刻(now)所构成,涵盖大量常识性(commonsense)的知识。制度通常由制度化的过程嵌入个体的日常生活,成为指导其日常行为的知识（Berger & Luckmann，1966；Tolbert & Zucker，1996；Barley & Tolbert，1997）。

1. 制度化过程

Berger 和 Luckmann（1966）、Zucker（1977）最先对制度化过程给予了关注，Tolbert 和 Zucker（1996）在其讨论的基础上，提出制度化过程起因于新的实践方式的产生，并主要经历惯习化、客观化和沉积三个阶段，随后，有学者相继讨论了个体对于新的实践方式的学习过程（Crossan，Lane & White，1999），以及新的实践方式的扩散过程（Roger，2003）。结合以上讨论，制度化过程的框架可总结如图 2-1 所示。

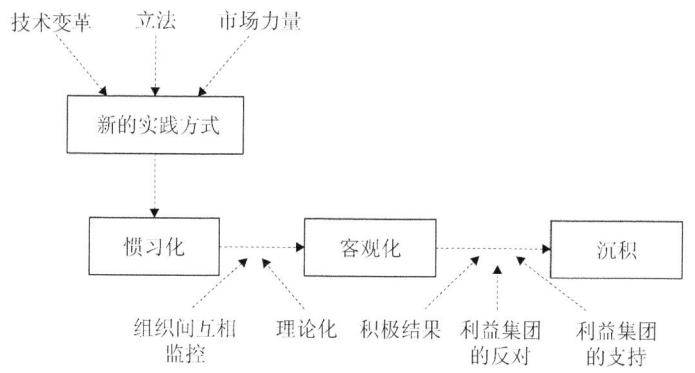

图 2-1　制度化的过程

参考自：Tolbert & Zucker（1996）.

实践方式的新颖与否是一个相对的概念，有学者认为，某项实践客观上是否新颖并不重要，重要的是个体是否"认为"这一实践是新颖的，也就是说，如果该实践相对于个体来说是新颖的，尽管其可能早已被其他个体广泛采用，亦可被界定为新的实践方式（Roger，2003）。值得注意的是，新的实践方式的采纳，在很大程度上是因为个体意识到现有的实践中存在某种问题，从而产生了解决问题的需求，不满足感使得个体积极关注并了解新的实践方式。一般而言，作为具有能动性的个体，往往倾向于采纳与其需求相一致的实践，而避开那些不需要或不感兴趣的实践（Roger，2003）。另外，有学者认为新的实践方式的采纳可能并非由于问题或需求的存在，而仅仅因为个体认为该实践是流行的,因而"跟风"采纳(Abrahamson & Fairchild, 1999; Greenwood, Suddaby & Hinings, 2002)。

(1) 惯习化

惯习化即个体行为以及个体之间的互动方式,因不断重复而逐渐稳定下来并形成固定的模式。制度化过程关注制度在个体日常生活中的形成过程,其本质在于,通过制度化的过程,制度嵌入个体的常规生活(routines),成为指导其日常生活行为的知识(Berger & Luckmann, 1966)。因此,日常生活中个人行为以及个体之间互动方式的惯习化成为制度化过程的重要组成部分之一。

就个体行为而言,任何一种行为,只要不断重复就有可能形成固定的模式,进而可以较为经济省力地进行再重复,以解决反复出现的问题。行为的惯习化使得个体无须经由缜密的逻辑推理和思考,也不再需要经过反复的试错方能选择合适的行为,而是自然而然地依照已经习惯化了的方式重复过去的行为,因而,惯习化使得个体在具体情境中的行为变得较为稳定与可预期(Berger & Luckmann, 1966)。之所以需要惯习化,是因为在日常生活中,个体往往需要基本的安全感,而惯习化的行为正是这种安全感的基本来源,一般而言,若个体对于日常生活具有一定程度的"可预见性",则可以缓解不确定性带来的紧张与焦虑,惯习化行为通过某种行为的持续重复而得以形成,是日常生活中按部就班、可以预测的行为方式,个体因而能够预期其可能产生的各种结果,确保正常生活的持续进行(Giddens, 1984)。

就个体之间的互动而言,惯习化意味着个体之间的互动逐渐稳定,并形成固定的模式。日常生活是一个"我"与他人共享的现实世界,个体必须与其他个体持续地互动与沟通,才能够在日常生活中存在下去。个体之间的互动受到时间和空间等客观因素的制约,因而,面对面的情境(face-to-face situation),或被称为共同在场(co-presence),是个体之间互动的基本条件(Berger & Luckmann, 1966; Giddens, 1984)。在面对面的情境中,个体的惯习化行为很快便呈现出来,对方因而意识到"他又开始那样了",与此同时,他人的主观感受也通过语言、表情、肢体动作等多种途径展现出来。随着互动的深入,个体之间的惯习化行为逐渐为彼此所理解和接受,其中一方的行为不再使另一方感到惊讶或危险，反而变得习以为常。与此同时，个体之间也会彼此内化他人的惯习化行为，并根据对方的表现进行相应的回应，"他又开始那样了"变成"我们又一起那样做"，个体之间的互动开始形成固定的模式，每个人均可据此预测对方的行动，双方的互动逐渐稳定（Berger & Luckmann，1966）。

在此基础上，Tolbert 和 Zucker（1996）提出，惯习化包括新的实践方式的采纳，并在实践中形成固定的运作程序。其中，固定的运作程序可能通过个体不断重复特定的实践方式而自然形成，也有可能在运作之初对该实践方式进行详细的规划和设计，也就是说，在相关政策中，对其目标、运作程序以及奖惩措施等进行正式的书面规定（Miner，1987；Scott，1981），以使个体的行为有据可依，不过，这一书面规定仅仅是一种行为蓝图（blueprint），在实际运作中不一定被严格遵守（Meyer & Rowan，1977；Zenger，Lazzarini & Poppo，2000）。无论如何，政策文本中规定的明确的目标、运作程序尤其是奖惩措施，有助于个体对新的实践方式逐渐形成清晰、一致的认识，而且有助于将不同个体较为分散的行为通过既定的规则和程序集中起来。由此看来，惯习化使得个体对于新的实践方式及其运作程序有了稳定的认识，并倾向于遵循既有规则，按照规定的方式行事。

关于新的实践方式的采纳，就个体本身而言，从知晓一项新的实践方式，到做出接受还是拒绝的决策，需要经历一个连续的过程，惯习化主要涉及其中的认识（knowledge）、说服（persuasion）和决定（decision）三个阶段。其中，认识阶段即个体知晓一项新的实践方式的存在，并对其作用或效果有所了解；说服即个体对该实践方式形成赞同或者反对的态度，一般情况下，同侪对此实践方式的主观看法更为直接地影响个体的态度；决定即个体对该实践方式做出采纳或者拒绝的选择。在整个决策过程中，个体不断地丰富关于新的实践方式的信息，以减少其实施过程及结果的不确定性，其中，在认识阶段，个体往往主要关注"新的实践方式是什么""它是如何运作的"以及"它为何会有功效"等方面的信息，而说服和决定阶段，个体更倾向于关注"实施这一实践方式的结果是什么"以及"它有哪些优势和缺陷"等问题（Roger，2003）。

是否采纳新的实践方式的决策，Roger（2003）总结了三种方式：其一，可选择的创新决策（optional innovation-decisions），即个体拥有采纳还是拒绝一项新的实践方式的选择权，且与其他个体的决定无关，此种为基于个体选择的决策方式；其二，集体性创新决策（collective innovation-decisions），即采纳还是拒绝一项新的实践方式，由个体所在机构内部成员的一致意见决定，一旦做出决策，全体成员必须遵守；其三，权威性创新决策（authority innovation-decisions），即机构中享有权力、地位的少数个体做出采纳还是拒绝新的实践方式的选择，一般而言，权威性的创新决策最为迅速，但由于没有得到多数个体的普遍支持与认同，更容易在执行过程中受到消极对待甚至出现抵制行为。

一般情况下，在学校、政府部门等正式机构中，权威性决策和集体性决策较为普遍，而且往往个体所在的机构采纳了一项新的实践方式后，个体才可以选择接受还是拒绝。可见，现实生活中的决策方式存在第四种类型，即权威性决策或者集体性决策与选择性决策的结合，且往往权威性决策或者集体性决策在前，选择性决策在后。值得注意的是，在集权化程度较高的机构，即控制及决策权集中在少数人手中的机构，权威性决策和选择性决策的组合更为常见（Roger，2003）。

个体接受一项新的实践方式并非易事，往往需要经历漫长的学习过程，有学者认为，这一学习过程主要包括直觉感知（intuiting）、诠释（interpreting）、整合（integrating）和制度化（institutionalizing）四个阶段（Crossan, Lane & White, 1999），其中，惯习化主要涉及直觉感知和诠释两个阶段。直觉感知即个体感知到新的实践方式，不过此时仅仅是一种对于可能以及可以做什么的感觉；诠释即个体通过语言，将自身对新的实践方式的理解向自己解释，并将其付诸行动的过程（Crossan et al., 1999; Simon, 1991; Zietsma et al., 2002）。直觉感知是一种潜意识的过程，而诠释则为个体有意识地形成对新的实践是什么以及如何运作的认知（Huff, 1990），其中，语言在这一过程中的作用至关重要，其使得个体能够解释之前简单的感觉（feelings）、预感（hunches）究竟是什么。值得注意的是，直觉感知很难同其他个体分享，比喻（metaphor）有助于个体将其对实践的看法和感受以一种生动的方式表达出来，是个体之间分享直觉感知及彼此沟通的重要语言（Weick，1995；Crossan, Lane & White，1999）。

有学者提出，学习过程应该关注个体如何与他人进行信息交换，从而引起行为的变化（Roger，2003）。在惯习化阶段，个体主要通过观察并模仿的方式来学习，即个体观察了他人的行为后，学着做类似的事情，这一模仿过程受到人际关系网络的重要影响，而且模仿多在相似或者具有同质性的个体之间发生，同质性即进行沟通的个体之间相似的程度。在现实生活中，人们往往倾向于和个性相投、地位相当的他人，交换内心的真实想法和主观感受，在决定是否采纳新的实践方式的决策过程中，个体也比较重视那些与自己相似，且已经采纳了该实践的同侪的经验和感受。可见，同质性的沟通更为容易且频繁地发生，进而加速新的实践方式的扩散过程（Burns & Wholey，1993；Haunschild & Miner，1997；Roger，2003）。

新的实践方式的扩散（diffusion）对于制度化过程至关重要。扩散并非实践方式的拥有者将其传播给潜在接受者的单向过程，而是该实践方式通过一段时间，通过特定的渠道，在某一群体中持续沟通的过程，其中，沟通即个体之间互相提供关于新的实践方式的信息，分享各自的主观感受，从而达到相互理解的过程（Roger，2003；Strang & Meyer，1993）。与学习过程类似，惯习化阶段的扩散，亦主要基于模仿机制，且主要发生在同质的个体之间（Haunschild & Miner，1997），不过，相关讨论发现，个体同样倾向于模仿被大量其他个体或具有较高地位和声望的个体所采纳的实践方式（Burns & Wholey，1993），以及被其他个体采纳后，表现出积极效果的实践方式（Haunschild & Miner，1997），或者与其在地理位置上相邻的个体所采纳的实践方式（Davis & Greve，1997；Greve，1998）。

新的实践方式在惯习化阶段的采纳，旨在解决当前面临的实际问题，个体并未对其必要性或价值达成共识（Leblebici et al.，1991），而且尽管该实践方式有了固定的运作程序，但个体之间表现出来的合作或配合式的行为往往较为临时和非正式，甚至某种新的实践方式仅仅存在于该任决策者的任期内（Miner，1987，1991）。制度化想要获得更为持久和广泛的状态，在很大程度上依赖于客观化的过程（Tolbert & Zucker，1996）。

(2) 客观化

客观化即惯习化的个体行为或个体之间的互动被赋予共享的意义，日益获得客观性（objectivity），成为外在于个体的客观现实（objective reality）的过程。其中，客观化一方面意味着个体之间的行为或互动方式获得稳定且共享的意义，逐渐脱离面对面或共同在场的情境以及最初构建惯习化行为的特定个体，并适用于一系列类似的场合，"我们又开始那样"变成"这是事情应该怎样完成的方式"（Berger & Luckmann，1966；Giddens，1984；Barley & Tolbert，1997）；另一方面，客观化亦指个体行为和互动方式逐渐被物化（reification）的过程，物化即将人类现象当作事物（things）来理解，也就是从非人（non-human）或超人（supra-human）的角度来看待人类现象，可见，个体之间持续互动产生的惯习化的行为方式，随着其客观化程度的提高，会逐渐演变为无关个体喜好，是其必须面对的、强制性的既定制度，如自然规律一般客观存在，即使个体并不理解其目的或意义，也不能否认它的存在，而且个体几乎没有左右或控制该客观制度的能力（Berger & Luckmann，1966；Zucker，1977）。

客观化的一项重要特征便是可通过符号系统来维持或表达制度的意义，其中，语言是最重要的符号系统。语言等符号系统通常具有可分离的特性（detachability），即个体能够通过语言将行为及互动方式从日常生活体验中抽离出来，总结或概括其蕴含的客观意义，并形成与之相对应的词汇，由此，语言成为客观意义的存储库，所有共享该语言的个体均能理解相应的行为方式及其客观意义。而且，语言能够将在时间、空间中远离当下的各种对象呈现出来，也就是说，个体并非仅仅描述当下发生的事件，还可以谈论许多不在面对面情境中出现的事物，包括那些其从来没有体验或者永远也不会体验的事情，这意味着行为方式及其客观意义能够脱离当下的情境，并适用于任何时空下的类似场合（Berger & Luckmann，1966）。

在此基础上，Tolbert 和 Zucker（1996）认为，客观化即新的实践方式付诸实施，并逐渐演变为客观存在的制度的过程。客观化的过程一方面指惯习化的实践方式以及个体行为的发展，另一方面也包括实践和行为蕴含的符号属性（symbolic properties）的发展，符号属性即个体对于该实践之价值的共识程度。值得注意的是，新的实践方式的实施状况，并非政策或规章文本中的抽象描述，而是需要通过个体以讲故事的方式表达出来（Weick & Roberts, 1993；Crossan, Lane & White, 1999），而且客观化主要通过个体在日常生活中的持续互动而得以形成，这同样很难在文本资料中予以确认，需要通过实地观察才能了解和明确（Barley & Tolbert, 1997）。

关于新的实践方式的采纳，客观化主要涉及其中的实施（implementation）过程。实施即新的实践方式的实际运用（Fullan, 1996；Roger, 2003），对个人来说，决定接受一项新的实践方式是一回事，而将其付诸实践又是完全不同的另一回事，实施便是处理怎样使用新的实践方式的阶段。Kostova 和 Roth（2002）提出，新的实践方式的实施包括个体行为和观念的同时反应，一方面，该实践方式的客观化需要通过个体外显的行为予以表达，相对较大数量的个体以类似的方式改变他们的行为，往往意味着新的制度客观地发挥作用（Barley & Tolbert, 1997）；另一方面，实施亦包括个体理解并认同该实践方式的意义和价值，决心致力于该实践方式的实际运作，其中，后者有利于新的实践方式的持续和稳定，若无个体的理解和认同，该实践方式可能仅为"形式性的采纳"（ceremonial adoption），并未真正影响个体的行为及其互动方式（Meyer & Rowan, 1977；Barley & Tolbert, 1997）。

从学习过程来看，客观化主要涉及整合（integrating）的阶段，其中，整合即个体之间关于新的实践及其运作方式的理解渐趋一致，并最终达成共识的过程。对话和合作式行为对于共同理解的发展至关重要（Brown & Duguid, 1991；Weick & Roberts, 1993；Simons, 1991），一方面，交谈（conversation）和对话（dialogue）有利于集体思考和探究，个体之间分享各自对新的实践方式的观感及意见，确认彼此已达成共识和尚存在争议的部分，并针对后者集中讨论，以发展出共识（Daft & Weick, 1984）；另一方面，发展共识的过程中，个体倾向于对其行为做出相应的调整，促进合作式行为的产生，这种一致的集体行为同样为个体提供了分享经验、共同讨论的机会，有助于最终共识的达成（Crossan et al., 1995；Isaacs, 1993）。

在客观化阶段，新的实践方式的扩散不再单纯依靠模仿机制，而是由于其获得了一定程度的合法性（Tolbert & Zucker, 1996），也就是说，该实践方式已经广为流行，得到其他大部分个体的认可，而个体之所以选择采纳，是因为相信这种实践方式所蕴含的意义和价值。值得注意的是，客观化阶段存在一种从众的压力（bandwagon pressure），即个体采纳某种实践方式，是个体意识到这种实践已为其他个体广泛采纳，并在此基础上产生的"跟风"行为（Abrahamson & Rosenkopf, 1993）。

(3) 沉积

沉积即客观化的制度在个体意识中得到理解，并嵌入记忆，成为指导其日常生活行为的知识，并在此基础上从一代人传给下一代人，从一个集体传给另一个集体的过程（Berger & Luckmann, 1966）。其中，知识即个体将过去的经验进行总结与概括，明确特定的外部刺激需要做出何种反应，以及该反应将会产生何种结果（Huff, Huff & Barr, 2000），日常生活中的知识往往被个体视为理所当然，理所当然意味着个体很少质疑甚至觉察此类知识，除非遇到无法解决的问题，也就是说，若个体在日常生活中的行为不过是循例而行，是不假思索地重复某种几乎每天都要进行的行为，那么个体一般不会阐述或追问进行此类行为的意图和理由。

沉积过程的起点为内化（internalization），即个体直接理解或诠释客观存在的制度，使其对个体自身具有主观意义。在个体感知到的制度意义以及其他的日常生活经验中，只有一小部分会存留在意识中，存留下来的感受和经验慢慢沉积并凝固在记忆中，成为指导个体日常生活行为的知识，其中，记忆即为个体所接受，并影响其行为的知识的集合体（Crossan, Lane & White, 1999）。当多个个体共同享有某种经验时，主体间的沉积（intersubjective sedimentation）便会发生，在主体间沉积的过程中，符号系统客观化、保存及累积个体共享的主观感受和经验，当然，保存和累积的过程同样是有选择地进行，而最终被保留下来的共享经验被整合入这些个体共有的知识储存中，并通过代代相传，适用于日常生活中的每个个体，影响着个体日常生活中的惯常之事（Berger & Luckmann, 1966）。

在此基础上，Tolbert 和 Zucker（1996）认为，沉积意味着完全的制度化（full institutionalization），即新的实践方式代代相传，最终为个体所在机构的成员广泛接受，并被认为是思考及行为的理所当然的方式，其中，理所当然表明个体遵循该实践方式已然成为习惯性反应，即个体在面对外部刺激时，无需外在的激励和约束、理性的决策或者深思熟虑的选择便可表现出与该实践相符的行为方式（Burns & Scapens, 2000; Powell, 1991; Winter, 2006），另外，经过代代相传的沉积过程，新的实践方式成为个体所在机构的常规活动之一，参与该实践的实施，亦成为个体日常生活的一部分（Goodman et al., 1993）。

2. 能动性与制度化过程

诸多新制度主义理论学者倾向于强调制度对于行为的制约（Meyer & Rowan, 1977; DiMaggio & Powell, 1983; Meyer & Scott, 1983），然而，随后的诸多讨论已然注意到个体的能动性空间（Oliver, 1991），强调个体并非描述的那般消极和被动（Powell, 1991），而是具有一定程度的能动性（agency），其行为虽为制度所制约，但并非为其完全决定（Machado–da–Silva, Fonseca & Crubellate, 2005）。

首先，能动性意味着意图性（intentionality），即个体往往有意地表现出某种行为（Giddens, 1984; Selznick, 1992），有意的行为指的是个体知道或相信该行为将具有某种性质或产生特定的结果，并依然出于某些理由采取行动，实现预期中的结果。而且，Giddens（1984）强调，个体是具有认知能力的能动者，也就是说，个体对其在日常生活中的行为及其后果拥有大量的知识，因而，当个体被问及为何会如此行事时，往往能够以话语的形式，为他们的所作所为提供理由。

其次，个体作为能动者，其行为并非受到制度的完全控制，Colomy（1998）因而强调制度化的实践如何在个体的努力下发生有限的改变，并关注制度早期阶段的多样化特征。具体来说，制度的产生主要经历新实践方式的提出、衍生（derivative）和巩固（consolidative）三个阶段。在提出阶段，不同的制度企业家可能提出不同的实践方式，其中，制度企业家即在制度构建过程中居于领导角色的个体（Eisenstadt, 1980）；进入衍生阶段后，仅有较小数量的实践方式被认为可以解决个体当前面临的具体问题，并因此得以迅速扩散，而在后续的巩固过程中，其逐渐受到趋同机制的影响，个体越来越倾向于采纳类似的实践方式。

再次，Giddens（1984）认为，制度化过程即制度与行为的互动过程。其中，社会结构包括规则和资源两方面，规则主要指社会生活实践或其再生产所需要的一般程序，资源即可以用来增强或维持权力的人力或非人力资源（Sewell，1992），而制度便是由那些得到更强的关系连带（relational ties）、更雄厚的资源支持的、被更为坚定的拥护规则所构成的社会结构，因而，制度仅仅作为模式化的社会活动而存在，其蕴含的规则、关系连带和资源在长时期的互动过程中被不断地再生产。

与此同时，Giddens（1984）提出，能动者主要指发挥权力或者产生影响的个体，一般情况下，个体可以影响事件的发生过程和特定状态。在此基础上，Roger（2003）关注个体如何在制度的约束下，创造有限的能动空间，认为在新的实践方式的扩散过程中，个体并非一成不变地复制和照搬既有的实践方式，而是在实际运用中，努力加入自己的理解和诠释，因而，相同的实践方式，其实际的实施状况往往有所不同。

最后，作为能动者，个体并非无一例外地消极面对制度压力，而是可以选择策略性的回应方式。Oliver（1991）对此进行了全面的总结，其中，默从（acquiescence）和逃避（avoidance）是较为常见的应对策略。默从主要指个体无意识地、盲目地遵循既定的制度规则及价值观，或者有意识地服从（obedience）相关的制度要求及规范（DiMaggio，1988；Meyer & Rowan，1983）；逃避即个体表面服从制度要求，实施一些"门面工程"，以掩饰其与制度要求的不一致。另外，个体亦可能表现出斡旋（compromise）、反抗（defiance）甚至操纵（manipulate）的应对策略，即个体面对相互冲突的制度要求时，可能试图权衡（balance）、缓和（pacify）甚至无视（dismissal）之，当然，个体亦可能积极建构权力，试图主宰或支配制度压力（Covaleski & Dirsmith，1988；Tolbert，1988）。

综上所述，个体作为能动者意味着，其一，个体具备认知能力，能够对自己的行为做出解释，阐明为何表现出如此的行为，以及期待达到何种结果；其二，个体并非为制度完全控制，而是存在有限的能动空间，具体表现为，个体以模仿的方式向他人学习时，往往并非完全复制，而是提取精要，做出"类似"的行为，与之类似，相同的实践方式，在实际运作中，亦往往为个体局部修订，执行方式并非完全一致；其三，个体能够有策略地应对制度压力。

制度化过程的相关讨论表明，新的实践方式往往通过惯习化获得固定的运作程序，通过客观化成为外在于个体的稳定制度，通过沉积过程代代相传，并为个体内化为理所当然的实践方式。在我国大学中，"教授治学"作为最新出现的实践方式，将会有着怎样的发展过程？每个阶段对个体的行为有着怎样的影响？个体存在怎样的能动空间？这些问题均可借鉴制度化过程的框架予以分析。

第三节 我国"教授治学"的相关讨论

国内学者针对"教授治学"展开诸多讨论，以下主要从教师对参与决策的意见、教师的决策域以及教师参与决策的利弊三个方面展开论述。

1. 教师参与决策的意见

绝大部分教师认为有必要参与学术事务的决策过程。其中，张德祥（2002）对6所高校的600名教师进行了问卷调查，结果显示，教授、副教授、讲师和助教各职称级别的教师，超过半数以上希望参与学校的决策；向东春（2008）的调研同样发现，86.6%的学术人员认为参与学术事务管理是必要的或很有必要的，并且赞同者广泛分布于各级职称，可见参与学术事务治理是教师群体的共同呼声；张意忠（2006）和毕宪顺（2006）亦得出类似结论，其调查结果显示近八成的被调查者认为高校有必要设立教授委员会，赋予教授在学术事务中的决策权力，或希望参与到学校的决策过程。

不过，也有学者指出，教师参与决策的积极性并不高，当学院或学校就某一事项向其征求意见时，教师或举手赞同或表示冷漠，甚至牢骚满腹，更多的是保持沉默、不发表意见（魏进平、刘志强、何小丰，2008）。究其原因，一方面征求意见往往是程序需要，教师的意见和建议很少被采纳，这是导致教师参与决策积极性不高的重要原因（洪源渤、罗旭虹，2010）；另一方面，教师参与治理往往被误解为承担具体的、常规性的行政杂务，而非参与决策过程，影响决策结果，大量时间及精力的浪费也使得教师对参与决策产生对立情绪（彭阳红，2011；邱晓雅，2009）。

2. 教师的决策域

关于教师的决策域，国内诸多学者认为，教师应在学术领域享有决策权，主要包括课程与教学、人事以及招生。这些领域往往与教师的专业知识紧密相关，且关涉教师的切身利益，更容易引发教师的参与热情和兴趣（尹晓敏，2006）。其中，课程与教学主要指课程设置、教学内容与评价、学位标准、学科及专业规划等（张君辉，2007；陈何芳，2010）；人事主要涵盖教师招聘、职称评定、学术成果评价（陈何芳，2010；韩延明，2011）；招生则主要指研究生的招生考试及录取（赵蒙成，2011）。

此外，有学者提出，只有实现教师在事关学院乃至学校战略规划、经费分配等重大事项中的决策权，才能真正保证教师的学术权力。而且，学术活动是大学的核心，其他各项活动均应围绕这一核心展开，因而，大学的学术属性也决定了教师不能仅仅在学术领域享有决策权，而应该参与各项事务的决策过程（毕宪顺、赵凤娟、甘金球，2011；王长乐，2012）。

3. 教师参与决策的利弊

诸多学者支持教师参与决策，认为教师的参与，可以丰富相关信息，增强决策的科学性和合理性（尹晓敏，2007）；加深教师对决策结果的理解和认同，促进决策的有效执行（邱晓雅，2009）；激发教师参与学院乃至学校事务的热情，调动教师工作的积极性（尹晓敏，2006）；改善教师与学术领导的关系，增强彼此的信任（魏进平、刘志强、何小丰，2008）；大学的学术属性亦决定了教师应该参与决策（陈运超，2007）。

当然，也有学者提出不同的意见，认为教师参与决策，会增加决策成本，延缓决策速度；教师的知识结构专而不广，缺乏相应的决策知识和能力（邱晓雅，2009）；从众现象使得决策结果不能反映教师的真正意志（欧阳光华，2005）；教师往往缺乏全局观念，其个人倾向或自利行为不利于学院或学校的整体利益（魏进平、刘志强、何小丰，2008）；参与决策所需的时间和精力影响教师在教学、科研等方面的投入（袁耀梅，2009）。

值得注意的是，针对教师参与决策增加决策成本的观点，有学者指出，决策制定所消耗的时间、金钱等成本可能远远低于决策出现失误或决策不能得到执行所带来的损失（魏进平、刘志强、何小丰，2008），而且有学者指出，大学不同于以谋求经济利益为主要目的的盈利机构，不能仅仅追求决策的效率，更要考虑决策的质量和有效性，考量决策能否得到广泛认同（彭阳红，2011）。

梳理以上讨论可知，关于"教授治学"的学术讨论大多围绕教师参与决策的意见、教师的决策域以及教师参与决策的利弊三个方面展开，教师如何参与决策过程，如何影响决策结果，如何感知、理解和看待目前的治理形式，各群体（教师、学术领导、党委书记等）在决策过程中如何沟通与互动等，仍是值得进一步讨论的议题。

第四节 我国"教授治学"与传统治理形式的联系

以往国家政策文本强调关注教师的福利和权益，以及学术事务中的讨论、监督、咨询权，直到2014年1月《高等学校学术委员会规程》的颁布，才首次明确了教师在学术事务中的决策权。虽然学术委员会、教授委员会等学术机构宣称给予教师真正的决策权，但有学者研究发现，学术委员会在现实中一般被视为"智囊团"，是咨询而非决策机构（屈代洲、鄢明明，2013），有学者调查发现，仅有6.3%的教授认为所在高校真正做到了教授治学，68.5%的被调查者认为高校的学术委员会与各专业委员会发挥的作用不明显或很不明显。另外，教授委员会也被认为仅仅发挥信息筛选而非决策的作用（Lai，2010）。

在现实生活中，即使在学术领域，教师也没有太多发言权（谢安邦、阎光才，1998）。在课程方面，赵蒙成（2011）指出，课程的开设及评价往往受制于大学教务处，一些教务处的工作人员甚至为了自己工作方便，硬性规定评价的形式和各种指标；在教师招聘领域，向东春（2008）发现，80%副教授职称以下的教师主要参与应聘者的试讲评价环节，而73.2%的受访者认为，此环节意义不大，招聘中起决定作用的是校级学术领导、学校人事处等行政人员以及学院学术领导；在职称评定方面，有学者援引国内某著名学者的切身体会指出，"教授和副教授的评定都要先拿到这个委员会（学术委员会）来，再无记名投票。但是实际情况是委员会的上面还有一个行政性质的领导小组……委员会在实际中只能起很可怜很有限的作用"（谢仁业，2004）；在招生方面，高考制度没有给予教师相应的参与空间，而教师在研究生招生方面的权力也日渐式微（赵蒙成，2011）；另外，在学院的专业设置、学科建设以及教学计划的制订过程中，教师参与的比例均低于30%（向东春，2008）。

诸多学者讨论了学术领导，即担任院长、系主任等职务的教师对于决策过程及结果的影响。一般认为，在决策过程中，学术领导的权力异化为"官本位"，即以权位高低决定决策资源、学术资源的多寡，而且学术领导在资源以及资源分配上的优势，使得一般教师对学术领导产生资源依赖（马健生、孙珂，2011），失去学术决策的主动权。另外，学术领导往往主宰决策过程及决策结果。

一方面，学术领导侵占决策资源。学术委员会成员往往大部分为学术领导，普通教师所占比例较小（Lai，2010；韩延明，2011；屈代洲、鄢明明，2013）；李海萍（2011）对近百所高校各类学术机构成员背景的实证调查发现，高校学术机构成员资格的获得与其拥有的行政职务高度相关，即使是研究型高校的学术权力也并无强势表现；向东春（2008）的调查同样显示，担任行政职务与参与教师招聘、专业设置的机会之间呈显著正相关，也就是说，担任行政职务的学术领导比没有担任行政职务的一般教师在招聘、专业设置等领域享有更多的决策机会；刘亚荣（2008）则发现，学术委员会成员的产生不够民主，62.3%的校级学术领导认为本校的学术委员会成员主要由学校行政最高权力组织确定或直接指定。

另一方面，学术领导侵占学术资源。向东春（2008）的调查结果显示，担任行政职务与主持科研项目数量之间呈显著的正相关，即担任行政职务的学术领导在教育资源的分配上获得更多的机会。而且，学术领导同样侵占学术荣誉资源，顾海兵（2006，2007）引入"官味度"的概念，分别以《中国教育报》公布的某届"中国优秀社会科学研究"的获奖名单以及2003—2007年全国优秀博士学位论文中的89位文科论文（含管理学）导师为研究对象，来计算各项荣誉奖项中学术领导所占的比例，结果显示，2007年的"官味度"比2003年高137%，而且奖项的等级越高，"官味"越重。

最后，学术领导主宰决策过程及结果。有学者发现，学术领导在决策过程中倾向于表现出"定调子"的行为，即在相关会议开始之初，明确表达自己的观点和倾向，而其他参与者碍于其职位，往往表现出"合调子"的行为方式（龚波、李士伟、刘厚广，2007）；另有学者指出，教师参与治理仅局限于集中表决由学术领导事先拟定的方案，缺乏深入的沟通与讨论（屈代洲、鄢明明，2013），教师参与决策，因此有名无实（韩延明，2011；洪源渤、罗旭虹，2010），仅仅是程序需要，走走形式而已，最后的决策结果多由学术领导"内定"（袁耀梅，2009）。

另外，亦有学者强调学院党委书记以及学校行政部门对学院决策过程及结果的影响。其中，作为学术委员会的成员之一，党委书记往往重点把握学院的发展方向，并确保学院的各项政策均符合共产党的大政方针（Lai，2010），而且，由院长、党委书记组成的党政联席会被认为是学院最高决策机构，享有最高决策权（李宝国，2011；应望江，2008），有权对教授委员会的决定提出异议，并提请其进行复议（薛传会、凌炜，2012）。值得注意的是，学校行政部门亦倾向于提出一些不合理的要求，影响学院的决策结果（Lai，2010），其中，赵蒙成（2011）指出，学校教务处往往限制课程的开设及评价，甚至为了自己工作方便，硬性规定评价的形式和各种指标；向东春（2008）的研究则发现，在教师招聘方面，80%的副教授职称以下的教师主要参与意义不大的试讲评价环节，而学校人事处的行政人员却与校、院级学术领导共同对招聘起决定作用。

梳理以上相关讨论可知，以往学院层面的治理形式多强调学术领导，甚至党委书记、学校行政部门在决策中的作用，教师群体一般仅形式性地参与讨论或提供意见，学术领导被认为侵占决策资源及学术资源，过多地干预决策过程并主宰决策结果。值得注意的是，2014年出台的《高等学校学术委员会规程》已经明确规定,增加无行政职务的教授以及青年教师在学术委员会的比例,打破学术领导对于决策资源的垄断,而在大力倡导"教授治学"的政策背景下,教师参与决策的过程,以及最终决策结果的确定,如何受到学术领导、党委书记和学校行政部门的干预等议题仍有待进一步探讨。

第五节 我国"教授治学"与"制度化过程"的联系

我国学者关于"教授治学"的部分讨论,关注了教师招聘在实践中的运作流程,一般认为,大学招聘教师,首先由学校人事处等行政部门根据相关院系的招聘需求,确定招聘人数,发布招聘信息,制定应聘者需要具备的学历、学术成果等要求;其次,相关院系组织面试或试讲,考查应聘者的教学及研究水平,并将考查结果反馈给行政部门;最后,学校人事处等行政部门,参考应聘者的科研成果、相关院系的面试或试讲评价意见,最后决定是否录用,或者人事处将录用意见上报校长,由校长办公室决定是否录用(李军、阳渝、伍珂霞,2006;温海峰,1999)。在招聘过程中,部分院校可能会建立招聘委员会或学术委员会,不过此类委员会仅仅参与筛选或面试环节,不具有最终的决定权(何斌,2005)。

值得注意的是,有学者提出,学校行政部门在最后决策阶段,一般存在两种情形:其一,充分尊重相关院系的意见;其二,基于行政部门自身的考虑,决定是否录用应聘者,后者在我国大学更为常见(胡先锋,2005;李军、阳渝、伍珂霞,2006)。事实上,学校行政部门与相关院系对于应聘者的要求存在不一致的情况,其中,相关院系可能出于方便管理或不愿浪费招聘名额等考虑,放宽招聘标准,而学校行政部门则倾向于坚持较高的招聘要求,这种现象在地方普通院校更为突出(范智新等,2006)。另外,也有学者提出,少数的学术权威亦可能影响决策的最终结果(薛传会、凌炜,2012),而且存在部分学术领导或行政部门负责人,碍于个人利益或其他"人情"等社会压力干预招聘过程及结果的现象（范智新等，2006）。

针对职称评定的运作流程，有学者提出，首先需要由相关院系向学校的聘任委员会提出申请，得到批准后，由学校聘任委员会或学院聘任委员会公布相关信息；其次，教师自发提出申请；第三，由学校聘任委员会或学院聘任委员会评估相关教师的科研、教学能力，并向校长反馈评估意见；最后，由校长确定教师的职称评定结果（刘彩霞，2003）。另外，关于职称评定结果的确定，有学者认为，助理教授、副教授等初级职称的评定，一般在各院系进行，而且通常可由院系做出最后决定，即使需经学校行政部门的批准，也往往受到尊重和支持，但对于教授等高级职称的评定，院系层面则主要负责评估相关教师的教学、科研成果，并提出候选人名单，最终的决策结果一般由学校行政部门确定（郭丽君，2006）。

有学者探讨了相关制度在运行过程中的"变通"现象，其中，变通即个体在执行制度过程中，依据自己对原有制度的理解，自行改变部分内容，但形式上仍与原有制度保持一致的现象（黄毅，2013）。当然，这种变通现象可能是一种"先变后通"的过程，即个体首先改变部分制度形式，后经过长时间的发展，这种改变逐渐受到认可，成为具备合法性的正式制度。与此同时，有学者认为，在我国，新的制度往往"自上而下"强制实施，作为下级的执行者，个体一般不能拒绝，而且，新的制度通常被要求在短时间内实施并取得成效，个体因而倾向于选择"形式性"的应对策略，一般表现为有选择地理解、阐释和执行相关制度（刘玉照、田青，2009）。

梳理以上文献可知，虽然部分学者以思辨或经验总结的方式，粗略地介绍了教师招聘、职称评定的运作流程，但较少深入、细致地分析具体的决策过程，学院层级课程开设、教师招聘、职称评定、招生等学术事务有何新的做法，这些做法如何发展成为客观存在的制度，如何为教师、学术领导等群体所感知、诠释、内化及评价等议题，均需要以质性研究方法，做进一步深入探讨。

第六节 概念框架

共同治理强调,教师作为大学事务的重要利益相关者,应该参与决策过程,影响决策结果,享有决策的权力,以保证治理结构的平衡,有效决策的制定与执行。虽然新公共管理强化了外部问责与竞争,使得大学追求决策速度,以期在更短的时间内做出更为有效的决策,但教师参与决策,尤其是参与课程开设、教师招聘、职称评定等学术领域的决策,仍然被认为是决策质量的重要保证,受到大部分教师及学术领导的认可。关于共同治理的讨论,较少涉及决策的过程,以及不同群体之间的互动,新制度主义的部分概念有助于进一步探讨此等议题。

制度化过程是新制度主义的重要概念,主要关注新的实践方式如何形成客观存在的制度,以及个体内化这一客观制度的过程,相关讨论认为,制度化起因于新的实践方式的产生,并主要经历惯习化、客观化和沉积三个阶段,因而,本研究在"教授治学"的政策背景下,主要探讨我国大学教师参与学院层级之课程、招生、人事等学术事务的制度化过程。具体概念框架如图2-2所示。

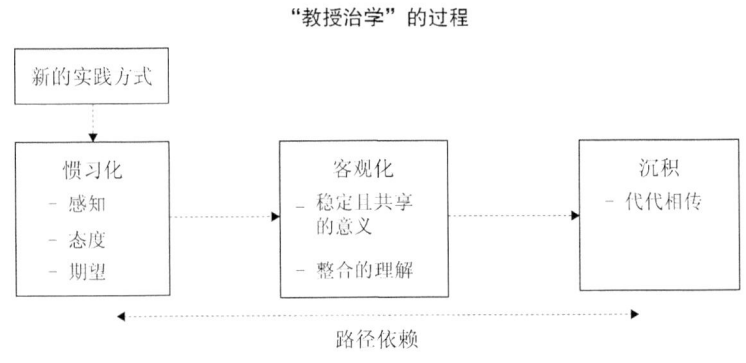

图 2-2 概念框架

参考自:Tolbert & Zucker (1996).

惯习化指个体行为以及个体之间的互动方式，因不断重复而逐渐稳定下来并形成固定的模式，"教授治学"在惯习化阶段形成了固定的运作流程，而且个体开始尝试内化这一新的实践方式。由此，在惯习化阶段，主要关注相关院系在课程开设、教师招聘、职称评定、招生等领域，形成了怎样的新的做法，教师如何感知和诠释这些新的做法，形成怎样的态度，如何决定是否采纳或者拒绝这些新的做法。

客观化即惯习化的个体行为或个体之间的互动被赋予共享的意义，日益获得客观性，成为外在于个体的客观现实的过程，"教授治学"在客观化阶段无关个体教师喜好，是其必须面对的、强制性的客观制度。由此，在客观化阶段，主要关注相关院系在课程开设、教师招聘、职称评定、招生等领域的新做法，如何在实践中付诸实施，其中，实施包括行为和观念两方面的反应，即教师、学术领导等群体如何参与其中，以及不同群体如何看待自己的参与。

沉积即客观化的制度在个体意识中得到理解，并嵌入记忆，成为指导其日常生活行为的知识，并在此基础上从一代人传给下一代人，从一个集体传给另一个集体的过程，"教授治学"经由沉积过程，被个体教师视为理所当然的行为方式，除非被问及或遇到无法解决的问题，否则个体不会质疑甚至察觉目前的实践方式。由此，在沉积阶段，主要关注相关院系在课程开设、教师招聘、职称评定、招生等领域的做法，是否经过长时间的发展，成为该院系的常规活动之一，是否广泛接受，并将其视为日常生活的一部分。

路径依赖是新制度主义的另一重要概念，强调制度一旦建立，便倾向于持续稳定并影响个体行为，即使有新的制度产生，个体也往往需要缓慢的适应过程，方能对新的制度予以反应，并相应地调整自己的行为。因而，在路径依赖的讨论下，可以关注"教授治学"这一新的实践方式，在实施过程中如何受到之前治理形式的影响。

另外，作为能动者的个体，往往能够对自己的行为做出解释，这使得教师有能力在惯习化阶段，将自己对新的实践方式的感知和诠释表达出来，并清楚地说明为何决定采纳或者拒绝该实践方式；而且个体并非为制度完全控制,而是存在有限的能动空间,因而,"教授治学"在实施过程中,往往因教师的理解不同,存在"类似"而非完全一致的运作模式;另外,个体能够有策略地应对制度压力,这在一定程度上意味着,教师在面对既定做法时,可能表现出不同的回应方式。

第三章
研究方法及研究设计

本章基于前文关于共同治理、制度化过程、路径依赖的学术讨论，进一步细化研究问题，说明研究方法，阐述研究设计，尤其是个案与访谈对象的选择、资料收集以及资料分析的过程，最后反思本研究的可靠性及研究伦理。

第一节 研究问题

教师参与决策历来是学术讨论的焦点之一，尤其是 20 世纪 80 年代以后，大学的治理面临竞争、绩效与问责逐渐强化的外部环境（Kezar & Eckel, 2004），探讨教师是否应该参与决策，在哪些领域、以何种角色参与的共同治理因而受到关注。值得注意的是，有学者提出，共同治理并非决策权力与责任的正式分配，不应仅仅关注教师群体是否拥有投票及否决权，而应深入分析教师如何参与决策过程，其中，有效沟通是共同治理的关键所在（Tierney, 2005）。

无独有偶，扩大教师群体在决策中的参与也被认为是我国大学治理所要解决的首要问题（郭卉，2005）。自 1978 年以来，我国大学逐渐建立教职工代表大会、学术委员会等机构，强调教师在相关领域的咨询权与监督权，2010 年的《国家中长期教育改革和发展规划纲要（2010—2020 年）》明确提出"完善中国特色现代大学制度"，其主要议题之一便是"探索教授治学的有效途径"。有学者认为，我国大学的相关政策或制度改革，"基本是由国家组织相关专家进行规划设计，并在部分高校试点推行"（郑浩等，2012），已有的学术讨论也多从宏观的制度设计角度，探讨"教授治学"政策在实施过程中可能存在的问题及其应对策略。

在此背景下，本研究以我国一所研究型大学为个案，探讨"教授治学"在教师工作情境中的制度化过程。其中，惯习化阶段主要关注不同学院在课程、招生、人事等事务方面有何新的做法，教师对其有何感知、态度及期望，客观化阶段主要关注新的做法如何稳定下来，教师如何诠释其在决策中的参与；沉积阶段主要关注既有做法如何代代相传。另外，本研究亦参考路径依赖的相关讨论，分析教师如何看待原有方式对于新的做法的影响。值得注意的是，个案学校于2013年方成立教授委员会，本研究着重关注2013—2014年的政策发展过程，当然，受访者在陈述过程中，会提及2013年之前的参与方式，作为政策发展过程的背景性资料。基于以上讨论，本研究的具体问题可阐述如下：

1. 我国大学教师参与课程事务的制度化过程为何？
（1）教师如何内化课程开设、教学大纲修订的新做法？
（2）新的做法如何稳定下来？如何代代相传？教师如何看待自己的参与？
（3）教师如何看待原有方式对于新的做法的影响？

2. 我国大学教师参与招生事务的制度化过程为何？
（1）教师如何内化本科、硕士、博士招生的新做法？
（2）新的做法如何稳定下来？如何代代相传？教师如何看待自己的参与？
（3）教师如何看待原有招生方式对新的做法的影响？

3. 我国大学教师参与人事事务的制度化过程为何？
（1）教师如何内化教师招聘、职称评定的新做法？
（2）新的做法如何稳定下来？教师如何看待自己的参与？
（3）教师如何看待原有招聘、职称评定方式对于新的做法的影响？

值得注意的是，作为能动者的个体，可能存在一定程度的能动空间，本研究除关注教师如何内化新的实践方式外，亦会考虑其在课程、招生、教师招聘、职称评定等事务的制度化过程中，如何有策略地做出回应。

第二节 研究方法

质化研究强调研究者深入社会现象之中,通过亲身体验或研究对象的经验分享,构建情境化的意义诠释(陈向明,2000)。研究方法的选用一般需考虑研究问题与研究内容,质化研究通常强调故事、过程和意义阐释。

一、质化研究取向

质化研究一般强调在自然情境下对复杂的社会现象进行整体性的描述与理解,旨在通过研究者的实地考察,对研究对象的个人经验和意义建构做"解释性理解"(Denzin & Lincoln,1994;陈向明,2000)。质化研究是一个不断演化的过程,重视事件发生的流程始末,以及情境脉络中的各种关系与意义,这使得质化研究主要以归纳的方式,在原始资料的基础上构建理论,其中,原始资料一般为研究对象的观感,仅适用于特定的情境和条件,不能推论到研究对象以外的范围。

研究方法的选用一般与研究问题相关,若研究问题重在探讨事件发生的过程,以及人们对此过程的意义诠释,即涉及"怎么样"与"为什么"的问题时,通常宜选用质化研究方法。本研究探讨在"教授治学"的政策背景下,大学教师在具体工作情境中,参与学院层级课程、招生、人事等事务决策的制度化过程,关注惯习化、客观化、沉积等阶段如何影响大学教师的参与,大学教师如何逐渐内化"教授治学"这一新的实践方式,如何看待原有实践方式对于"教授治学"引入的影响,如何有策略地应对。可见,本研究宜选择质性研究的取向。

二、个案研究方法

质化研究通常涵盖在自然情境中,是以观察、交谈或访谈、记录性资料为主要方法的大部分研究（Riehl，2001）。个案研究一般强调在有界限的脉络中，关注细节的差别、事件背景的时序性和完整性（Stake，2005），通过对典型个案的分析与研究，获得关于研究问题的较为深入、全面和详细的认识，系统地了解复杂事件的顺序，研究对象的行为以及能动空间。

本研究关注我国大学学院层级课程、招生、人事等事务的决策过程，关注不同学院的不同操作方式，即各学院如何结合本学院的具体情境，形成独特的决策流程，不同层级教师如何参与其中，如何内化新的决策方式，不同学院、不同层级的教师是否存在不同的理解和诠释方式，如何做出应对。由此可见，本研究既试图阐释我国大学学院层级复杂的决策过程，又关注不同学院、不同层级的教师如何做出不同的回应，既关注事件的复杂性，又关注细节的差异，宜采用个案研究的方法。

第三节　研究设计

研究设计主要关注研究者正式进行田野调查之前，需要做的准备工作和必须考量的重要问题，包括个案与访谈对象的选择，资料收集与分析的方法及过程等（陈向明，2000）。值得注意的是，质性研究设计相对宽松和弹性，可根据具体情况做出相应的调整和修正。

一、个案与访谈对象的选择

本研究以我国一所研究型大学为个案，选取该校4个学院共计33名教师为访谈对象。质性研究个案的选择一般以"目的性取样"为原则，即抽取那些能够为研究问题提供最大信息量的研究对象（Patton，1990），相对于研究对象的数量，目的性取样更为关注所选对象能否为研究问题提供详细、深入的信息，而且个案的选择标准，在于能否通过活生生的独特个案（unique case），比较完整地回答研究问题（Riehl，2001；陈向明，2000）。

（一）个案大学的选取及介绍

本研究在确定研究对象时，主要基于以下两点考虑：一方面，大学层级的决策权主要由以校长为主的校长办公会、以党委书记为主的党委会控制，教师甚少有机会参与其中，不过，有学者指出，教师一般可以通过学术委员会、学位评定委员会、职称评定委员会等学术机构，在学院层级切实发挥影响力（张斌贤，2005）；另一方面，"教授治学"被列入政策文本，其本身即意在强调大学教师在"学术事务"中享有参与、决策的权力，相关的国内外学术讨论同样显示，大学教师的决策权主要集中在课程与教学、人事以及招生等领域（Duderstadt，2004；Tierney & Minor，2003；尹晓敏，2006；韩延明，2011），有鉴于此，本研究主要关注大学教师在学院层级参与学术事务决策的制度化过程。

关于个案学校，本研究主要选取教育部直属重点大学。首先，自20世纪90年代开始，政府探索下放高校办学自主权的改革，往往以国家重点建设大学为早期试点；其次，根据前文的学术讨论，我国大学以往的治理形式，较为强调学术领导、党委书记等群体在决策中的主宰作用，而较早在学院层级设立教授委员会，强调教师群体决策权力的院校中，主要以国家重点建设大学为主（姚剑英，2007）；最后，有学者对全国35所大学近5000名教师的实证研究发现，教育部直属重点大学教师对于学术自主满意度的感知高于普通本科及高职高专院校（林杰，2009），一般而言，教师越广泛参与，越倾向于信任学术领导及其做出的决策，也越认可所在机构的治理方式（郭卉，2005）。由此可见，选取教育部直属的重点大学，能获得关于研究问题的最为丰富的信息。

个案大学"M"是位于东南沿海的一所国家"211工程"和"985工程"重点建设大学，共设有27个学院，10个研究院，26个博士后流动站，9个国家人才培养基地，4个国家重点实验室，5个教育部文科重点研究基地，拥有31个博士学位授予一级学科，50个硕士学位授予一级学科，187个专业可招收培养博士研究生，276个专业可招收培养硕士研究生。同时，该校现有专任教师2678人，其中，教授、副教授1713人，占全职教师总数的64.0%；拥有博士学位者1918人，占71.6%。

之所以选择M大学，一方面，无论是聘任制改革、职称资格评定权的获得，还是本科自主招生、硕士研究生自主确定复试分数线、博士研究生"申请-审核"制改革，抑或高校自主制订教学大纲、教学计划等权力的下放，M大学均为早期进入试点的院校之一；另一方面，M大学于2013年在各学院成立教授委员会，主要参与教师招聘、职称评定等事务，并严格规定学院层级的学术领导（院长、副院长），以及党委书记、党委副书记等均不可参与其中，以保证普通教师的参与、决策权。

关于学院的选择，相关研究表明，教师所在机构的规模越小，越容易直接影响决策结果（Minor，2003）。另外，林杰（2009）的实证研究结果发现，大学教师对学术自主满意度的感知存在学科差异，自然科学和工程技术科学教师的满意度显著高于人文社会科学教师。有鉴于此，本研究首先请"守门人"帮忙推荐M大学在治理形式方面比较独特的学院，进而综合考虑规模、学科等因素，选取A、B、C、D四个学院。

其中，A学院以社会科学类专业为主，规模较小，课程、招生、人事等事务的决策主要以学院为单位，学术领导一般为决策的主体。不过，该院的个别学术权威往往对全院多数事务的决策过程及结果，享有至关重要的发言权。此外，相对于其他学院，该院普通教授、副教授、助理教授参与学术事务实施过程的机会较多。B学院以理工科专业为主，规模较大，其下设有5个学系，且各系之间相互独立，课程、招生、人事等事务的决策均首先以学系为单位，其中尤以系主任的意见为主。学院一般尊重学系的意见，但亦存在否决学系决策结果的情况。C学院主要为公共事务专业，规模较为适中，下设3个学系，其中，课程、教师招聘等事务的决策首先以学系为单位，招生、职称评定则主要在学院层面决策，而且学院层级的学术领导对多数事务均有较大发言权。D学院以管理学专业为主，规模较大，该学院下设5个学系，以及9个培训与研究机构。其中，学系之间相互独立，课程、招生、教师招聘的决策首先以学系为单位开展，职称评定则主要在学院层面进行决策。与C学院类似，学院层级的学术领导对该院多数事务的决策过程及结果影响较大。各学院治理文化不同，有助于反映不同取向的治理文化是如何影响教师参与的。

(二) 访谈对象的选择

对于具体访谈对象的选择，本研究主要基于以下考虑：是否为各学术性委员会成员、教师的职称。

关于是否为各学术性委员会成员，一方面，学术性委员会，尤其是该校近年成立的教授委员会是普通教授参与决策的最为重要的渠道。其原因在于，M大学各学院均设有学术委员会、学位委员会等机构，其成员一般以教授为主，特别是教授委员会，自创建之初便明确规定，院长、党委书记等学院层级的学术领导不可参与其中。另一方面，根据"守门人"的介绍，各学院学术性委员会成员除学术领导为理所当然的委员外，其他普通教授成员或受到教师的广泛信任，或有意愿参与决策过程，且平日较为关注决策事宜，敢于提出甚至公然抨击不适当的决策结果。因而，各学术性委员会成员是本研究最容易取得联系，且最有可能获得相关数据的教师群体。

另外，职称的差异影响着教师参与决策机会的大小。一般而言，学术性委员会往往以教授为主要成员（林杰，2009），副教授职称以下的年轻教师参与的机会较少。不过，年轻教师仍然能够以其他形式，如承担具体的、常规性行政杂务的方式参与课程、教师招聘、招生等事务的实施过程。以教师招聘为例，有学者指出，80%的年轻教师能够参与试讲环节，尽管这一环节被认为意义不大（向东春，2008）。M大学教师职称分为教授、副教授、助理教授、助教4级，值得注意的是，助教一般刚刚参加工作，对相关事务的决策过程尚未熟悉，本研究因而选取教授、副教授、助理教授等群体作为访谈对象，其中尤以教授为主。

基于以上考虑，本研究主要以"守门人"介绍和研究者自行邀请的方式，选取M大学4个学院共计33名教师，其中，教授16名，副教授10名，助理教授7名。在这些访谈者中，学院层级学术领导3名（包括副院长2名，副书记1名），学系层级学术领导7名（包括系主任2名，副系主任5名）（见表3-1）。值得注意的是，由于研究问题被认为较为"敏感"，部分院级学术领导拒绝接受访谈，本研究因而主要反映系级学术领导及普通教师的观点。

表 3-1 受访对象分布

学院	专业	职称
A	社会科学	教授 4 名，副教授 2 名，助理教授 2 名
B	理工科	教授 5 名，副教授 2 名，助理教授 2 名
C	公共事务	教授 4 名，副教授 2 名，助理教授 2 名
D	管理学	教授 3 名，副教授 4 名，助理教授 1 名
共计		教授 16 名，副教授 10 名，助理教授 7 名

二、资料收集

本研究采取半结构性访谈为主、文本分析为辅的资料收集方式。

（一）访谈

访谈是一种"引导性谈话"，其目的在于通过开放性问题以及追问等互动方式，了解受访者关于研究问题的"所作所为""所思所想"，探究受访者如何从自身的角度理解其行为及意义建构（Rubin & Rubin, 2005；陈向明, 2000）。根据 Fontana 和 Frey（1994）对访谈类型的划分，本研究主要采取半结构性访谈。

进行田野调查之前，研究者首先基于制度化过程的理论框架以及学术界关于共同治理、教师参与决策等议题的学术讨论，制定"粗线条"的访谈提纲，并随着对研究问题认识的深入，以及访谈过程中的反思，适当进行调整。例如，在第一轮的资料收集过程中，研究者主要关注受访者"如何看待自己在决策中的参与"，以了解其对于"教授治学"这种新的决策方式的感受和意义建构。随着访谈的深入，以及有关制度化过程相关讨论的进一步梳理，研究者逐渐意识到，受访者对于新的实践方式的认识，往往是一个逐渐内化的过程，因而将访谈问题调整为"对于人事/课程/招生中的新的做法，您有何直觉感知？形成怎样的态度？如何看待自己的参与？抱持怎样的期待？"

访谈之前，研究者一般简要介绍研究问题，并出示"知情同意书"，强调研究的保密性，以及受访者自愿参与或退出的权利，在征求教师同意后，对访谈过程全程录音。访谈的时间和地点一般以受访者的方便为主，一方面对其表示尊重；另一方面也为了使受访者在自己选择的时间和地点内感到轻松和安全（陈向明，2000）。每次访谈一般控制在 60min 左右，地点主要为受访对象的办公室或学院附近的咖啡厅；访谈过程中，研究者认真倾听受访者的述说，并以标记关键词的方式，捕捉其在谈话中有意或无意抛出的重要概念（Weiss，1994），以便后续追问，其中，追问尽量使用受访者自己的语言和词语，以进一步询问其之前谈到的行为或观点（Seidman，2012）。

（二）文本分析

本研究收集的文本主要包括学校层级的政策规定，如 M 大学关于教师招聘、职称评定、课程开设、（本科、硕士、博士）招生等事务的相关文件，以及学院或学系为应对学校要求而制定的各种"实施细则"或"暂行办法"。这些政策文本一方面可以为访谈提供大体的背景资料，使研究者事先了解 M 大学各项事务的决策标准和流程，在访谈过程中更容易即时理解受访者提供的信息；另一方面又能够对访谈获得的资料进行相应的补充和验证。

三、资料分析

资料分析即将原始的访谈文本逐步集中和浓缩，并进行意义诠释，最终转化为研究发现的过程（Patton，2002；陈向明，2000）。本研究首先将访谈录音逐字转录为文本资料，并及时记录这一过程中闪现的灵感和想法，进而借助 NVivo 软件，对其进行三级编码。第一级编码主要是在反复阅读原始访谈文本的基础上，提取其中浮现出来的对研究问题有意义的关键概念，并尽量以受访者的"本土用语"进行编码和命名（Creswell，2009）。其中，寻找关键概念的一个重要标准便是相关词语或内容出现的次数，如果某些现象在资料中反复出现，那么这些现象很有可能是研究者需要重点关注的焦点之一（陈向明，2000）。第二级编码主要是依据资料本身的条理，并结合研究的概念框架，对初级编码进行比较、归纳，寻找不同概念之间的关系，以更为抽象的概念进行标识，形成不同的类属（Miles & Huberman，1994）。其中，类属即资料所呈现的一个观点或一个主题,是建立在对诸多关键概念组合之上的意义单位(陈向明,2000)。第三级编码则是将主要类属进行整合与调整,形成核心类属的过程。

第四节 研究可靠性与研究伦理

质化研究关注事实的建构过程以及个体在不同文化情境中的经验分享和意义阐释,其可靠性通常强调研究结果的"真实性",即研究者获得的"知识"(或者对访谈资料的文本分析和意义建构)与被研究的事实(或者受访者对于事实之建构的符合程度)(Cho & Trent, 2006)。为真实呈现我国大学教师参与决策的过程,以及不同教师群体对新、旧决策方式的内化过程,本研究在进行田野调查、收集与分析资料的过程中,主要采取以下策略保证研究的可靠性。

首先,尽量在受访者选择的时间和地点进行访谈,以保证其在轻松、舒适的环境中畅所欲言,并在征得对方同意的前提下全程录音,确保访谈数据的准确与完整;其次,本研究综合运用文件分析、访谈等多种途径收集资料。其中,访谈对象尽量涉及学术领导、普通教授、副教授、助理教授等多个群体,并在访谈之前全面了解受访者所在学校、学院、学系,以及教师个人的背景信息,以多角度、全方位呈现不同个体对于研究问题的理解和诠释;最后,在资料分析过程中,本研究力求准确地转录访谈资料,并尽量使用受访者自己的语言进行第一级编码。值得注意的是,研究者全程反思与受访者的交往过程以及自己作为研究者的中立角色,以最大限度地减轻"前设"或者"偏见"对于研究结论的影响。

关于伦理,首先,研究者保证对受访者公开身份,详细说明访谈及研究的目的,在自愿及征得对方同意的前提下,收集、记录访谈数据,并尊重受访者中途退出研究的权利;其次,研究者对受访者的个人信息以及访谈数据进行保密处理,不公开、不外泄可以辨别受访者身份的相关信息,同时访谈数据仅做研究之用;最后,充分尊重受访者的感受和意愿,并以感谢信及为受访者发声等方式回报受访者在时间、精力以及情感方面的付出。

第四章
课程事务决策中的教师参与

本章主要讨论我国大学教师在课程事务，尤其是课程开设以及教学大纲修订中的参与过程。其中，第一节主要探讨必修课、院选课、校选课的开设方式，教学大纲的修订过程，以及教师对目前做法的内化，即教师对其有何感知及态度、教师的参与意愿及原因、教师对其抱持怎样的期待等；第二节重点关注开课方式、教学大纲的修订过程如何稳定及代代相传，同时具体分析教师如何参与决策过程，对其参与有着怎样的诠释，以及如何应对既定的要求和"安排"；第三节侧重分析目前的课程开设方式、教学大纲修订过程如何受到之前做法的影响。

第一节 教师内化课程事务决策方式的过程

课程与教学历来被视为教师最具决策权的领域之一（Miller, 2002; Brown, 2001; Tierney & Minor, 2003），其中，教师享有决策权，意味着教师参与决策过程，并影响决策结果，而决策结果主要为专业共识的达成（Eckel, 2000; Olssen, 2002）。以下主要通过探讨我国大学学院层级课程的开设方式，以及教学大纲的修订过程，具体分析教师如何参与课程事务的相关决策。

一、课程的开设方式

课程事务的具体操作单位一般为学系，其中，必修课已由教学大纲严格规定开设的数量、所在学期以及相应的任课教师，若无特殊情况不可随意改动。教学大纲一般由学校统筹，严格规定必修课、选修课的课程门数及学分，学院、学系主要负责执行学校的相关政策，制订具体的教学大纲。由此可见，必修课一般根据教学大纲严格开设，其基本思路为，首先依据学校要求制订教学大纲，继而依据教学大纲确定具体的必修课程，最后依据已安排好的课程确定相应的任课教师。

> 开课……原则上来说，不是想开就能开的……它会根据学生的需求，以及大概要培养哪一类的学生，去制订一个教学计划，然后按照这个教学计划，确定要上哪些课，哪些老师适合上这些课，所以不是因人而开课，而是根据学生的需求，开课了之后，再去找老师。不是说，我是这里的一个老师，我要上课就去开一门课。（PE-AL-FUP-12）

教师开设新课的空间主要为学院层面的选修课（以下简称"院选课"）以及学校层面的选修课（以下简称"校选课"），其中，校选课只需与学系或学院教学秘书协调，而院选课则需要与主管的系领导沟通，一般情况下，本科的课程事务由副系主任负责，而研究生的课程事务由系主任统一安排。值得注意的是，本科生与研究生的课程决策流程大致相同，只是学校层面的管理机构有所不同，其中，本科生的课程事务由教务处负责，研究生的课程事务由研究生院负责。以下分别论述必修课、院选课、校选课的开设方式以及相应的决策过程。

（一）必修课的开设方式

关于必修课，无论是开课的学期还是任课教师，均必须严格遵守教学大纲的规定。依据受访者的描述，必修课主要有"分配""交接""竞争上岗"三种开设方式。

1. 分配

必修课所涉及的具体课程，一般均为"传统"课程的沿承，即建院初期确定的各门必修课程代代相传至今，其变动主要由系主任等学术领导在原有课程架构的基础上进行微调，一般不会出现较大程度的变化。必修课的任课教师，通常由主管课程事务的系主任或副系主任"安排"，部分受访者表示，自己甚至有被"派"到其他学院上课的经历。

> 当时其他院系请我们系的老师开设"公共管理"课，就把我派到××学院上这个课……当时是一个老师让我上的，领导让我上的。（PA-OT-ACP-23）

对于学术领导"分配"下来的开设必修课的任务，部分受访者坦言，一般要求教师必须完成，当然，也有受访者表示，这种"分配"并非"强压"给教师的，而是需要双方沟通和协商。一位受访者描述了自己开设必修课的经历：

> 比如说系主任……他会根据你的专业方向，这个在面试的时候其实就聊过，然后到后面正式开课的时候，会谈一下安排你上这个课觉得怎样。如果有跟我专业比较密切的，我也愿意上的，就上了。（PA-OT-ASP-25）

可见，学术领导和教师的"沟通"内容主要集中于是否有意愿接受系主任"安排"的课程任务。而且，此类"分配"式的开课方式在4个学院均出现过。

2. 交接

除了"分配"或"安排"，相关受访者表示，开设必修课亦可能是一种"交接"的过程，即之前的任课教师由于退休、出国访问或进修、工作量已足够或过大，或者对相关课程已无教学兴趣等原因，将其中的一部分必修课

"让"出来给其他教师开设。

通常情况下，必修课程任课教师的调整，需要与系主任"私下"沟通，征得其同意或"知情"，教师一般不允许私自调换，相关受访者描述了其"接替"其他教师开设必修课的过程。

> 这个就会跟主管的老师还有教学秘书私底下沟通……要征得他们的同意或使他们知情，私底下一般是不允许老师随意换课的……只要给系主任写了申请，经过他的同意，就可以到教秘那里备案。（PE-OT-ASP-16）

任课教师的调换申请得到系主任等学术领导同意之后，一般仅需与教学秘书沟通更改教学大纲中的课程主讲人姓名以及备案等行政程序。而且，这种课程开设方式同样常见于4个学院。

3. 竞争上岗

随着教师数量的增加，以及学校教务处等行政部门对于课程数量的压缩，B学院的部分规模较大的学系甚至需要采用"竞争上岗"的方式确定必修课的任课教师，一位负责课程事务的副系主任表示，这一过程需要系里面的教学委员会成员共同负责。其中，教学委员会包括相关的学术领导，以及部分教学经验丰富的资深教授。

在"竞争上岗"的过程中，首先需要有开课意愿的教师"预报名"，然后各位"预报名"的教师选择相应的教学内容进行试讲，在试讲环节中，教学委员会的成员一般就教师的试讲情况，提出一些教学方法上的建议，并讨论其认为"适合"的任课教师，关于为何选择其中的某一位老师，相关受访者表示并不知情。

> 他（们）觉得适不适合，以及具体怎么定，我不知道，反正就是当时经过这个过程之后，第二个学期就去上课了。（PE-OT-ACP-15）

可见，教师在必修课的开设过程中，一般听从学术领导的"安排"，并未参与相关的决策过程。具体来讲，必修课主要由学术领导"分配"给相应的任课教师，或者在学术领导的协调下，部分教师"接替"其他教师负责的必修课程，B学院部分学系甚至以"竞争"的方式确定任课教师，即有开课意愿的教师试讲后，由学术领导及其所在的教学委员会讨论并决定"适合"的任课教师。

（二）院选课的开设方式

学院层面的选修课一般有两种开设方式：一种是教师自主申请，大部分学系的学术领导表示尊重教师开设院选课的意愿，不过B学院部分学系的学术领导表示，因为学校规定了各个学院开设院选课的总学分，所以一般会"控制"一下开课的门数；另一种是，部分选修课亦可能是相关学术领导认为有必要开设的，所以"分配"给相应的教师。

1. 自主申请

通常来讲，开设院选课可与系主任或副系主任直接沟通，多数学系一般在每个学期的末尾，以电子邮件或者会议的形式与教师协调下学期的开课计划，教师亦可借机提出开课申请。通常而言，该申请只需得到系主任或副系主任的同意，便可成为备选的课程，若正式选课期间的学生人数达到了学校的最低要求，一般均可开课。不过，A学院的一位副院长同时表示，若相关课程被认为是合适的，则只需该学术领导同意即可，若其认为相关课程的内容或者教学方式不甚妥当，则需要提交至相关委员会，不过，这种做法仅仅是一种委婉拒绝的方式，需要提交到委员会的开课申请，一般都是不同意的。

对于教师的开课申请，诸多学术领导表示主要有以下考量：首先，该课程是否适合本学系的专业；其次，该课程是否与其他教师的课程重复；最后，综合考虑该教师的实际教学工作量，以及原有的课程安排，系主任或副系主任最终决定是否同意开设该院选课，以及安排在哪一学期开设。C学院一位多年负责课程事务的副系主任表示：

> 对于选修课，一般来说，教师会跟我进行沟通。我们招进来的老师本身的专业肯定是跟我们系相关的，因此实际中我们会考虑到这个老师的要求以及他的实际情况，比方说，他当年的教学工作量，

我们都会综合考虑，将这个课程安排在哪个学期，我们作为系副主任都会去考虑。(PA-AL-ACP-22)

据多数受访者的观察，其所在学系的主任或副主任一般尊重教师开设院选课的意愿。不过，由于学校行政部门规定了每个学院可以开设的院选课的学分，B 学院的个别学系为了避免学分以及其他教学资源的浪费，会较为严格地控制院选课的开设数量，一位负责课程事务的副系主任便有如此考量：

因为系里面的学生就那么多，如果开设太多的选修课，选修每门课的学生就会很少，实际上最后的结果可能就是要不浪费资源，要不哪门课学生人数不够开不起来。(PE-AL-FUP-12)

对于教师的开课申请，该副系主任表示，一般将院选课集中在本学系重点发展的专业，无法保证每位教师均可依据自己的研究方向开设相应的选修课程。与此同时，该学系的普通教师表示，自己的开课申请确实受到了学分的限制，而且，如果院选课的总学分已经达到学校规定的上限，则教师之间需要彼此协调。

我们必须自己商量好，比方说现在学分已经满了，那我就需要跟其他老师商量，问他那个选修课还开不开，如果不开，我才能开一个新的。(PE-OT-ASP-17)

教师的开课申请得到系主任或副系主任的同意之后，一般由相关学系的教学秘书负责随后的具体行政事务，如协助开课教师填写课程纲要等文本，以及将新的课程纲要上传至学校教务系统等。

2. "分配"或"认领"

除了教师自己申请开设院选课外，相关学术领导也会"参考其他院校"或者"考虑到学科的新发展"，认为"应该"开设某些课程，进而"分配"给相应的教师，或者由教师自主"认领"。一般来说，系主任可直接与其认为"合适"的教师沟通开课事宜，或者委托教学秘书以电子邮件的方式转发课程信息，由教师自主"认领"。B学院的一位教授分享了其"认领"院选课的经历：

> 现在这门课是因为教学秘书给很多老师发信，他说现在有几门课一直找不到上课老师……我本来也没打算上……后来一直找不到合适的老师，感觉他非常无助的样子，我就说这门课我来上吧，这样就开起来了。(PE-OT-FUP-13)

综上所述，部分院选课可由教师自主申请，不过课程的开设与否，主要以系主任等学术领导的意见为主，而且同样存在学术领导"分配"院选课的情况。一般而言，教师的开课申请得到系主任或副系主任的同意之后，主要由教学秘书负责随后的具体行政事务。值得注意的是，部分学系可能限于教师人数的增多，以及学校对于课程学分的压缩而控制院选课的开设数量，不过，大多数学系较为尊重教师的开课意愿。

（三）校选课的开设方式

校选课的开设相对容易，一般只需教师提出申请，并且正式选课期间达到学校规定的最低开课人数即可。通常情况下，校选课的开设，教师可与学系的教学秘书直接沟通，填写学校教务处规定的开课申请、课程纲要等材料，至于随后的决策过程，受访者大多表示并不清楚，可能需要学系的主任或副主任签字，但一般仅为程序需要。

值得注意的是，多数受访教师表示，对于课程内容、所需教科书以及评价方式等，一般可由教师自主决定，但是若出现具体问题，比如学生意见较大，或者学校认为部分教学内容不合适，则需要教师做出适当调整。

二、教学大纲的修订过程

教学大纲是各学院课程设置的整体规划，规定不同类型课程的学时及学分分配，并对各类课程的开设学期及其任课教师等进行具体安排。教学大纲往往根据学校行政部门的要求做出相应调整，并主要以各学系作为具体的执行单位，学院层级一般尊重各个学系的修订意见，据 B 学院的一位教授的观察：

> 学院就只是为了报备而已……我看系里面一般是直接报到学校的，大概汇总一下就交到学校去了。(PE-OT-FUP-13)

总体而言，教学大纲一般有系主任全权负责、相关的学术性委员会讨论、全系教师讨论三种修订方式。

(一) 系主任全权负责

教学大纲的修订一般由学校主导，并严格规定必修课、选修课的学时及学分分配，以及历次修订的具体要求，不过必修课、选修课具体开设哪些课程，则主要由各个学系自主决定。也就是说，学校首先筹划总体的课程框架，各个学系或者学院负责按照框架填充课程，并根据学校的具体要求做出修订。其中，D 学院的一位副系主任在谈及必修课、选修课的课程架构调整时，明确提到：

> 这是学校给的比例，这不是我们定的，学校怎么给，我们怎么调。(MA-AL-FUP-26)

具体到各个学系，教学大纲的修订过程一般有两种情况：其一，系主任或副系主任全权负责，仅以非正式的方式与涉及课程变动的教师单独沟通；其二，系主任或副系主任全权负责，但以邮件或者正式会议的方式反复征求全系老师的意见。

第一种情况在 C 学院以及 D 学院的部分学系中较为常见，相关的系主任或副系主任明确表示，教学大纲的修订主要由自己来协调，只有涉及具体的课程安排，如任课教师的变动，或需要取消某一位教师的课程时，才会和教师个别沟通。部分普通教师同样提及类似情形，认为教学大纲的修订主要由系主任等学术领导沟通调整方案，只有在调整过程中涉及个别教师的具体课程时，才会与其单独沟通。D 学院的一位教授在谈到教学大纲的修订过程时明确提到：

> 你上这门课你就去修订嘛,谁上谁修订……每个系的系主任坐到一块儿会商量,商量完了之后自己系里边的这几个老师,涉及谁就来跟我们聊一下。具体怎么调整老师自己在上面修订就可以。(MA-OT-FUP-27)

对于造成这种现象的原因,部分学术领导给出了自己的解释。一方面,学校已具体规定教学大纲的修订要求,学系一般并无过多的自主空间,只需满足学校的要求即可,因而教师无须参与讨论及决策过程;另一方面,学术领导亦表示教学大纲的修订过于频繁及烦琐,"不敢麻烦"教师。

> 因为学校的规定很死,你只要照这个规定改就好了。(PA-OT-FUP-20)

> 不敢麻烦大家……我们教务处很多事儿,一般都不敢也都不去麻烦老师……(PA-AL-FUP-19)

第二种情况主要出现在 C 学院的部分学系,其中,据相关受访者的描述,教学大纲的修订一般由负责课程事务的系主任或者副系主任根据学校的要求拟定初稿,再以电子邮件以及会议的形式反复征求教师意见。其中,电子邮件以及相关的会议均面向全系的教师并尊重教师的参与意愿。

一般来说,在征求教师意见的过程中,讨论主要集中于如何对现有教学大纲进行调整,以满足学校的具体要求,教师的意见因而较为集中于具体的操作性事务,如因应学校的要求,可能增设或取消哪些课程,或者部分课程的学分如何调整等。C 学院的一位教授分享了其参与讨论的经历:

> 将原来的教学计划打开,一个人发一张,告诉你这是原来的计划,学校现在有什么新的精神,大家提建议如何完善,如何适应学校的要求。(PA-OT-FUP-21)

在这种情况下,据相关受访者的观察,教师一方面可能并未积极参与讨论过程,即使参与也并无较多的不同意见出现;另一方面,部分受访者表示,讨论过程中的不同意见主要交由学术领导去协商与最后决定，而且自己并未关注这些疑问后续是如何得到解决的。

> 没有踊跃发言，就一两个人提出一些意见，其他的人也没有不同意见，我觉得我所在的这两个系还是挺好管理的。（MA-OT-ACP-31）

> 不同的意见也不是非常尖锐，就是大家把自己的看法相互说出来……讨论之后可能留几个小疑问，由领导再去定。（PA-OT-ASP-24）

当然，也有受访者表示自己的意见被学术领导尊重与接受，不过，这些意见同样主要以增开某些课程、聘请校外教师等较为事务性的意见为主。

> 我觉得我们系还是有的……比如说，要开设"酒店管理"方面的课程，我们觉得酒店管理很重要，想开设这方面的选修课，然后确实也开了，讲酒店的文化，增加短学期，请校外的人来；或者领导觉得我们论文写得不好，就开设研究方法的课，等等，领导还是听进去了。（MA-OT-ACP-32）

总而言之，在教学大纲的修订过程中，部分学系的教师可能以邮件或者正式讨论的方式表达意见，不过，一方面，教学大纲主要在学校规定的具体框架下进行修订，各院系的讨论通常以完成学校的各项"任务"为主要考量；另一方面，教学大纲的调整方案已由系主任等学术领导拟定，因而，教师或者并未积极参与其中，或者即使参与相关讨论，其意见也主要以具体的事务性意见为主，而且，这些事务性的不同意见主要交由学术领导来协调和最终决定。更有甚者，部分学系并无相关的讨论或征求意见的过程，仅由学术领导与涉及课程变动的教师单独沟通。可见，部分教师虽然"形式性"地参与了相关讨论，但尚未能够对决策结果产生影响，事实上，由于学校规定了教学大纲修订的具体要求，学系层面甚至学院层面的学术领导亦并无较多决策空间。

（二）相关的学术性委员会讨论

一方面，B学院部分学系的教学大纲主要由该系的教学委员会讨论确定，其中，教学委员会的成员包括负责课程事务的副系主任，以及一些教学经验丰富，同时对教学有一定热情的资深教授。在这些学系，教学大纲的修订一般由教学委员会讨论并拟定初稿，据相关受访者表示，在讨论过程中并无特别"尖锐"的不同意见，基本可以较快达成共识，随后以电子邮件的形式征求全系教师的意见，一般来说，教师的意见主要为具体的操作性事务，如部分教师需要聘请助教，或者认为相关课程需要更多的课时，抑或申请开设新的选修课等。

同时，亦有学术领导表示，委员会成员拟定的初稿，一般情况下均反复与教师沟通，并且会根据教师的意见进行相应的调整，不过这种意见的反馈和教学大纲的调整仍然主要为操作性的具体事务，如是否同意取消某一门课程，或者是否愿意重新开一门新课等。

> 所有老师讨论过了，事实上（对教学大纲）多少会有一些影响，会有一些调整，因为像今年我们培养方案的改革，有一个很大的改变，就是很多课程被压缩了，你原来上的课可能取消了，你就要重新准备一些课，我们也需要跟老师沟通，如果换掉这个课，补上另外一些课，那你能不能来得及准备，你愿不愿意，这都要跟老师进行交流沟通，不能说取消就取消。（PA-AL-FUP-18）

另一方面，A学院尚未招收本科生，主要以研究生为培养对象，因而规模较小，且并没有具体的学系，而是按照各个专业成立相应的研究所。该学院研究生培养方案的修订，首先需要主管课程事务的副院长参加学校研究生院组织的相关会议，并将研究生院的改革目的及要求等传达给各研究所的所长；其次，各个所长组织教师讨论，并将拟定的初步培养方案，上交至学院的"研究生培养指导委员会"讨论；最后，学院将相应的意见反馈给各个研究所，所长再次组织教师讨论，并将修改后的研究方案上交，若学院的"研究生培养指导委员会"觉得可以通过，则上交至学校的研究生院，若有意见，则需要各个研究所重新讨论修改。

首先,学校研究生院组织的相关会议,主要是向各学院负责课程事务的学术领导"布置"任务,学术领导则负责将相应的修订要求"传达"至各研究所的所长。如一位多年担任副院长的受访者谈到了他的参会经历:

> 学校研究生院的领导向我布置(任务),我回去以后向各个所长布置……把这些所长全部叫过来,一起开个会,按照我们所理解的学校研究生院的这个制定新一轮的研究生培养方案,或者修订培养方案,什么要求,什么背景,各个研究所开展讨论。(ED-OT-ACP-05)

其次,各研究所在讨论过程中,一般先由教学秘书转发之前的培养方案,所长按照领导"布置"的新任务组织教师讨论。在讨论过程中,教师主要以发表事务性意见为主,如根据学校的要求,哪些课程可以由必修课改为选修课等。值得注意的是,教师的意见和想法并没有得到相应的反馈,而且,最终递交学院的修订方案仍然主要由各研究所的所长负责。一位助理教授分享了其参与讨论的经历:

> 在×老师办公室,我们用类似于头脑风暴的方法,把我们的信息、观念汇总到所长那边,×老师还要往上报,上面再给反馈信息,然后再改,一共开过两次会……但问题就是没有跟进,比如说,最后送上去的方案是什么样子的,我们没有看到,然后上面给了什么样的反馈,我们也没看到的。(ED-OT-ASP-07)

另外,多位受访者表示,在讨论过程中并未出现较大分歧,即使有一些不同的意见,也基本上以"大牌教授"和所长的意见为主。可见,在教学大纲的修订过程中,教师主要"配合性"地参与讨论过程,发表意见和看法,但决策结果并非教师之间专业共识的达成,而是由学术领导在教师意见的基础上,做出最后的权衡和抉择。其中,该院参与讨论的两位受访者均提到类似情况:

> 我们专业在最后确定的时候，其实还是受"大牌教授"的影响，比方说，我们心里边稍微（有些不同意见），但是"大牌教授"说了以后，我们还是尊重他……其实在讨论的时候，说话的分量上，还是会有不同。（ED-OT-ASP-08）
>
> 我们教研室的主任（即所长）来决定就好了，教研室的主任跟我们都是师兄妹，但是我觉得，出于尊敬和礼貌吧，听他们的意见比较好。（ED-OT-ACP-06）

最后，各研究所讨论制订的初稿一般交至学院的"研究生培养指导委员会"讨论。该委员会主要由院长、副院长等学术领导，以及一些资深教授组成，副教授、助理教授虽然并非委员会的成员，但仍有机会参与相关会议，如一位副院长提到：

> 一般的助理教授和副教授都不在里面，比如我们今天上午的讨论，因为教授出差，不能参加，他就委托相关的副教授、助理教授来参加这个会议。（ED-AL-FUP-01）

对于讨论过程中的不同意见，该委员会基本以讨论、协商的方式解决，但亦有多位受访者表示，各位教师的发言权与其自身的学术权威息息相关。值得注意的是，学术领导一般均为在各自专业领域有所建树的资深教授，这也从侧面反映出，普通教师虽然有机会参与学院层面的决策过程，但尚未能够对最终结果产生影响，教学大纲修订方面的决策权仍主要掌握在学术领导手中。

> 像我们这个小单位……谁的学术修养高，谁的影响力大，谁对这些问题的认识更合理，其实还是少数一些人。（ED-AL-FUP-01）
>
> 在学院里，副教授的影响力，教授的影响力，助理教授的影响力还是不同的，在全国的影响力也是不同的，还有年龄的不同，所以说，实际上，还只是有个别的几个老师说话更具有影响力。（ED-OT-ACP-05）

值得注意的是，该学院有一位享誉全国的学术权威，这位学术权威同时也是现任院长、副院长以及多位教师的指导老师，所以该教师对于课程事务的决策一般具有决定性的发言权，相关受访者也提到了这种现象：

> 比如说，老师里面，有的人讲话可能比较具有权威性，但是，形式上并没有说一定要采用谁的意见，多数情况下还是协商的，只是说有个别教授长期以来形成的学术权威吧，他的发言的权威性比较大，这个也是客观存在的。（ED-OT-ACP-05）

概而言之，在教学大纲的修订过程中，部分学系的教师有机会作为相关委员会的成员参与决策过程，另外，教师若有不同意见，亦可在学系、学院以邮件或者会议的形式征求意见时提出。不过，由于学系甚至学院并无较多自主空间，相关讨论主要以如何完成学校规定的各项"任务"为主要议题，教师的意见因而主要以具体的操作性事务为主。值得注意的是，在部分规模较小的学院，教师仅"配合性"地提出一些事务性的意见，最终决策权主要掌握在学术领导或个别学术泰斗的手中。

（三）全系教师讨论

B学院的部分学系，由于刚刚成立，规模相对较小，据一位副系主任介绍，其所在学系目前只有11位教师，且教师之间相处较为融洽，所以几乎每周都会召开全体教师的"组会"，共同讨论和决策系里的大小事务。

该学系2014年开始招收本科生，一位助理教授分享了其参与制订教学大纲的经历。由于学校已经规定了课程的总体框架，相关讨论主要集中于如何在学校的既定框架下，确定具体的必修及选修课程。其中，关于必修课，该助理教授表示，主要按照一些学科惯例和共识来确定，而选修课则主要由各位教师申报自己可能依据专业领域而开设的课程。

> 每一个专业都有一定数量的必修课……你开××这个专业，就会有某些课是必修的……有一些专业知识就是必须要学的……还有一些可选的课程，比如说，因为每个老师有不一样的研究方向，那我

们可能开一些不同方向的选修课,然后大家就说一下自己能开什么课,最后讨论、协调一下,就这样了。(PE-OT-ASP-17)

同时,该助理教授表示,在讨论过程中,并无不同意见出现,一方面,必修课主要按照学科惯例和共识来确定;另一方面,由于系里教师数量较少,彼此容易协调,而且各位老师的研究方向不太一样,选修课程的申报也不太容易重叠。

教学大纲确定之后,主要由该系的一位副教授,同时也是系主任助理来整理教师们的讨论意见,形成最终的教学大纲上报至学院,并负责后续的具体行政事务,如组织各位教师填写课程纲要或简介等。

由此可见,规模较小的学系可能出现由全系教师共同讨论教学大纲的情况。不过,由于学校行政部门已经规定了课程的总体框架和修订的具体要求,教师参与的相关讨论主要集中于如何依据学校要求填充既定的课程框架,而非修订教学大纲,以及如何进行修订等决策议题。

三、教师的内化过程

课程开设以及教学大纲的修订方式,多为各学院教师视为"理所当然","理所当然"意味着除非遇到无法解决的问题,否则教师不会质疑甚至觉察当前的决策方式(Berger & Luckmann, 1966; Burns & Scapens, 2000)。具体而言,一方面,大部分教师并无参与决策过程的意愿和期待,甚至有教师表示"不太了解还有什么其他的方式",而且,多数教师平时并不会关注或者"考虑"参与讨论或者决策等问题;另一方面,对于课程开设以及教学大纲的修订方式,教师一般并无特别的意见和看法,并认为"这个体制就是这个样子的"。可见,课程事务的决策方式,已为多数教师广为接受,并嵌入意识成为理所当然般的存在,也就是说,教师已然无需外在激励或者深思熟虑,而是"习惯性"地表现出"服从"或"配合"学术领导安排的行为方式。

对于新教师而言,决策方式一般无需特别的学习过程,一方面,必修课程的开设往往仅需听从学术领导的安排,而选修课程的申请通常由教学秘书通知申请时间及所需提供的申请材料，教师只要在特定的时间填写申请材料即可；另一方面，教师何时以及如何参与教学大纲的修订过程，皆只需等待并听从"通知"。因此，本部分内容主要探讨教师对现有做法的感知及态度、教师参与决策过程的意愿及原因，以及教师对其抱持怎样的期待。以下分别进行阐释。

（一）教师的感知及态度

关于课程的开设以及教学大纲的修订过程，受访者一般对学系、学院层面学术领导的做法表示理解与支持，但是对学校层面的相关政策多持消极态度，据一位副教授的观察，学校关于课程的决策在很多情况下是"压"下来的，并且要求各学院必须予以执行，B学院的一位副教授直接对学校行政部门表达了反感的情绪。

> 我们最大的反感就是学校层面……我们对院系这一层面上的做法是可以接受的。（PE-OT-ACP-14）

一方面，多位受访者对学校频繁要求大范围、大规模修订教学大纲的做法表示了不满，认为传统学科的课程体系，尤其是必修课程体系已经较为成熟，"没有必要"频繁修订，学校行政部门的做法是一种"折腾"，甚至有受访者直接表示学校行政部门是在"发神经"。

> 学校行政化之后，每年行政部门的人都要做工作，今年做这个工作，明年做那个工作，反正每年都是在折腾老师。（PA-OT-ACP-23）

> 学校的行政部门太强势了……行政部门现在管的事情太多……我们这个传统学科，不要翻来翻去的，左变一次右变一次，也没有必要……要变就是做一个微调，不要整体来调整……过两年就大规模修订一次，这个是没有必要的。（PA-AL-FUP-19）

另一方面，受访者对于学校行政部门仅基于行政考量做出决策的方式表示出不认同的态度，认为这种"一刀切"的决策方式及其相关决策"不太合理"，没有顾及各个学院的实际情况。例如，一位副教授指出，学校研究生院一方面规定教师必须要完成平均一学期 3 门课的工作量，另一方面大幅削减研究生的课程，导致部分老师无法完成教学任务，这种"制度"上的矛盾是该副教授及其同事"私下里"觉得无法理解的。

> 就是说政策制定者并不了解这种科研的规律吧，他们就是直接从行政规划或者从数量上来进行一个考量，并没有真正地遵循或者调查一下这种事情是怎么回事……我觉得学校完全没有体现"教授治校"的这种思想，基本上还是行政人员在主导这些东西，他们怎么好算，就怎么来，而且按某个指标一刀切。（PE-OT-ACP-14）

同样地，有受访者对学校因大类招生要求各学院合并课程的做法表示不满。所谓大类招生，即各院系将相同或相近的专业合并，按一个大类招生，学生入学的 1~2 年内不分专业，统一学习较为基础性的课程，继而根据学习兴趣选择具体的专业。个案学校在实行大类招生后要求所有学院重新修订教学大纲，将各个学系大一至大二上学期的课程合并，全院统一，形成所谓的"平台课"，而各个学系则主要负责大二下学期及以后各学期的课程规划。

对于因大类招生而合并课程的做法，相关受访者表示，这是一种"形式主义"，是一个"不伦不类的东西"，并认为理由主要有三：其一，大类招生的做法，其他学校经过多年实践已经放弃；其二，其他学校实行大类招生，主要将工科和理科分开，而该校却要求该学院 7 个专业进行课程合并，虽经后期协调，学校同意该学院分成两个大类，但仍存在将理科和工科课程合并的问题；其三，各个学科对特定课程的要求不同，合并后无法体现专业特色。

（二）教师的参与意愿及原因

对于课程开设以及教学大纲修订的决策过程，大部分受访者表示并没有参与的意愿和兴趣，作为普通教师，"就做好自己的事情就好了"，其中，"自己的事情"多指科研与教学。而且受访者大多数认为这是一个较为普遍的现象，甚至有受访者表示，对于参与讨论或决策过程，不是"想"与"不想"，而是"本身没有考虑这个问题"。另外，对于一些资深教授来说，即使有机会参加决策过程，部分教师也并未积极参与其中。

> 我们的参政，底下的人，就像我，这种参与意识非常淡薄，我就喜欢管好自己的事情，我为自己的晋升拼搏……还有自己的一些小兴趣，比如说科研，教学改革我也很喜欢……但是我就没有这种非常积极的意志参与到决策当中来……我想周围的人很多人也是这样，跟我类似，做好自己的事情就好了。（PE-OT-ACP-14）

> 像我这么老资格的老师，在我们系可能也就只有两三个了，所以，他们应该还是会比较尊重我吧。以前他们也会把我选在学术委员会里面，但我很少去开会。（PE-OT-FUP-13）

总体而言，教师之所以不愿参与相关讨论或决策过程，主要基于以下三种原因。

其一，缺乏参与的途径和渠道。部分受访者表示，只有进入"决策群"才有机会参与相关决策。而进入"决策群"一般需要两个基本条件：首先，拥有院长、系主任等行政职务；其次，拥有教授、博士生导师等头衔，甚至教学秘书等行政人员也可能因记录会议内容等原因参与相关讨论，但对于年轻教师而言，由于"没有资格"进入决策群，也就没有机会参与决策过程。

其二，教师的参与并无实质意义，学术领导被认为享有最终的决策权，而且，由于缺乏意见反馈机制，教师亦无法确定自己的意见是否被严肃对待。因而，据相关受访者的观察，即使参与相关讨论，教师也不会积极表达意见或不同看法。

> 我觉得其实我关心也没有用……因为你没有进入决策群里面，你的发言是没有任何意义的，至少我个人是这样认为的……其实，怎么改，都是领导的意思，或者他们的意图……所以我有时候觉得让怎么改我们就怎么改……其实你没有这个权限的话，大家都很明白，说话是没有用和没有意义的。（ED-OT-ACP-06）

> ××坐在那，他是鼓励所有人都发言的，只是年轻老师自己不发言而已，内心可能还想着，这事都是你们定吧，定了之后该怎么干

就怎么干吧,好像这种心态的居多吧。(ED-OT-ASP-08)

其三,相关的决策会议一般重在讨论较为具体的事务性议题,受访者一方面觉得比较烦琐,再加上平时科研、教学任务较重,或者因性格或个人习惯等原因,不愿关注较为琐碎的事情,因而较少参与其中;另一方面,部分受访者亦认为,若相关事务不涉及自身,也没有必要参与其中。

> 比如说像我的这种情况,我来不来都无所谓,因为与我没关系……因为我的课是校选课,和任何人不冲突,所谓的讨论指的是原来这门课要不要开,谁来开,这主要针对必修课,或者叫学位课,或者专业基础课,那我都没有。(PA-OT-FUP-21)

另外,也有受访者表示,学校对课程与教学的重视不够,也在一定程度上影响了教师参与决策的热情,一位副教授的经历刚好体现了这种现象。该副教授的一门课程因教学大纲的调整而被取消,在其追问缘由未果的情况下只能接受这一既定事实,其中谈及个中考量时,该教师提到:

> 这个事也没什么关系,反正我们上不上课对我们考核也没有那么大的影响。(MA-OT-ACP-29)

(三) 教师的期待

对于参与课程方面的决策过程,大部分教师并没有表现出特别的期待,而且多位受访者同时表示,对于参与决策的问题,平时并不会关注,同事之间"私下不会聊这些事情"。不过,仍有部分受访者提出了较为具体的期望,如 C 学院的一位系主任表示,希望学校行政部门不要频繁地、大范围地修订教学大纲。另外,两位普通教授表示,对于课程方面的讨论和决策,希望能够更多地参与,并且享有决策权。其中,D 学院的一位教授认为,系主任以及各学术性委员会的成员应该由教师选举产生,而不是"任命";另外一位 A 学院的教授则认为,相关的讨论与决策应该"多听听意见",这样也有利于教师对相关决策的理解与支持。

给出一个科学决策,要大家充分讨论,经过民主讨论,大家才会知道这个决策的背景是什么,最后大家都不会感到奇怪,假如说由上边定的话,大家会觉得很奇怪,不知道你这个经过是怎么来的。所以我觉得,从总体上还是要提升大家的民主参与意识,不能完全靠领导决定。(ED-OT-FUP-03)

总而言之,多数教师平时并未过多关注和讨论课程方面的决策议题,亦没有表现出强烈的参与意愿或较为特别的期待,对于现有的做法,大部分教师对学系、学院层面表示理解与支持,但对学校行政部门多持消极态度。一方面,学校频繁要求大范围修订教学大纲的做法被认为是"不必要的",另一方面,教师认为学校行政部门仅基于行政考量做出相关决策的方式"不太合理"。

第二节 课程事务决策过程的稳定及代代相传

一、开课方式的稳定及代代相传

一般来说,各个学院或者学系的课程开设方式均具有一定程度的稳定性,据相关受访者的观察,近年由于学校行政部门压缩院选课的数量、限制课程最低选课人数、教师数量增多等原因,部分已开设的院选课可能会被取消,也会导致较难开设新的院选课,但是必修课、院选课、校选课等课程的开设方式"变化不是很大"。

另外,各学院或学系所开设的各类课程及其任课教师亦无太大变化。其中,对于任课教师的确定,多位受访者表示主要是传统的延续,也就是说,教师一般均为较早之前便已负责相关课程的教师。另外,对于具体开设的课程的确定,C学院的一位系主任在谈及自己如何安排各个学期的开课计划及课表时提到：

> 都会按照惯例，一般是不会有变动的……比如我排下个学期的开课计划，都是根据往年的课表或者说培养方案，所以一般是不会变的。只有两种情况会有变化，一个是上课的老师出国了，第二个是个别老师要重新开选修课。（PA-AL-FUP-19）

关于课程的架构，尤其是必修课主要包括哪些具体的课程，各个学院或者学系一般都会存在代代相传的现象。据相关受访者的观察，一般情况下，建院之初依据学校规定以及学科共识确定必修课的课程框架后，除了课时、课程要求等方面的微调之外，基本不会有较大程度的变动。

> 一般必修课，已经长期开设，都安排好了，要停掉哪一门必修课都不太可能，新的课程要变成必修课，确实是很难的。（ED-AL-FUP-01）

> 必修课是这样，像理科或者传统的理科，有些课程是必须要学的……像我们××系有四大力学，这个课怎么停？只能做一些微调……比如说现在普遍都在减负……可以考虑把原来教得复杂的，现在教得简单一点，原来课时多了，现在把课时减少一点。（PE-AL-FUP-12）

由此可见，课程的开设方式体现出一定程度的稳定和代代相传的特性。一方面，尽管学校行政部门不断推出新的课程规定，但必修课、院选课以及校选课的开设方式，甚至相应的任课教师均基本维持不变；另一方面，各学院的课程结构，尤其是必修课涉及的具体课程及其任课教师，均为历史或传统做法或"安排"的沿袭。

二、教学大纲修订方式的稳定及代代相传

一般情况下，教学大纲可能根据学校行政部门的要求进行调整或者修订，但据 A 学院一位多年负责课程事务的副院长表示，无论内容或要求如何变化，

相关的讨论过程或者决策方式基本沿袭传统做法，很少发生变化。

> 随着时间变化，可能一些课程结构或者学分要求等会有不同的发展，但是（决策）程序都是一样的，都是经过这几个环节。（ED-OT-ACP-05）

多位学术领导及普通教师表示，教学大纲的修订，基本上是在原有大纲的基础上进行微调，以满足学校的具体要求。

> 一般我们系在做的时候，一方面积极跟老师沟通，另一方面遵循传统教学计划，传统教学计划中的必修课大多尽量沿袭下来，形成传统，因为这些也是传统的优势。（PA-AL-ACP-22）

> 教学大纲，其实大家基本上还是在以前的基础上改的……无非就是稍微改一下……满足它（学校）的基本要求。（PE-AL-FUP-10）

可见，教学大纲的修订在一定程度上表现出稳定的特性。一方面，新的教学大纲主要是在原有大纲的基础上，根据学校的具体要求进行适当的调整；另一方面，尽管根据学校行政部门的要求，教学大纲需要进行不断的重新修订，但无论内容或要求如何变化，相关的讨论过程或者决策方式基本上是传统做法的沿袭，并未发生较大程度的变化。

三、教师的参与

不同职位和职称的教师，一般有着不同的参与经历，以下主要总结学术领导、普通教授、年轻教师、党委书记以及教学秘书在课程开设以及教学大纲修订方面的参与过程。

（一）学术领导的参与

关于课程，无论是新课程的开设，还是原有课程的教师更替，一般均由负责课程事务的系主任或副系主任进行协调。具体来说，学术领导一般负责"分配"和"安排"必修及院选课程，考量和决定是否同意教师的开课申请，以及协调任课教师的变动。据一位助理教授的观察，关于课程以及任课教师的调整均需与系主任或副系主任进行沟通。

> 比如说，又有新的老师来了，像你说的那个课，它可能原来是哪个老师上，现在换老师的话，新老师要不要上，如果新老师有2个人的话，谁上什么课，这个是由他们（系主任）去调整的。(PA-OT-ASP-25)

关于教学大纲的修订，一方面，C学院和D学院的部分学系主要由系主任或副系主任全面负责，虽然可能以邮件或者会议的方式征求教师的意见，但学术领导仍是最终的决策者，值得注意的是，系主任或副系主任也可能仅以非正式的方式与涉及课程变动的教师单独沟通；另一方面，A学院和B学院的部分学系由相关的学术性委员会负责修订，其中，学术领导必然为该委员会的成员之一，而且在一些规模较小的院系，尽管普通教师可能有机会成为相关委员会的成员，但其作用仅限于表达或者反映其他教师的意见，最终决策权仍掌握在少数学术领导或个别学术权威手中。

（二）普通教授的参与

一方面，作为相关学术性委员会的成员，部分较为资深的普通教授可能有机会参与课程方面的讨论和决策，但大多以表达意见为主，并未真正享有决策的权力，而且部分资深教授表示，尽管被选为委员，自己也很少去参与相关讨论。

> 说实话，我很少去开会，有很多会，不知道是什么名堂，可能有过这种会，但是这种会我都会递请假条，所以我都没有记住这个会（委员会）是什么名称。(PE-OT-FUP-13)

另一方面，其他的普通教授表示，自己并未参与过课程开设或者教学大纲修订等议题的讨论过程，甚至有教授表示，课程方面的决策与教师"一点关系都没有"。不过，若普通教授在课程的具体操作方面有不同意见，如关于课程的课时与学分、需要助教、更换任课教师、增开选修课等，可直接与相关的学术领导沟通，或者在院系以邮件、会议的形式征求意见时提出。

（三）年轻教师的参与

一般情况下，若部分副教授同时担任相关院系的副系主任或副院长，则该教师主要以学术领导的身份参与决策过程，其他副教授、助理教授等年轻教师则基本被排除在课程事务的正式讨论及决策过程之外，仅在一些规模较小且刚刚成立不久的学系中，可能有机会参与讨论，其中，两位副教授提及了自己的参与经历：

> 我来××大学16年了，我从来没听说过教学大纲有给老师看一下，是怎么定的……我到这边来没有过，从来没有过。(MA-OT-ACP-30)

> 他们（学术领导）做了决定之后，有的会通知我们，有的连通知都没有，所以对这一块来说，其实我们真的是没有什么权力的，我相信其他学校也应该差不多如此。(ED-OT-ACP-06)

当然，若年轻教师对相关决策有不同意见，同样可以直接与学术领导沟通，或者在院系以邮件、会议的形式征求意见时提出。不过，与普通教授不同，年轻教师亦可能承担低层次的行政杂务。一般来说，院系往往需要回收教师关于教学大纲修订的意见，以及完成学校规定的行政任务，比如撰写对比中外教学大纲或研究生培养方案的调研报告等，据相关受访者的观察，这些低层次的行政杂务主要由副教授、助理教授等年轻老师负责。

（四）党委书记的参与

部分院系原则上主要由学术性委员会讨论课程的设置以及教学大纲的修订，不过，据A学院的相关受访者反映，在实际操作中，与课程相关的议题更多的是在"院务会议"中讨论，作为"院务会议"主要成员的党委书记自然也就参与课程事务的决策过程。部分受访者提到了党委书记参与课程事务决策过程的情况：

> 院务会议中讨论的事情，都不涉及党务，纯粹是学术上的一般日常事情，有时候书记或者副书记有事情常常也不参加。(ED-OT-ACP-05)

> 书记在里面（院务会议），但是这个书记也没有太多可以讲的，也没有太多的意见，因为这一块他不是很熟悉。(ED-AD-FUP-01)

可见，尽管参与决策过程，但党委书记并未过多干涉课程事务，甚至有时并不参与相关讨论，而且党委书记的参与也仅限于意见的表达，并不具有实质性的决定权。

（五）教学秘书的参与

在课程开设以及教学大纲修订方面，教学秘书主要负责具体的行政事务。比如，在课程开设方面，教学秘书负责与教师沟通教务处或者研究生院对开设课程的新的要求，辅助任课教师填写相关的课程纲要，并将其上传至学校教务系统，确认或协商各学期的课表或者任课教师的变动，以及与学校沟通上课地点等；在教学大纲修订方面，教学秘书主要负责转发学校或者学院的一些新的政策以及往年的教学大纲，记录相关会议的主要讨论等。

对此，D学院一位负责课程事务的副系主任表示，教师的开课申请，自己一般主要负责审核，后续的行政程序一般交由教学秘书处理，其他的普通教师也大多表示，在开设课程方面，主要是与教学秘书"打交道"。

> 他（任课教师）可以向我先报备，然后我向学校去申请。其实主要还是跟教秘说一下，就说哪一个老师要开新课，跟学校那边该怎么处理，有什么要做的，跟他说就好了，其他的我就不管了。(MA-AL-FUP-26)

> 教学秘书会告诉你，下个学期或者再下个学期要有校选课，希望大家踊跃报名，报完了之后就按那个流程走，填一个表就行了，课程的目的、内容、进度等，填好后发给教学秘书。(MA-OT-ACP-30)

综上所述，学术领导往往享有课程事务的最终决定权，一方面，无论是新课程的开设，还是原有课程的教师更替，一般均由学术领导进行协调，另一方面，学术领导往往主导教学大纲的修订，并对讨论过程中的不同意见进行协商和最后决定；关于普通教授的参与，部分资深教授可能有机会参与相关讨论，但大多以表达意见为主，并未享有共同决策的权力，其他的普通教授则大多被排除在讨论或决策过程之外；关于年轻教师的参与，个别年轻教师可能以学术领导的身份参与决策过程，但多数年轻教师并无较多参与机会，通常只能承担低层次的行政杂务；关于党委书记的参与，部分学系的党委书记可能作为相关委员会的成员参与决策过程，但其参与仅限于意见的表达，并未过多干涉课程事务；另外，教学秘书主要负责课程开设以及教学大纲修订过程中的具体行政事务。

四、教师对自身参与的诠释

（一）执行者

对于教学大纲的修订，多位学术领导表示，学校行政部门一般严格规定课程的整体框架，包括开设何种政治课、外语课，必修课与选修课的总学分，以及各自所占的比例，对于一些新的课程改革，学校亦通常做出较为具体的规定，学术领导一般仅在原有教学大纲的基础上进行调整，以满足学校的要求。C学院的一位前副系主任分享了他的工作经历：

> 我记得我做过很多这种修修补补的工作，修修改改……因为它（学校）的规定很明确，只要按照它的规定改就好了。比如说我们这个大类招生，有些课是大——起入校以后要上的，一年半的时候才分系，所以这一年半的时间要开什么课，哪一个专业开哪些课，学院全部都规定好了，我们只是执行而已。（PA-OT-FUP-20）

"执行者"一般为学术领导对自身参与的诠释，其原因在于，此类群体直接接受学校行政部门的具体任务，而且一般不能选择拒绝，另外，在多数普通教

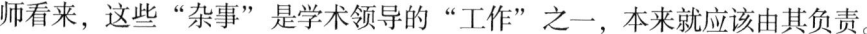

师看来,这些"杂事"是学术领导的"工作"之一,本来就应该由其负责。

(二)打工者

对于课程事务的决策参与,部分学术领导以及普通教师均认为自己主要扮演一个"打工者"的角色,甚至有教师感觉自己就像"一颗螺丝钉,啥也不是"。

> 系主任、副系主任,其实就是干活的。系主任就是原来的教研室主任,教研室就是教学科研的实体,特别是教学的实体,就是干活的。学校有什么任务,一般都是我们干,不麻烦老师。(PA-AL-FUP-19)

> 老师就是一个打工的……也就是说老师对学校的行政领导没什么约束,但是行政领导可以对老师有很多约束,这是一个不对等的地位,这时候,老师就是一个打工者的角色了,他的主人公地位、主人公意识就完全丧失了。(PA-OT-ACP-23)

可见,学校频繁且琐碎的政策或规定,使得部分学术领导认为自己参与课程事务的决策,主要是在为学校"打工",而且,教师与学校行政部门工作人员的不对等的地位,也让部分教师失去主人公意识,成为学校的一颗"螺丝钉"。

(三)配合"演戏"

在教学大纲的修订方面,部分年轻教师认为自己的参与仅仅是配合学术领导"演戏",其主要原因在于,虽然参与讨论过程,但年轻教师的作用仅限于"表达"意见和建议,并未享有共同决策的权力。

> 这种事情,至少在大部分人看来,其实主要是中层还有领导的事,我们下面说实话是配合他们"演戏"的……但其实整个的流程,到最后的决定之类的,大部分还是在中层和领导。(ED-OT-ASP-07)

总体而言,多数教师或认为自己是学校决策的"执行者",或认为自己主要扮演"打工者"的角色,部分年轻教师则认为自己的参与仅仅是配合学术领导"演戏",一方面自己的意见并未得到相应的反馈,另一方面认为学术领导仍掌握着最终的决策权。

五、教师的应对方式

对于开设课程以及修订教学大纲的做法,受访者主要表现出"没办法""配合""上有政策,下有对策"的应对方式,另外,亦有受访者分享了反映不同意见的渠道及结果。

(一)没办法

对于学校"压"下来的一些规定或者任务,多数受访者表示"很没办法",其中,B 学院的一位副系主任认为,学校实行大类招生,要求学院将各个学系大一、大二课程合并的做法不合理,其理由在于,尽管开设同样的课程,不同的学系也有不同的专业要求和侧重点,合并后无法体现专业特色,但是学校要求如此,自己也"没办法"。

另外,学校频繁要求修订教学大纲,直接影响教师所开设的课程性质,甚至有的教师的课程被直接取消,对此,多位受访者同样表示"没办法"。其中,D 学院的一位副教授因教学大纲调整而被取消课程,但是该课程是在其出国访学,且未被告知的情况下取消的,这位教师分享了其回国后试图追问缘由的经历:

> 我回来问他们这是谁做的,他们谁也不说,都说"不是我做的"……我连着追问了几次他们也没有说是谁,最终也就算了,但是这个课可能正好是他们衔接过程里面有一些问题,谁也不肯承认。(MA-OT-ACP-29)

可见,虽然多数教师可与学术领导沟通课程方面的不同意见,但也存在教师被取消课程后,无法获得解释和正面反馈的情况,相关学术领导甚至试图回避这一问题,使得任课教师最后只能不了了之。

（二）配合

部分受访者对于一些政策、规定或者"安排"同样表现出"配合"的应对方式。一方面，学院或学系因修订教学大纲而征求意见时，尽管教师已然预料到自己的意见可能不会得到回应或反馈，也可能无法影响最后的决策结果，但仍然基于配合学院、学系工作的考量而参与相关讨论。而且，部分受访者表示，在参与讨论的过程中一般都会"支持"学术领导的决策。

> 我参加过，因为我也没有太大的交集，所以我参加了我也很支持，我们一般很支持学院的工作，支持系里的工作。（PA-OT-FUP-21）

另一方面，对于学术领导的课程规划，甚至被派遣到其他院系任教的"安排"，部分受访者同样表示出配合与服从的应对方式，尽管这些课程与自己的科研领域并无干系。另外，C学院的一位副教授分享其开课经历时提到，对于自己提出的开设研究生方法论的课程申请，被系主任最终安排给了本科生，而且是大学一年级的学生，尽管对此多有不满，该教师仍然选择配合这一安排，开设了相关课程。

（三）上有政策，下有对策

学校的课程政策，由于不能拒绝与反对，部分受访者亦试图寻找各种"变通"的可能性。例如，学校不断压缩各学院、学系可以开设的课程的总学分，以致部分新教师无课可上，为解决这一问题，C学院的部分学系将同一课程拆分成两个班，以此增加新教师的上课机会。

> 为了满足这个需要，我们以前就是一个人上一个大班的课，比如说我刚来的时候，一个人上120人大班的课，但是后来为了满足这个课程的教学，很多老师就没有课可上了，然后就把大班分成小班来上，分两个班来上。（PA-OT-ACP-23）

另外，学校规定了各类课程的最低选课人数，对于部分院系来讲，因研究生的招生数量较少，且理工科的院选课主要面向本课题组的学生开设，因而部分课程可能因最低选课人数的规定而被取消。对此，B 学院的一位副教授表示，教师一般会选择两年开一次课程，以有时间"积攒"学生，另外，也有教师选择从其他课题组"拉学生"，这些学生甚至可以不用上课，只需在学校的教务系统中选课，以"凑足"学校规定的最低学生人数。

（四）不同意见的反映渠道及结果

在讨论不同意见的反映渠道之前，有必要对教师获悉相关信息的渠道有所了解。据 A 学院一位多年负责课程事务的副院长表示，关于课程的改革信息或者新的实践方式，一般"学校里面先有文件"，再由学院或学系的学术领导将新的实践方式或改革要求"传达"给教师。

当然，部分受访者表示，学校可以"一纸通告下来"，并直接要求院系予以执行，不过，行政部门在实施某项决策前，有时也会征求教师的意见，但是这种意见的征求往往只是走形式：其一，据部分受访者反映，通常意见征求之后"马上"执行相关决策，并未给予整理不同意见以及再次讨论的时间；其二，教师们的不同意见并未受到重视，一位副教授分享了其参与相关意见征求会议的经历：

> 当时这个座谈会我去了……然后，理工科老师当时没意见，但是文科老师有很大意见……当时我就在场，（行政）部门就这样讲："这个啊，教育部压下来的，我们领导讲过了。"然后，还有教授说"你们职能部门有给领导反映一下吗？"然后职能部门的那个老师说"我们说了也不算。"（PA-OT-ACP-23）

值得注意的是，由以上的描述或许可以窥探学校层面的部分决策方式，一般来说，学校行政部门的多数规定可能仅为教育部等国家教育管理部门"压"下来的任务，或者是少数校级学术领导的意图，行政部门往往充当"传声筒"的角色，并具体执行国家以及校领导的相关决策。不过，行政部门在实际运作中，并没有为领导决策意图与各院系教师意见或者实际情况提供顺畅的交流平台，而是主要以迅速完成任务并取得工作成效为主要考量，这可能也是教师对学校政策多持消极态度的重要原因之一。

另外，部分受访者亦表示可以从学院的网站上获知相关的信息，或者学校行政部门将一些决策以邮件的形式告知各学院院长或负责相关事务的秘书，由秘书将邮件转发给学院的每位教师。

一般情况下，若对学校或者学院相关课程政策或者"安排"有不同意见，多数受访者表示，一方面，可能会以闲聊等非正式方式直接与学术领导进行沟通，另一方面，也可以在学校、学院以电子邮件或者正式会议的形式征求意见时提出。

对于教师的不同意见，若涉及决策本身，一般不会得到回应，不过，对于一些具体的事务性意见，如增加课时及学分、需要教学助理，或者对于学生给教师的期末评价有不同的解释等，一般都会得到采纳。如部分受访者表示：

> 有的时候会征求意见，征求意见一般是小范围征求，只是个参考。如果你说得不太严重的话，还是按领导意见算。（ED-OT-FUP-03）

值得注意的是，部分受访者亦提到另外一种有趣的现象，即由于"人生态度"或者对"领导意图"的顾忌，即使有机会参与讨论过程，相关受访者也不会提出过于尖锐的不同意见。

> 我比较讲究无为而治，清净，我的人生态度是这样的，所以我不会对一些事情特别较真，一般都是"好啊，可以呀"这样。（ED-OT-ASP-08）

> 一般征求意见时只是象征性地提一提，就可以了。另外，这个新的制度，谁都没有验证过，谁也不好说得那么绝对，给自己留有余地吧。（ED-OT-FUP-03）

概括来说，普通教师甚至学术领导，对于学校的相关要求一般表示"没办法"，或者选择"配合"的应对方式，当然，亦有教师试图寻找各种"变通"的可能，以在不违背学校要求的前提下，尽量解决由不合理的规定所带来的实际困难或矛盾。另外，教师的不同意见，可能以闲聊或者在学校、学院、学系征求意见时提出，但是一般情况下，教师的不同意见若涉及决策本身，一般不会得到回应，而一些具体的事务性意见，则有较大可能得到采纳。值得注意的是，部分教师可能出于"人生态度"或者对"领导意图"的顾忌，即使有机会参与讨论或决策，也不会提出过于尖锐的不同意见。

第三节 课程事务决策过程的惯性特征

一、以前的课程开设方式

以前的课程开设方式与目前做法基本类似，C学院的一位教授对此直接坦言"这种体制下，（开课方式）是没有变化的"。据各学院多位教授的回忆，其刚入职时的必修课程，同样由教学大纲事先规定，并且在学术领导的"沟通"和"协调"下，或开设新的课程，或"承接"之前由其他教师负责的必修课程。

另外，以前的院选课同样也是或直接接受学术领导分配下来的任务，或教师自主申请，且课程能否开设主要以学术领导的意见为主。不同的是，据相关受访者的观察，由于以前教师数量较少，课程资源相对缺乏，所以教师的开课申请几乎均能获得批准，而且学校行政部门尚未对最低选课人数进行规定。对于校选课而言，无论现在还是以前，教师均享有较大程度的开课自由。

二、以前的教学大纲修订过程

与现有做法相比，以前教学大纲的修订，一方面，C学院以及D学院的部分学系同样主要由系主任在原有教学大纲的基础上进行微调，以满足学校的具体要求，对此，C学院曾经负责课程事务的一位原副主任明确表示，原有的教学大纲已经较为成熟，自己做得最多的就是依据学校的修订要求，做一些"修修补补"的工作。

另一方面，A 学院以及 B 学院的部分学系主要由学术性委员会来讨论教学大纲的修订。以 A 学院为例，其主要流程仍然首先由负责课程事务的副院长参加学校相关会议，并将新的修订要求传达给各下设研究所的所长；所长组织教师讨论具体修订方案，并将初稿交至学院的学术性委员会；学院讨论过后将意见反馈给各研究所，研究所修订后再次上交学院，如此往复几次后，最终确定教学大纲的改革方案。值得注意的是，该院负责教学大纲修订工作近 15 年的前副院长表示，上述流程自其任职开始（1999 年），一直沿用至其离职（2013 年）。

不过，据现任副院长表示，目前学院层级的委员会有所改变，之前主要由"院办公会"讨论各个研究所上交的修订方案，现在则改为"研究生培养指导委员会"负责讨论及反馈意见。其中，"院办公会"主要由学院学术领导以及党委书记构成，而"研究生培养指导委员会"主要由学院学术领导以及资深教授构成。值得注意的是，不管是"院办公会"，还是"研究生培养指导委员会"，讨论过程中的不同意见以及最终决策结果仍然主要以学术领导的意见为主，尤其是该院的学术权威，自始至终都对课程以及教学大纲修订等方面的决策有着决定性的影响力。

三、现有决策方式的调整空间

（一）课程开设方式的调整

相较于以前，各院系的课程架构，即开设何种政治课、外语课、必修课、选修课具体包括哪些课程，各类课程的总学分及其各自所占比例，甚至相关课程的任课教师均具有一定程度的稳定性，并无太大调整，多位受访者在谈及目前所开设的课程时均提到，其中多数课程为刚入职时便已开设，并一直延续至今。D 学院的一位教授对此明确表示：

> 我一留校就教这门课，干到现在反正就我干了。除非他能替代我并且我也不想上，但是也一定马上就能替代。（MA-OT-FUP-27）

关于必修课程，其开设方式并无较大程度的变化，只是随着教师数量的增加，以及学校不断压缩各学院所能开设的课程学分，B 学院的部分学系需要以"竞争"的方式确定任课教师，具体来讲，即申请开设课程的教师提前试讲，继而由学术领导及其所在的教学委员会讨论并决定能够胜任该课程的教师。

关于选修课，其主要调整同样表现在，由于教师数量的增加，以及学校对于课程学分的压缩，部分院系尤其是 B 学院的个别学系较为控制教师的开课数量，而且，相较于以前，学校行政部门更是规定了课程的最低选课人数。据 C 学院的一位教授观察，现在与过去最大的不同便是学校行政部门对于学分的压缩，而课程的开设方式则并未出现较大变化。

（二）教学大纲修订方式的调整

相较于以前，教学大纲及其修订方式均无太大程度的调整。其一，相关受访者指出，教学大纲的修订主要是在原有大纲的基础上进行微调，以满足学校的要求；其二，各学院的修订方式及过程依然沿袭传统的做法，不过，据相关受访者的观察，A 学院的相关委员会发生了变化，由以学术领导和党委书记为主要成员的"院办公会"，变成了以学术领导和资深教授为主要成员的"研究生培养指导委员会"。另外，一些规模较小，且最新成立的学系表现出由全系教师共同讨论教学大纲的情形，不过，学校行政部门已然规定了具体的课程框架，该系教师的讨论因而主要集中于如何填充既定的课程框架，即主要开设哪些必修课、选修课等较为事务性的议题。

值得注意的是，对于"研究生培养指导委员会"负责讨论教学大纲修订的新做法，相关受访者表示，教师的参与机会确实有所增多，但仅限于表达自己或其他教师的意见和想法，尚未真正享有决策的权力，这种新的做法与过去并无实质性的区别，最终决策权仍主要掌握在院学术领导以及个别学术权威手中。

> 现在的做法跟过去的做法有多大区别？是不是教授参与进来就发挥作用？也不一定……那总体上呢，从院领导的角度来讲，还是对全院的情况都比较了解，所以，这个变化，从代表性上看，当然

是更强了,但是从真正的影响力角度来讲,并不完全能够改变过去的影响格局。(ED-AL-FUP-01)

关于决策权力的变化,D 学院的一位教授指出,大类招生之后,学院将各个学系大一、大二的课程合并,形成学院层级的"平台课",以供全院低年级的学生统一选择,这种做法使得课程方面的部分决策权力由学系转移到学院,但无论权力如何变更,其实质仅为学校、学院、学系领导之间的权力纵向分配,教师始终被排除在决策群体之外。

> 以前是什么呢?(系)主任和副主任说了算,在系里边权力大。现在呢?就从这四年以来啊……学校有个(大类招生)政策,系里边的权力绝大部分都到了院里边去,这就是他们纵向权力分配的一个问题,根本不涉及老师,老师位于基层,你就干你的就行了,不要出事。他们上、中、下这三层,权力上有一个重新安排。(MA-OT-FUP-27)

另外,有受访者指出,虽然根据学校的要求不断修订教学大纲,但是这种调整仅仅是具体内容的调整,讨论或决策方式并无太大改变,以下主要以大类招生对教学大纲的冲击为例,进行具体阐释。根据大类招生,各学院需要将大一至大二上学期的课程合并,形成学院层级的"平台课",这些平台课主要由学院层面负责统筹和安排,继而将其分配给各个学系,学系最终确定相应的任课教师。

以 C 学院为例,该学院在调整教学大纲,尤其是在确定"平台课"时,主要由学院层级负责课程事务的学术领导拟定初步的修订方案,继而召集学院其他学术领导以及各学系的正、副主任共同商讨,对于讨论的过程,一位副系主任表示,其间并无较为"尖锐"的不同意见出现,即使个别教师提出自己的看法,教学大纲的修订方案也并没有较大改变。

> 不同的意见肯定会涉及……如果其他老师都赞成这种,那就只能当成意见来看待了……所以大家主流还是对于这个改革、对这些平台课没有太大的意见……有意见的是少数,个别老师的意见,(对

大纲修订方案）没有太大的改变。(PA-AL-ACP-22)

该副系主任同时表示，平台课讨论完成后，学系需要重新调整大二下学期及其以后各学期的课程规划，而在调整过程中，决策方式与之前并无两样，仍未以正式讨论的形式征求学系教师的意见，而是仅与涉及课程变动的教师单独沟通。

由此可见，尽管教学大纲的修订内容各有侧重，但基本的决策方式仍然由学术领导拟订调整方案，继而征求意见，只是此次修订改为由学院层面的学术领导拟定方案，而且在讨论过程中，仍然较少有"不同意见"出现，基本尊重和认可最初拟定的修订初稿。各学系对本系的教学大纲进行相应的调整时，同样沿袭"一贯"的做法和决策方式。

四、学校行政部门的参与

关于课程开设以及教学大纲的修订过程，多位教师表示学校教务处、研究生院等行政部门的工作越来越"规范"，对课程事务提出越来越多的要求，对此，诸多教师表现出较为强烈的反感情绪，并且认为很多同事都有类似的想法。

首先，有受访者对学校行政部门频繁推动教学大纲或研究生培养方案的修订表示了不满，其中，C学院的一位系主任提到，教学大纲在其任职副系主任的7年间调整了3次，并且每次都是较大程度的调整。另外，学校行政部门可能会对各个学院如何操作进行直接规定，如前期需进行国内外本专业教学大纲的对比，甚至指定需要对比的国内外大学的数量（一般国外3所，国内3所），以及需要进行对比的内容，如学时、开设课程、实验等诸多方面。

值得注意的是，学校行政部门亦对课程的架构，也就是各个学院具体要开设何种类型的课程，以及各类课程所占的学分比例进行具体规定，而且，如若教学大纲需要大范围的调整，学校层级的学术领导甚至会直接干预各个学院的具体调整方案，两位受访者分享了他们的经历：

> 当时在制订大纲的时候，我们×院长是负责这一块的，主管教学的，我们还一起到学校去汇报，最后被校领导批回来了，说我们这

个大类做得不够好。(PE-AL-FUP-10)

讨论完之后,我们还要向学校研究生院和分管副校长汇报,所以,我当时去跟×校长汇报我们公共管理一级学科,汇报完之后他也会提一些意见和建议,我再拿回来修改。(PA-AL-FUP-18)

其次,学校行政部门限制课程的最低选课人数,要求各个学院的院系领导定期进行教学检查,即检查教师会不会按时上课,会不会随意调课等,甚至规定院系领导每年要去听年轻老师上课,对于各门课程的教学纲要也会频繁要求调整,如增加详细的教学日程表,或者准备英文版本的教学大纲等。值得注意的是,行政部门的这些要求多被教师视为"折腾"。

第四节 本章结语

本章试图对教师参与课程事务的制度化过程进行分析。其中,首先关注课程的开设、教学大纲的修订出现怎样的新的实践方式,以及教师对这些新做法的内化过程;其次,具体探讨新的实践方式如何稳定及代代相传,教师如何诠释自己的参与;最后,分析现有的课程开设方式以及教学大纲的修订过程如何受到之前做法的影响。

第一,无论是课程的开设方式,抑或教学大纲的修订过程,均无新的实践方式出现,其中,个案大学在课程事务的决策方面,主要表现出"咨询式决策"的共同治理方式,即教师群体虽然参与决策过程,但其作用仅限于意见的表达,而非共同决策,权力仍主要集中在学术领导手中。个案院系的教师同样多"形式性"地参与决策过程,"配合性"地表达不同的意见和看法,最终的决策结果往往并非教师之间专业共识的达成,而是学术领导在教师意见和看法的基础上,做出最后的权衡和抉择。值得注意的是,个案大学部分规模较小的学院,个别的学术权威可能享有决定性的发言权,而且出于对"领导意图"的顾忌,案例院系部分教师表示即使有机会参与讨论或决策,也不会提出过于尖锐的不同意见。此外，通常情况下，若教师的意见涉及决策本身，一般不会得到回应，但是一些具体的事务性意见则有较大可能获得采纳。

关于教师的内化过程，现有的课程开设以及教学大纲的修订方式，已为多数教师广泛接受，并视为"理所当然"般的存在，也就是说，教师大多"习惯性"地表现出"服从"或"配合"学术领导安排的行为方式，而无需理性的思考或者外在的激励。依据国际学者的相关讨论，教师大多对自己参与决策的现状感到不满意（Welsh, Nunez & Petrosko, 2005），依本研究案例所见，多数教师平时并不会过多关注和讨论课程方面的决策议题，亦没有表现出较为特别的期待，仅有个别教师表示希望学校行政部门不要频繁修订教学大纲，或者希望教师能够再多一些参与。对于现有做法的感知和态度，大部分教师对学系、学院层面的做法表示理解与支持，但对学校行政部门多持消极态度，一方面，学校频繁要求大范围修订教学大纲的做法被认为是"不必要的"；另一方面，教师认为学校行政部门仅基于行政考量做出决策的方式"不太合理"。值得注意的是，课程事务的决策，尤其是教学大纲的修订，主要由校级学术领导做决策，行政部门负责"传达"，院系通常并无较多自主空间，尤其是与领导决策意图不一致的意见，往往由于行政部门的不重视而无法"上传"，这可能也是教师对行政部门多持消极态度的重要原因之一。

而且，相关学者指出，尽管教师不满意参与决策的现状，部分教师对于真正参与其中却表现出漠不关心、不情不愿的姿态（Corson, 1960; Tierney & Minor, 2003），个案大学教师同样存在类似情况。对于课程开设以及教学大纲修订的决策过程，大多数教师并没有参与的意愿和兴趣，部分教师甚至从未考虑过此类问题，究其原因，主要有三：其一，缺乏参与的途径和渠道，不过，即使有机会参与决策过程，相关教师也并未积极参与其中；其二，教师的参与并无实质意义，学术领导仍然享有最终决策权；其三，相关的决策讨论一般重在具体的事务性议题，受访者一方面觉得比较烦琐，另一方面认为，若讨论内容不涉及自身，也没有必要参与其中。另外，学校不重视课程与教学同样被认为是教师无参与意愿的重要原因之一。

第二，无论是课程的开设方式，抑或教学大纲的修订过程均表现出一定程度的稳定和代代相传的特性。其中，在课程开设方面，尽管学校行政部门不断推出新的课程规定，但必修课、院选课以及校选课的开设方式，甚至相应的任课教师均基本维持不变，而且，各学院的课程结构，尤其是必修课涉及的具体课程及其任课教师，均为传统做法的沿承。关于教学大纲的修订，一方面，新的教学大纲主要是在原有大纲的基础上，根据学校的具体要求进行适当调整；另一方面，教学大纲修订的决策权仍主要掌握在学术领导或者个别学术权威手中。

国外相关研究发现，大部分教师对参与决策过程表示认同，认为参与决策是其价值观或者工作的重要组成部分（Tierney & Minor, 2003; Miller, 2002）。而个案大学教师对于自己在课程事务决策过程中的参与，多持负面态度，并主要有三种诠释方式：其一，认为自己是学校规定的"执行者"；其二，认为自己主要扮演"打工者"的角色，感觉自己更像是学校的"一颗螺丝钉"；其三，部分年轻教师认为自己的参与仅仅是配合学术领导"演戏"，其主要原因在于自己的意见并未得到相应的反馈，而且学术领导仍掌握着最终的决策权。

另外，相关学者依据教师对共同治理的参与意愿和参与现状，将教师分为共同掌权者、积极行动者、接受者、科层者、应对者以及抽离者六类角色（Williams et al., 1987）。从以上的分析可以看出，个案大学教师主要为接受者、应对者和抽离者，即倾向于接受目前的参与现状，并没有强烈的参与意愿或过高的期待；或者以旁观者的姿态，秉持"怎样都行"的信念，一方面并未积极参与其中，仅关注涉及自身利益的事务，另一方面尽管预料到自己的参与可能并无实质意义，仍然选择配合学术领导的要求参与讨论；或者仅对教学和科研有着极大的兴趣，认为参与决策是费时费力的杂事，并倾向于摆脱所有的杂事牵连。

对于既定的制度安排，相关国际学术讨论认为，作为能动者，个体可以选择策略性的回应方式，如默从（acquiescence）、逃避（avoidance）和反抗等（Oliver, 1991）。依本研究案例所见，教师主要表现出默从和逃避的应对策略：其一，对于课程方面的相关要求，部分教师甚至学术领导均表示"没办法"，尽管觉得不合理，但只能选择接受，无法反对或拒绝；其二，相关教师和学术领导同样表现出"配合"的应对方式,这种"配合"一方面表现为即使预料到自己的参与并无实质作用,仍"配合"领导要求参与讨论,另一方面也表现为服从学术领导关于课程的具体安排。当然,个别教师也会试图寻找各种"变通"的可能,即所谓的"上有政策,下有对策"。

第三,无论课程的开设方式,还是教学大纲的修订过程,均表现出较大程度的惯性特征。首先,关于课程方面,各院系的课程架构,以及具体课程的任课教师均具有一定程度的稳定性,并无太大变化。至于课程的开设方式,必修课仍然主要由学术领导"分配",或者在学术领导的协调下,新教师"接替"之前由其他教师负责的课程,尽管随着学校对课程学分的压缩,以及教师数量的增加,必修课程出现了一种新的开课方式——"竞争上岗",不过,"竞争"的最终结果仍然主要由学术领导及其所在的教学委员会决定。关于选修课,教师自主申请、学术领导分配仍然是主要的开课方式,相较于过去,目前只是课程的开设难度有所增加,以及学校规定了最低选课人数,必修课、选修课的开设方式均无实质性的变化。

关于教学大纲的修订,虽然根据学校的要求教学大纲被不断重新修订,但是这种修订仅为具体内容的调整,讨论或决策方式并无较大改变。以大类招生对教学大纲的冲击为例,其决策过程仍然首先由学术领导拟定初步调整方案,进而征求各学系学术领导的意见,在讨论过程中仍并无较多不同意见出现,个别教师的看法亦未使得调整方案有所改变。值得注意的是,此次修订过程使得课程方面的部分决策权力由学系转移到学院,但教师仍然被排除在决策过程之外。

另外,部分学院试图增加普通教师参与决策的机会。该学院之前主要由以学院学术领导和党委书记为主要成员的"院办公会"讨论各研究所的培养方案,近期则改为由以学院学术领导和资深教授为主要成员的"研究生培养指导委员会"负责,这一新的做法虽然增加了教师的参与机会,但教师的作用仍仅限于发表自己或其他教师的看法,决策的权力仍主要掌握在学术领导以及个别学术权威的手中。

第五章
招生事务决策中的教师参与

本章主要讨论我国大学教师在本科生及研究生招生事务决策中的参与过程。其中,第一节主要探讨本科生及研究生的诸多新的招生方式,以及教师对新、旧招生方式的内化过程;第二节重点关注招生方式如何稳定及代代相传,同时具体分析教师对其参与有着怎样的诠释,以及如何应对既定的要求和"安排";第三节侧重分析目前的招生方式如何受到之前做法的影响。

第一节 教师内化招生事务决策方式的过程

招生事务涉及教师的专业知识,且在很大程度上与教师的切身利益休戚相关,因而被认为应该成为教师的主要决策领域(尹晓敏,2006;张君辉,2007)。自 20 世纪 90 年代开始,政府不断下放高校事务的自主权,招生便是其中的重要领域之一,由此,本节主要基于招生权力下放的政策背景,探讨教师如何参与招生事务,以及教师对于新、旧招生方式的内化过程。

一、新的招生方式

关于本科生,我国大学主要采用全国统一考试、统一录取的高考制度选拔新生，虽然部分大学率先于2003年获得自主招生的资格，能够自主决定考试内容、招生程序以及录取标准等，但被录取的考生仍需参加高考，自主招生仅为加分的手段，而非独立的招生方式；关于研究生，我国大学基本以"初试（笔试）+复试（面试）"的方式招收硕士、博士研究生，不过，随着优质生源竞争的加剧以及国家对于招生政策改革的推进，近年来逐渐出现招生夏令营、"申请-考核制"等新的招生方式。

（一）本科自主招生

高考以其刚性的分数要求，较大程度地降低了人情与关系等因素对于选拔人才的干扰，成为我国大学最为重要的招生方式。然而，随着高等教育的大众化，以及社会对于多样化人才的需求，由政府主导考试与录取的高考日益被诟病为过分看重考试分数，缺乏专业人士对于学生的综合评价。有鉴于此，教育部于2003年下放部分招生自主权，率先于个别重点大学试行自主招生政策，其中，个案大学于2005年成为试点学校之一。

经过十多年的发展，自主招生在个案大学已然获得一定的合法性，也就是说，大学自主命题、组织面试、确定录取标准，已为多数教师广泛接受为合乎情理的招生方式。一方面，根据相关学术讨论，合法性首先来源于权威机构的认定（Toblert & Zucker，1983），自主招生本身即为政府所认可与推动，已成为除高考外最为重要的招生方式；另一方面，自主招生的合法性亦可能受到趋同性的驱动，即个体为了生存，往往选择已被广泛采纳的实践方式，以避免与其他个体显得太过不同（Meyer & Rowan，1977），自主招生已为其他大学广泛采纳，且被视为竞争优质生源的重要方式，D学院的一位教授在谈及自主招生的缘由时提到：

> 自主招生可能是因为大家现在都在做，所以大家可能都必须去做。有时候你不想做也不行，因为大家都在抢好的生源，这也是一个正常的思维，也是对的。比如北大、清华都在抢，那我们当然也要去抢一些好的生源。我觉得这个也是合理的。（MA-AD-FUP-26）

尽管自主招生的价值得到较大程度的认可，但在具体执行过程中，教师却并未被给予较多的参与机会。个案学校的自主招生基本由学校层级的行政部门，即招生办公室（以下简称"招办"）主导，并具体表现为以下两个方面。首先，招办制定和发布历年的招生规则及政策，明确规定自主招生的申请条件、考核办法、可选专业以及录取标准等；其次，招办全权负责考生的资格筛选、笔试、面试等考核以及后续的录取工作。对此，有教师认为，招办工作人员并非专业人士，这种以招办的标准而非各专业特性选拔学生的方式，可能无法筛选出真正符合专业需求的学生。

> 现在学校的招生模式有点奇怪，就是说，招办在招哪个学生的时候，其实我们系是没有参与的，他们就按他们的要求招进来了，我觉得这个不太合适，因为他们可能不能敏锐地捕抓到学术的特点，在学生交的材料里面，招办不好判断谁适合做××或者怎么样，他们不属于专业的人士。（PE-AD-FUP-12）

对于学校层级如何确定自主招生的规则及标准，受访者一般表示并不清楚，在具体执行过程中，仅有个别教授表示有参与过自主招生的面试环节。通常来讲，为了确保招生过程的公平，减少人情因素对于自主招生的干扰，招办一般直接打电话邀请各学院教授，且在面试之前"临时""随机"确定相应的面试教师。在面试过程中，据相关受访者的描述，面试教师并不知晓学生的学习经历以及所要选择的专业，因而只能问些"一般性"的问题，另外，由于临时组成面试小组，教师之间尚无默契且事先并无准备，面试过程中甚至出现抢着发问或者说不清楚问题等尴尬场面。而且，面试教师将打分表格递交招办后，并未跟进后续过程，亦未获得录取结果的反馈。

可见，大学自主命题、组织面试、确定录取标准的自主招生虽然获得了一定的合法性，被视为合乎情理的竞争优质生源的方式，但自主招生仅仅扩大了学校行政部门在招生事务中的自主权，教师群体仍被排除在决策过程之外，仅个别教授有机会参与面试过程，不过，由于面试教师并未参与之前的招生流程，亦未获得面试之后招生结果的反馈，因而虽然参与其中，但多数教师并未感知自己的参与影响了自主招生的过程及结果。

(二) 硕士招生夏令营

为竞争优质生源，个案大学部分院系近年一般于暑假期间举办招生性质的夏令营，旨在通过参观、报告、座谈、面试等交流活动，了解学生的专业兴趣、学科知识以及相应的科研能力，表现优秀者若能同时获得其所在学校的推免资格，则可以免除研究生入学考试，直接录取为相关院系的硕士研究生，若表现优秀者未能获得所在学校的推免资格，亦可在研究生入学考试中获得相应的优惠政策，如在同等条件下优先录取等。值得注意的是，B学院的个别院系亦举办了针对高中学生的夏令营，表现优秀者可获得自主招生的考试资格。

夏令营一般由院系自主决定是否举办，并负责具体的组织与实施，但需经过学校的"知情"，以获得相应的"支持"。通常情况下，学校并不干预夏令营的决策及执行过程，仅仅提供行政方面的协助，如安排外地学生的食宿、提供必要的活动经费、汇总并发布各院系的夏令营招生简章、负责学生的网络报名等。B学院由于规模较大，且各系之间较为独立，夏令营因而主要以学系为组织单位，A学院、D学院则主要由学院层级负责统筹与实施，而C学院的夏令营旨在促进学生之间的交流，并无招生的性质。

根据相关受访者的描述，各院系夏令营的决策过程基本类似，均由学术领导对夏令营进行整体规划，教师通常有机会参与各项活动的实施过程。其中，B学院的一位副系主任直接表示，该系夏令营的规划与组织主要由自己负责，具体执行过程则会"抓"一些教授和年轻教师共同参与。另外，其他学院主要由以院长、副院长、书记、副书记为主要成员的院务委员会共同讨论决定，据相关受访者的介绍，该院夏令营的举办首先由院长提出，而具体设计哪些活动、邀请哪些校外导师等决策，则由院务委员会讨论和协商后再予以确定。值得注意的是，学术领导对于夏令营的规划一般是在模仿其他院校做法的基础上，根据本专业实际情况做出适当调整。

> 应该说举办夏令营不是我们××大学的首创，其他学校比我们早，一个是我们看了别人做，然后我们也想做，人家已经做很多了，我

们也可以跟着人家一样做，但是我们还想做有自己特色的东西。（PA-AD-FUP-18）

教师通常并不清楚夏令营的决策过程以及整体的活动规划，对于这种做法，相关受访者表示，虽然"有必要"征求教师的意见，但是因为其他院校"都是这样做的"，夏令营是竞争优质生源的重要途径已成共识，教师倾向于认同此种新的招生方式，因而不征求意见"也没有问题"。不过，教师一般有机会参与各项活动的实施过程，如出席开幕式及师生交流会、负责相应的座谈或报告、参加学生的面试考核等，另外，部分年轻教师可能同时承担一些低层次的行政杂务，如接待学生、引导校园和实验室参观，以及在各自的母校发布夏令营的招生宣传等。在这种决策方式下，部分受访者表示唯有参与多次之后，方能"猜测"出学术领导的决策意图，至于具体的决策过程，多数教师表示并不知情。

> （夏令营的改革初衷）应该以前不清楚，后面做过一两次以后，大家就知道了领导是这个意思，主要是优化招生，优化生源。（MA-OT-FUP-28）

> （夏令营的决策过程）不知道，我就负责面试，领导通知我们面试，所以我去了，至于说他开展什么环节，我不知道，好像我们夏令营也是这两年才开始做的。（MA-OT-ACP-32）

值得注意的是，夏令营的参与教师及其各自负责的活动，一般由学术领导安排，并交由招生秘书通知和协调。据相关受访者的描述，D学院夏令营各项活动的实施，以及教师如何参与其中等工作一般交由副书记负责，对于此种做法，该院的教师给予了较大程度的理解，认为书记与教师各有工作重心，夏令营、社团、就业等活动类的事务可以由主管学生生活的书记负责，而教师则应该重点关注学生的学业表现。对于夏令营的参与，部分教师表示自己有被临时"抓过去"的经历：

> 前期工作我没参加，后来临时让我参与一点，具体情况我不是特别清楚，就是让老师跟学生聊聊……我记得我是替某位老师去的，

临时把我抓过去的,我就讲了讲我的思路……讲我们怎么来做学术,对于学术的一些态度,应该有哪些心理准备等。(ED-OT-FUP-03)

另外,B学院的个别学系刚刚成立不久,规模相对较小,因而该系的11名教师全数参与了夏令营的决策过程。一方面,夏令营并非学校或者学院下达的"行政任务",而是该系教师认为有必要举办,并迅速达成集体共识;另一方面,由于教师数量较少,而且彼此之间相对熟悉,因而夏令营的活动规划为全体教师在借鉴其他院校做法的基础上,依据本系专业特色讨论决定,具体实施过程中的任务分工,亦由教师之间共同协商而定。据一位助理教授介绍,该系的大小事务基本能做到全体教师共同参与及决策,不过一些较为重大的事务,系主任通常会有一些主导的意见,普通教师对其一般持肯定与信任的态度,认为系主任在决策方面比较"有经验"。具体分析后发现,该系"大小事务"实则多为学校或学院下达的任务,如该受访者在描述讨论过程时提到,系主任或副系主任一般首先会"通报"学院的诸多决策,而教师们的讨论多围绕如何执行此项决策以及具体操作过程中的任务分工。可见,除了夏令营,该系教师在多数事务上通常仅有参与而非决策权。

综上所述,硕士招生夏令营一般由相关院系自主决策与组织,通常情况下,学术领导负责夏令营的整体规划以及具体操作过程中的任务分工,教师往往仅有机会参与各项活动的实施过程,或者承担低层次的行政杂务。当然,在个别规模较小的学系,夏令营可由教师与学术领导彼此合作,共同决策,但与学术相关的其他事务,教师甚至学术领导仅仅享有参与和执行的权力,并未被给予较多的决策空间。

(三) 博士"申请-考核制"

个案学校的博士招生,历来采用"初试(笔试)+复试(面试)"的考核方式,不过自2013年开始,为了响应教育部等政府机构提出的"逐步建立博士研究生选拔申请-考核机制"的政策要求,个案学校选择部分院系试点"申请-考核制",在此背景下,A学院、B学院、D学院的部分学系依次试水新的招生方式。对于此次改革的缘由,相关受访者表示,主要是为配合政府机构以及学校层级的政策要求，不过，此次博士招生改革被认为更适合选拔符合专业需要的学生，因而受到多数院系的认可与支持，是一种主动与自愿的"配合"，而非强制规定下无奈的行为选择。

"申请-考核制"由院系自主组织，学校提供网络报名等行政协助，据相关受访者的介绍，具体的招生规则，如申请条件、考核内容、录取方式等通常由学术领导决定，其中，B学院、D学院由相关学系的系主任负责，而尚未设立具体学系的A学院则主要由副院长制定具体的申请及考核办法。值得注意的是，多数教师甚至院系的部分学术领导并不十分清楚申请-考核的具体流程，而且，相关受访者同时表示并不需要确切地知晓细枝末节，只要有人通知其何时需做何事即可，教师参与招生的重点在于利用自身专业知识选拔优秀的学生，而其他无关的事务则可交由学术领导和招生秘书等行政人员负责。

关于"申请-考核制"，虽然院系的做法各有侧重，但教师的参与过程基本类似，通常情况下，唯有博士生导师（以下简称"博导"），即具备招收博士研究生资格的教授方能参与其中。首先，博导可从申请者中筛选符合自己研究方向与旨趣的学生，并推荐能够参与面试的候选人；其次，参与候选人的面试及其他相关考核过程，博导之间一般共同讨论各候选人的基本条件和表现情况，最终的录取结果主要由导师在诸多意见和建议的基础上自主决定，据相关受访者介绍，只要招生的导师同意，考生基本都会被录取。

> （面试过程）大家会充分地交流看法，交流看法以后由招生的老师去判断……这个老师希望招什么学生，大家会对这个学生有各种各样的看法，由这个老师自己去判断。(ED-AD-FUP-01)

值得注意的是，B学院个别学系的年轻教师可能以非正式的方式参与"申请-考核制"的招生过程。据该系一位副教授介绍，实行新的招生方式后，部分考生可于假期加入导师的科研团队，该团队的其他年轻教师因而能够在合作过程中考查学生的基础知识和科研能力，并在正式招生时提出自己的专业意见。当然，最终的录取结果仍主要以导师的意见为主，但该副教授同时表示，年轻教师与博导之间在判断学生科研潜力的问题上并无分歧，而且对于新的招生方式亦给予了较大程度的认可和支持。不过，其他院系的普通教授以及年轻教师尚未参与博士生的招生过程,而且诸多受访者表示并无参与其中的意愿,主要原因在于自己尚无招收博士研究生的资格,"申请-考核制"与自己"没有关系"。

> 我觉得(博士招生)跟我没关系,可能我是比较消极的,我觉得跟我没多大关系的事情,我不太喜欢参与。(PA-OT-ACP-23)

由此可以看出,"申请-考核制"的改革虽由学校层级推动,但却受到多数院系的认可与支持。新的招生方式通常由相关院系的学术领导制定考核及录取规则,具备招生资格的博导可参与学生筛选、考核等关键招生过程,并可自主选择符合自己需求与标准的学生,也就是说,在新的招生方式中,博导既参与了招生过程,又可影响最终的招生结果。不过,除博导外,其他普通教授和年轻教师尚无较多参与机会。

二、教师的内化过程

尽管个案学校在政府机构的政策要求下,不断试水新的招生方式,但高考、"初试(笔试)+复试(面试)"仍是选拔本科学生以及硕士、博士研究生的主要手段,其中,夏令营主要针对具备推免资格的成绩优异的少数学生,"申请-考核制"尚处于试点阶段,并未全面普及,自主招生甚至仅为加分的手段,并非独立的招生方式。因此,本小节分别探讨教师对于传统以及新的招生方式的内化过程。

(一) 教师对传统招生方式的内化过程

传统的高考、"初试(笔试)+复试(面试)"的招生方式经由代代相传已被视为理所当然。其中,"理所当然"一方面意味着这些招生方式已在较大程度上为教师所接受与认可,甚至并未意识到其他方式的存在(Scott, 2008);另一方面,"理所当然"同样意味着以此类方式招生已成为各院系日常生活的惯常之事(Berger & Luckmann, 1966),也就是说,以硕士、博士研究生招生为例,相关命题、面试的组织业已获得较为稳定的流程及规则,成为各院系的常规活动之一，教师亦倾向于认为参与其中乃日常工作的一部分（Goodman et al., 1993）。

首先，高考由国家统一组织考试，继而由政府招生机构与个案学校的招办在高考分数的基础上协商学生的录取事宜，教师虽未参与其中，却倾向于认可此种招生方式。相关受访者表示，在人情、请托、关系等规范与伦理被无限放大的社会，刚性的统一考试以及建基其上的招生方式能够最大限度地保证公平；而之所以由学校层级负责高考录取事务，据相关受访者的观察，主要原因在于相对于院系学术领导，校级领导更难以与请托之人接触。

> 学校这样做有一个好处，客观来讲，更公平一些……比如说能找到学院领导的人太多了，找到学校领导的（不太容易），我个人认为，这样更公平。（PA-OT-FUP-21）

不过，正是由于刚性的分数要求，以及招生事务的政府及学校垄断，多数教师平时并未关注或与同事讨论本科招生事宜，当然，个别教师认为高考只能培养"考"生，选拔"刷题机"，院系以及教师的参与更能筛选符合专业需要的人才。但其他多数教师认为此举不妥，一方面，院系及教师的参与往往涉及高昂的行政成本；另一方面，诸多受访者也对人情之事表示担忧，并认为高考的选拔标准统一、客观，教师"没必要"参与其中，招生方式如需改革，宜考量诸多实际问题。

> 像统招（高考）的话老师是没必要参与的，评判标准是很统一很客观的……我们有这么多个学院、这么多个系，要让每个系、每个专业都自己组织一个招生的队伍去面试，那得是多庞大的一件事情，这个自主招生的行政成本得有多大，所以我觉得，其实都只是一个权衡而已，但是我们想尽量做得更公正、更合理、更规范化，但同时又要考虑各种实际的问题。（MA-OT-ASP-33）

其次，"初试（笔试）+复试（面试）"的方式仍然为选拔硕士、博士研究生的主要手段，其中，除政治、英语外，各院系教师一般可参与专业课程的命题、改卷以及面试环节，据有过参与经历的受访者描述，教师并未试图思考或诠释其参与的行为，也不曾想过就相关问题与同事或学术领导沟通。如A学院的一位助理教授表示，参与命题及面试环节是很"正常"的事情，并未试图给予其基于学理的思考和判断。

> 我没有从学理上判断过它，我就是这么过的……你在研究这个问题，所以你会去关注它，去思考它，去判断它，我们天天自己工作的事有很多，没有空去考虑这个事。(ED-OT-ASP-08)

对于新教师而言，参与其中多被视为领导分配的任务，或者对于学院的服务，如无特殊情况，一般不可拒绝，而且，由于自身同样经历过此种招生过程，对其并不陌生，因而无需特别的学习过程。

（二）教师对新的招生方式的内化过程

自主招生、夏令营、"申请-考核制"等新的招生方式的内化过程同样值得关注，具体来说即教师对其有何感知和态度、教师参与其中的意愿及其原因、教师所抱持的期待等。其中，本科自主招生一般由校级招生机构全权负责，教师很少能够参与其中，因而大部分受访者表示并未思考或关注过相关事务。

对于夏令营、"申请-考核制"等新的招生方式，教师一般并未参与决策过程，而是学术领导决策后以邮件、全院大会等形式进行通知，事实上，部分受访者表示，自己更多的是通过学院网页、与行政办公室的工作人员或者课题组较为资深的教授闲聊等非正式方式得知各种新的招生方式，个别教师甚至在招生秘书通知其参与部分环节时才第一次听说夏令营或"申请-考核制"等相关改革信息。更有甚者，C学院的一位副教授表示，自己是因为其他学校的教师向其"打听"夏令营时才知晓其所在学院已经决定实施这种新的招生方式。

关于夏令营，多数受访者认同其为竞争优质生源的重要方式，并表示愿意参与其中，以提前了解甚至挑选自己认为具有科研潜力的学生。对于学术领导规划活动方案，组织实施过程，普通教师仅有机会参与部分环节，年轻教师甚至只能承担低层次行政杂务的决策方式，多数受访者并未给予过多的关注和期待，亦不曾意识到此种方式有何不妥，或者试图思考有无其他更为合适的决策方式，而且个别教师倾向于认同此种做法，认为必须要先有一个"张罗"的人，才能顺利开展后续工作。

博士"申请-考核制"不再将学生的科研潜力与考试成绩挂钩，而是重点强调招生导师在考核过程的全面参与，以及录取结果的自主判断，被认为扩大了导师在招生中的主动权，受到多数受访者的认可和支持。对于博士生导师而言，"申请-考核制"更能筛选符合专业以及自己科研团队需求的学生，因而乐于参与其中，D学院的一位教授详细解释了这一状况。之前"笔试+面试"的考核方式由学院统一组织，重点考查"经济学"的相关理论，参加考试者多为管理专业的学生，而自己所在学系需要的却是懂得"运筹学"以及"数学"的学生，实行"申请-考核制"后，该系的选择范围扩大至数学专业、计算机专业甚至物理专业的学生，而这些学生更符合该教授认为的专业需求。对于年轻教师而言，虽然尚未给予参与的权力，但仍倾向于认可新的招生方式对于博士生源质量的保障，而且并未表现出较强的参与意愿。据相关受访者的描述，其主要原因在于自己没有招生资格，不对博士生的培养负有责任，因而没有参与的理由。另外，部分受访者亦认为年轻教师与资深教授在评判学生科研能力的标准方面并无二致，因而，年轻教师是否参与并不十分重要，而且资深教授由于"资历"深厚且经验丰富，被认为更适合参与博士招生过程。

> 我们为什么没有这种希望要参加，因为我不对他负责任，他毕得了业毕不了业，最后是那个博士导师来负责任……我们对参与这个事情，也没有多大动力，但是我们当然希望他招个很强的人跟我们一起工作，然后对这个组的工作是个推进……（PE-OT-ACP-14）

对于这种由学校提出改革要求，院系学术领导负责整体的招生改革方案，博士生导师参与实施过程的决策方式，多数受访者同样并未在意或试图思考，其原因在于，教师对于"申请-考核制"的改革没有较大程度的分歧，因而只要实施过程顺利，能够选拔符合专业需要的优质生源，具体的决策和组织方式，普通教师是否参与其中便无关紧要了。

对于新的招生方式，受访者主要抱持两个主要期待：其一，招生数量不再受到学校行政部门的限制，事实上，即使实行了新的招生方式，每年的招生数量仍由学校招生办公室决定，并在未说明决策缘由的情况下进行相应的分配，部分受访者表示希望学院能够获得根据生源质量调整招生数量的空间；其二，部分受访者表示希望招生过程可以不受人情等非学术因素的干扰。A学院一位副院长以及C学院一位副书记均表示，申请-考核制有利于选拔优质生源，但最大的担忧便是"顶不住"人情的压力。不过，也有受访者对此持较为乐观的态度，并认为理由主要有三：其一，博士生毕业标准和程序日趋严格，学生质量对于导师而言至关重要，降低了迫于人情压力而随意招生的风险；其二，个案学校最近规定教师每招收一名博士生，需提交2万~7万元不等的课题经费，这也迫使各导师严格把关学生质量，对于人情请托"不顶也得顶"；其三，相较于以前，现在的人情已有"质"的不同，来自朋友或领导的请托不再必须应允，而是可以斡旋和拒绝的，这种请托不是为了"跟你过不去"，而是同样迫于人情压力的随意嘱托而已。

> 比如说我的领导跟你说了，或者我的朋友跟你说了，我不说呢人情上过不去，我跟你说呢，就是跟你说过了而已，也不会逼你一定要招，招不招你自己看着办吧，你不招呢他也不见得就生你的气，大概就是人情，反正就是说一下……现在实际上大家都明白这个道理。（ED-AD-FUP-02）

综上所述，高考、"初试（笔试）+复试（面试）"等原有招生方式经由代代相传已被视为理所当然，考核环节的组织成为各院系的常规活动之一，教师亦视其参与为日常生活的一部分，并未试图思考、诠释甚至在意之。对于夏令营、"申请-考核制"等新的招生方式，教师多持认同的感觉和态度，另外，对于学术领导规划招生改革方案，组织、协调具体实施过程的决策方式，教师一般并未给予过多的关注和期待，甚至并未在意或思考过此种方式是否妥当，有无其他更好的选择等问题。可见，尽管招生方式有所变化，但决策的权力依然掌握在学术领导的手中，而且这种决策方式已为教师所接受，并被视为理所当然。

第二节 招生事务决策方式的稳定及代代相传

一、本科招生方式的稳定及代代相传

我国大学于1952年进入高考时代,实行统一招生考试,自此之后的半个多世纪,均由政府统一规定考试日期、科目、招生人数、考核及录取规则,并在笔试成绩的基础上统一分配学生,通常情况下,各大学均由校级行政机构,即招生办公室负责与政府相关机构沟通接收学生事宜,个案大学亦是如此。虽然自2003年开始,部分大学包括个案学校陆续获得了自主招生的权力,但此方式的招生人数仅占历年招生总数的5%,而且即便获得了自主招生的录取资格,考生仍须参加高考。可见,由政府机构统一组织考试、统一分配学生,校级行政机构负责安排录取工作的招生方式,自1952年起一直延续至今。

经过近60年的发展,高考已演变为较为成熟的制度,其中,考试及录取由政府机构统一组织,并以笔试成绩和考生志愿为分配学生的主要标准,招生规则客观、明确,非与个人好恶相干。另外,相关政策文本❶显示,政府机构不断规范具体的运作流程,强化招生工作的透明性,于2003年试点"阳光工程",一方面提前公示招生信息、政策、录取分数线、录取名单等,另一方面曝光并严厉打击违规或暗箱操作等行为。高考制度同样受到多数受访者的信任,认为其提供了公平竞争的平台,个别教师虽认为应该增加具体院系及教师的参与机会,但同时也对人情、请托之事感到担忧。不过,对于自主招生,受访者却多有微词,认为自主招生的录取标准包括学生的高中学习情况及面试表现等较为弹性的因素,个别教师虽有机会参与面试环节,却并未被

---

❶ 详见《教育部关于深入实施高校招生阳光工程的意见》(2011年)。

给予面试结果的反馈以及自己专业意见对于录取结果的影响,并认为学校行政部门分配招生名额、组织考核及录取工作,在招生过程中的权力过大。

> 国内学校招生办的权力是非常大的,名额都是在它手上,它怎么分是由它决定的……之前有的学校招生办也出过大事情。(MA-AD-FUP-26)

另外,高考已然沉淀为一种文化,分数面前人人平等的理念暗含以考试的方式公平竞争之意。事实上,这一规则或者说信仰源自隋唐时期便已初具雏形的科举制度,自古"家贫、亲老,不能不望科举",历时 1000 多年的科举制被认为最大限度地降低了钱权、阶层等因素的影响,是一种以"才"取"材"的选拔方式。高考建基于此种理念之上,同样由国家统一组织招生考核,并以刚性的分数作为录取的主要标准,旨在为社会各阶层考生提供公平竞争的机会。事实上,无论是考核及录取规则、决策及组织方式,高考无一不受传统科举制度的影响,在人情、关系之风甚浓的社会,刚性的分数要求被潜移默化为衡量公平的重要标准。

总而言之,高考自创建之日起便深受科举制度的影响,经由半个多世纪的演化,已成为较为稳定、客观的选拔人才的制度,主要表现为考核以及录取的规则具体、明确,运作过程同样受到多数教师的信任,认为其为学生提供了公平竞争的平台。而且,高考已然沉淀为一种文化,以刚性的分数作为录取标准的做法被多数教师奉为"至公"的重要体现。另外,自主招生虽已获得稳定的运作流程,其对于竞争优质生源的价值亦获得较大程度的认可,但自主招生在运作过程中的公平性,尚未得到教师群体的认同。

二、研究生招生方式的稳定及代代相传

硕士、博士研究生自 20 世纪 80 年代开始便已实行"初试(笔试)+复试(面试)"的招生方式,个案大学亦复如是,多位教授及年轻教师均表示,自己同样经历此种招生方式才得以入学。其中,硕士招生一般由政府机构统一组织政治理论课和外语课的命题,各大学负责专业课程的命题及面试环节,

不过，自 2007 年起，教育学、历史学和医学三个学科的专业课程测试改为全国统一命题、统一考试、统一阅卷❶。据个案学校 A 学院的相关受访者表示，由于统一考试入学的学生质量未如预期，教师的反对声音较大，该学院近几年又改回自主命题；博士招生由大学招生办公室依据国家政策统一规定招生数量、考试科目及录取标准，相关院系负责具体执行，主要表现为自主组织笔试、面试环节。值得注意的是，除了"初试（笔试）+复试（面试）"的做法自 20 世纪 80 年代开始一直延续至今外，教师参与其中的方式亦未发生较大程度的变化，以下具体论述之。

（一）硕士招生方式的稳定及代代相传

通常来讲，硕士招生的专业课程命题主要由学系具体组织，其中，除个别学系的教授参与命题环节外，多数学系均将此环节交由年轻教师负责。据 D 学院一位教授的长期观察，专业课程的命题被认为是"没有意义"的事务性工作，教授们一般"懒得理"，因而通常以工作忙为借口回绝学术领导的请求，而"小年轻们"则无法轻易拒绝，其他年轻的受访者亦有类似表示，认为命题这种"体力活"，教授一般"看不上"，不愿意参与其中。

专业课程命题的具体组织，C 学院一般由院领导确定命题教师，并主要挑选相应的任课教师，比如，据该院一位教授的介绍，"中外××思想"的命题工作主要交由"中国××思想史"和"外国××思想史"两门课程的任课教师负责。其他学院基本由系学术领导以"任务"的形式确定命题教师，如 A 学院的受访者表示，该院的命题工作由各下属研究所的所长负责，而这种"活儿""派"给所长后，所长通常选择将其分配给年轻教师。另外，这种确定命题教师的方式一般为传统做法的延续，甚至部分学系的命题教师亦无较大程度的变化，如 D 学院的个别学系由一位资深的副教授常年负责命题工作，据该副系主任介绍，在其入职前便已是此种做法，并表示自己不太清楚具体的决策者，以及做此决定的主要考量。

值得注意的是，专业课程命题必须遵照学校招生办公室制定的"考试大

---

❶ 详见《教育部关于 2007 年改革全国硕士研究生统一入学考试部分学科门类初试科目的通知》。

纲"，可见，院系虽然能够在一定程度上结合专业特性和要求拟定试卷，但尚未真正享有命题的自主权。而且为了确保命题环节的公平性，招办通常规定各系提供多套考题组成题库，并由招办从中随机抽取部分考题形成正式考卷，而且，改卷亦由招办统一组织，各院系教师一般在同一时间同一地点批改各自院系考生的试卷，不可私自将其带出阅卷地点。

初试结束后，一般由学校招办划定复试分数线，并确定进入复试环节的学生名单，各院系继而自主组织这些学生的面试环节。面试一般包括考生自我学习经历及科研成果的介绍，以及师生之间针对专业知识、英语能力等方面的问答环节，有受访者表示，这种面试的形式并未出现较大变化。至于面试内容及形式的确定，A 学院的一位教授表示，最早由负责招生事务的副院长确定整体基调，要求面试教师重点考查考生的专业基础、综合时事知识等，而该套做法也一直被沿用至今。

> 原来负责硕士招生的老师的意思是问专业，就是看看学生专业基础怎么样，问时事呢，就是看看学生脑筋开阔不开阔，是不是死读书类型的。(ED-OT-FUP-03)

对于面试学生的表现，教师一般以打分的形式予以评价，据多数受访者的描述，在打分之前，教师通常会进行较为简单的交流，个别学系采取直接打分的形式，其主要理由为这种交流会影响教师的个人判断。事实上，按照学校招办的规定，一般以 1 : 1.2 的比例确定面试学生名单，也就是说，若计划招收 10 名学生，则按照笔试成绩由高到低的排序，选择前 12 名进入面试环节，这样的做法使得考生的淘汰率较低，教师之间通常并无较为激烈的讨论过程。对于学生的面试表现，教师的意见基本一致，并未出现较大分歧，若存在不同的看法，面试教师一般能够基于自己的专业判断进行独立评分。

> 大家交流完之后，你可以有自己的评判，你把你自己的评判写上去就是了，在这个交流过程当中，会不会彼此产生影响，我相信会有，但是有多大，我觉得也不是很大，不同意见的话，大家就各自把不同的意见写上去。(MA-OT-ASP-33)

面试后，教师一般将各自的打分表格交给招生秘书或部分协助处理行政事务的年轻教师，由其计算平均分，并综合考生笔试成绩，按照学校规定的计算方式，依据成绩高低拟定录取名单，最后由学校招办给予程序上的批准，教师一般并未关注后续的行政程序以及最后的录取结果。对此，有受访者表示，其原因一方面在于时间和精力的限制；另一方面在于后续程序有相关制度的保证，自己仅需准确判断学生的科研潜力，尽量保证面试环节的客观和公正。

面试环节的教师参与，据部分受访的学术领导的描述，除非存在上课、外地出差等客观原因，否则其尽可能要求所有教师参加，但亦有受访者表示，教授群体尤其是资深教授一般仅关注博士研究生的选拔，因而实际上参与硕士招生面试的，尤以年轻教师为主。不过，B学院和D学院的个别学系，仅副教授以上的教师可以参与面试过程，助理教授仅能够承担低层次的行政杂务，如"招呼"学生、布置或整理面试会场、录音、计算平均分等。而且，这种做法似乎已成为这些学系的潜在规则，如D学院的一位副教授表示，自己刚入职时主要承担以上所述之事务性工作，待晋升副教授后，这些工作则转交给新的助理教授。

据受访者反映，面试教师一般由院、系学术领导确定，并由招生秘书负责时间、地点等具体事务的安排，亦有受访者表示，面试环节的沟通工作，包括面试教师的确定可能仅为招生秘书的个人决定，学术领导并不会理会此类琐事，对此，不同的教师表现出截然不同的态度。其中，多数受访者认为，面试期间工作量较大，学系或者学院几乎所有老师均要参与其中，个别规模较小的学系甚至需要向其他学院"借"教师，因而，在面试教师的确定环节，不存在招生秘书把控参与机会，或垄断参与决定权的现象，更多的是由招生秘书沟通有意愿且有时间参与其中的教师，至于面试各个具体环节的安排，亦更多地被认为是招生秘书的分内工作，并无不妥之处。

我们这个（面试教师的确定）都是随机的，因为老师都挺忙的，有很多在外面可能有事儿，有时候并不能找到人。不存在说我可以选择谁来……我们系的老师呢……我们一共才二十来个老师，还要

> 分成两组……有的老师下午还有课，可能还有其他事儿。我自己并没有感觉到这是秘书的一个权力。(MA-OT-ACP-29)

不过，个别受访者对此则有着完全不同的理解，认为招生秘书负责面试的整体安排，教师仅能依赖其"通知"参与此中的做法，是一种权力的错位。例如，D学院的一位教授在抱怨招生秘书权力过大时，其理由主要为面试及改卷教师的确定，以及面试后学生分数的计算等均由招生秘书负责，而且招生秘书由院长直接任命，也被解读为学院对于学系权力的回收。可见，部分教师混淆了"治理"与"行政"的含义，"治理"主要指决策本身，即关于是否以及如何做某事的决定，而"行政"则强调通过实施具体的程序，达成决策后的结果（Middlehurst & Teixeira，2012），招生秘书"安排"的仅仅是面试过程的行政程序，并未享有制定面试规则的权力，事实上，这种招生事务的决策权主要集中在学校招办，普通教师甚至院系学术领导通常只能参与具体的实施过程。

> 举个例子，比如研究生面试派哪些老师去，每年博士或者硕士研究生入学修改试卷的老师，都是行政人员定的……研究生要不要录取，分给哪个导师，都是他们给定的……副科长（即招生秘书）是院长任命的。(MA-OT-FUP-27)

值得注意的是，对于招生秘书负责计算分数、拟定录取名单的做法，受访者大多表示信任，并认为各位面试教师的打分表格均会完整保存，是有据可查的，这种程序上的保证，即"查分"机制可确保招生秘书不会肆意乱为。而关于导师的确定，据其他多数受访者的介绍，实乃学生与导师双向意愿的协调，招生秘书主要负责具体的协调工作，而并非直接或强制地为教师分配学生。

> 像你刚才说的这个统分，秘书是不可能随便给分的，我们有查分机制，只是一般不去查而已。谁给多少分，这个是有底的，是有程序的。一旦被人揭发出来，这个风险是很大的，他是要承担责任的，所以在这个事儿上我觉得秘书的权力应该没有人们说的那么大

吧。(MA-OT-ACP-29)

我们没有必要把这种行为当成一个事情来分析，为什么？很简单，秘书就负责行政工作，学生申请完了以后，给学生分配老师，仅此而已……他们做事情还是按照规章制度的，没问题……老师跟学生之间是双向选择的，如果把这个学生分配给我，我不想要，也是可以的，或者说我要了，学生不愿意跟我，也是可以的，就因为这是双向选择，怎么分都不会有问题，谁不满意都可以调。(MA-AD-FUP-26)

由此可见，硕士招生一般由学校行政机构制定招生政策，相关院系负责具体执行。在院系层面，无论是专业课程的命题，还是面试过程的参与，均主要由学术领导沟通和确定相应的负责教师，并由招生秘书协调时间、地点等具体的安排，其中，硕士招生通常以年轻教师为主要参与群体。值得注意的是，尽管教师可以通过面试以及专业知识命题等环节，表达自己对于学生表现的专业意见，但进入复试的学生已然经过英语、政治理论等国家统一考试的筛选，专业知识的命题亦需要遵照学校行政机构制定的"考试大纲"，而且，学生的录取同样需要严格执行学校行政机构规定的相关规则，可见，教师在硕士招生过程中，虽然参与了部分环节的实施，但并未真正享有自主考核与自主录取学生的权力。与此同时，若国家招生政策以及学校层级学术领导的"意志"维持不变，则招办等行政部门的工作人员基于工作便利的考量，亦乐于维持传统的招生规则，学院层级学术领导在实施过程中同样倾向于因循原有做法，以最大限度地降低行政杂务对自身工作的干扰，普通教师则已然接受此种决策方式，通常并未思考甚至意识到其中的不妥，由此，传统的招生方式及其实施过程经由反复运作，已经较为稳定。另外，部分教师混淆了"治理"与"行政"的概念，简单将行政程序的安排等同于决策权力的垄断。

(二) 博士招生方式的稳定及代代相传

"申请-考核制"作为一种新的博士招生方式，尚在试点阶段，自20世纪

80年代便开始采用的"初试（笔试）+复试（面试）"的做法仍为主要的招生方式之一，而且，据B学院的一位副系主任的观察，即使试行"申请-考核制"，面试环节与之前的做法并无较大的差异。传统的博士招生，各院系一般可自主组织专业基础知识的命题以及随后的面试环节，而学生综合素质、英语能力的考核则由学校招办组织相关人员统一命题，据悉，综合素质部分一般委托人文社会科学类院系的教授轮流命题，而英语能力部分则通常交由公共外语教学部的教师负责。

无论是专业基础知识的命题，抑或面试过程的讨论、录取结果的确定，均以博士生导师为主要参与群体，普通教授及年轻教师一般并无较多参与机会。不过，B学院和C学院的年轻教师可能以"秘书"的身份参与面试环节，并主要负责录音、分发相关材料、汇总讨论意见、处理各种突发状况等行政杂务，另外，个别年轻教师尤其是有过海外求学经验、英文能力较高的副教授及助理教授亦可能有机会参与面试过程，不过其仅负责考生英文能力的考查，一般并不参与针对其专业基础、科研潜力等表现的讨论。值得注意的是，有受访者表示，若个别博导因突发状况无法到场，可选择委托副教授代其参与其中。

关于专业课程命题教师的确定，各院系的做法基本类似，均主要由学院层级的学术领导讨论后决定，事实上，该命题教师并无较大变化，一般均为常年负责笔试命题的教师。不过，C学院为最大限度地降低人情因素对招生过程的干扰，选择临时、随机抽取的方式，以防止考生私下接触命题教师并寻求"辅导""透题"的可能性。该院一位教授甚至曾碍于人情压力而拒绝负责命题环节，并表示自己并不清楚历年负责命题的教师及其决策过程。

> 我们笔试出题都是不固定的，而且不能够让学生知道哪个老师出题，都是临时定的……（不然）学生肯定都会找该研究方向的老师，所以笔试出题我们基本上都没有非常明确说今年谁出，明年哪一个出，都是学校快要说出题了，我们临时定，这样谁也找不着出题的人……所以我经常很清楚地告诉学生不用问我考什么内容，我不知道我今年会不会出题。（PA-AD-FUP-18）

与硕士招生类似，博士研究生笔试后，同样由学校招办确定复试的分数线及进入复试的学生名单，各院系继而组织名单中考生的面试过程。一般情况下，面试过程同样以打分的形式评价学生表现，不过，据相关受访者的观察，进入复试的考生通常按照研究方向分配给相应的博士生导师，而最后的录取结果一般以该导师的意见为主，各面试教师的打分亦可能因招生导师的意见而进行相应的调整。

> 在博士生面试中，基本上都是以博导为主，因为你直接面试的这些学生，有可能以后就是跟着你做研究的人，你自己满不满意是最关键的。像去年我们有个学生成绩考得也还不错，但他的导师特别不满意面试，所以我们后面就没招他，因为他导师提出来，这个学生不是很符合他的要求。（PA-AD-FUP-18）

综上所述，博士招生通常由学校行政机构统一规定申请条件、考核方式、录取标准等具体规则，院系主要负责专业课程命题及面试环节的组织。通常情况下，学术领导沟通和决定各个环节的参与教师，并由招生秘书负责时间、地点等具体事务的安排，博士生导师为主要的参与群体，并可自主决定录取的最终结果。与硕士招生类似，进入复试的学生同样经过了英语、综合素质等学校统一考试的筛选，而且院系的招生名额亦由学校招生办公室统一分配，可见，教师在博士招生过程中的自主权依然受到一定程度的限制。值得注意的是，无论是学校的招生政策，抑或院系的决策方式，均较大程度上由于国家招生政策、学校层级学术领导"意志"的稳定，以及行政部门工作人员、学院层级学术领导基于工作便利的考量而得以持续沿袭。事实上，若学校层级学术领导意图维持原有招生方式，学院层级的学术领导即使试图尝试新的做法，也并无相应的自主空间。

三、教师对自身参与的诠释

对于自己在招生过程中的参与，大部分教师尤其是年轻教师多认为是完成学术领导分配的任务，或者是学院行政事务的分担，不过，仍有不少教师尤其是资深教授认为，自己的参与主要是挑选符合其标准和需求的学生。

(一)"任务"及"义务"

对于本科生的招生，个别教授有机会参与自主招生的面试环节，不过，由于教师并不知晓之前的招生流程，亦未获得面试之后结果的反馈，因而面试过程的参与被认为"纯粹是尽义务"。另外，学院层级硕士研究生命题及面试环节的参与，亦为多数教师尤其是年轻教师视作"任务"的完成，或者是对于学院行政事务的分担。

> 我把它当成一个任务了，并不是说需要你这样的教授来把这个事情做得最好，当然他们（学术领导）是怎么权衡的我不懂，反正把我找去了以后，我就觉得这是个任务，我把这个任务认真完成……（MA-OT-FUP-28）

在博士招生过程中，年轻教师往往被排除在专业基础命题以及面试环节之外，仅能以承担低层次行政杂务的方式参与其中，因而，多数年轻教师认为自己在招生过程中"完全是一个行政角色"，既未被给予招收博士研究生的权力，也不能参与正式的选拔过程。不过，年轻教师也并未表现出较为强烈的参与意愿，部分教师甚至认为限于自身工作经验，以及尚未具有招生资格，因而"不应该"参与其中。

(二)"筛选者"

在博士招生过程中，教师更多地将自己诠释为"筛选者"，即希望通过面试，了解学生的整体水平，并从中挑选符合专业标准与要求的学生。一方面，博士研究生的毕业标准及程序日趋严格，且根据学校政策，导师每招收一名博士研究生，需提交2万~7万元不等的课题经费，因而教师日益重视学生的知识基础及科研能力；另一方面，博士研究生的录取结果主要以导师的意见为主，这也使得教师能够以更为积极的态度参与其中，挑选自己较为"中意"的学生，而非仅将其视为"任务"或"义务"。

由此可见，博士招生过程的参与，尤其是面试的参与，多因能够自主决定录取的学生而被视为选拔优质生源的机会，而本科生和硕士研究生的招生方式多重视客观程序，以最大限度地降低人情因素对于招生过程的干扰，这种忽视教师个人选拔意志及标准的做法，也使得教师多将其参与视为"任务"的完成，或者学院行政事务的分担。

四、教师的应对方式

对于学校招办根据国家政策制定招生规则，统一申请条件、考核办法、录取标准，并分配招生名额、划定复试分数线及各院系进入复试的考生名单等做法，尽管部分受访者，包括个别学术领导均认为招办工作人员并非专业人士，且"笔试+面试"的考核方式并不能真正选拔符合专业需求的学生，但由于学校已有具体规定，自己"也没办法"，只能选择"配合"。

另外，关于具体招生环节的参与，如学校邀请部分教师参与自主招生的面试，或者学院分配的参与命题或面试的"任务"，副教授以上的教师群体一般能够以工作较忙等理由委婉"拒绝"，多位受访者均有提及类似经历。不过，对于助理教授来说，即便是负责录音、布置面试会场、招呼学生等行政杂务，若无上课、外地开会等客观存在的特殊情况，一般不会轻易拒绝。

由学校招办统一制定招生规则、分配招生名额，且以"笔试+面试"的方式选拔博士研究生的做法受到教师的颇多微词。这种对于招生方式的不同意见，教师通常选择与其所在院系的学术领导进行沟通，或者将意见反馈给招生秘书，再由招生秘书反映给学校行政部门，不过，教师一般并不会得到学校行政部门的反馈信息，而且长期的"家长式"决策方式，使得学院层级的学术领导已经习惯"听命"于校级学术领导的"指示"，若无极其特殊的状况，一般不会拒绝或反对，事实上，据相关受访者的观察，其所在学院的学术领导面对教师的不同意见，确实多表示"没有办法"。

值得注意的是，D学院的一位教授试图直接与校长联系，并将自己对于招生方式以及研究生培养的意见，如取消博士生导师的遴选，以及废除"笔试+面试"的招生方式等，以邮件的形式反映给校长。据该教授反映，校长将此邮件转发给负责研究生培养事务的副校长,并委托副校长专门接待了自己。对于此次会面的经历,该教授直言"非常遗憾",认为副校长仅仅是"应付一下而已",整个过程更像是"走过场","根本没必要来"。首先,该教授并未被给予详细说明自己改革方案的机会,整个过程"基本上没有让我说多少话",其与副校长之间并未进行充分的交流;其次,副校长在未与其充分交流的情况下,直接否定了该教授提出的改革方案,且并未详细说明否定的理由;最后,副校长甚至误认为该教授提出自己的改革方案,是为了获得个人利益的实现。据该教授的分析,副校长之所以如此回应自己的不同意见,主要是怕"没面子",是接受教师意见等同于无能的思想在作祟。

> 他的行政化导致了他(领导)是既得利益者……在这种情况下,他一方面要走样子,需要老师提一些意见,但他又不需要你提更多意见,因为你提意见多,他采纳你意见的话,他觉得没面子,显得他无能。他这个思想应该要改掉……不会存在这个问题……群众是帮助你,绝对不是想逾越你,起码我不是这样的。(MA-OT-FUP-28)

另外,该教授认为自己是出于"关心"才会提出意见,而且自己的意见仅为建议和参考,并未想过要求领导必须采纳,不过,尽管自己的想法可能不太成熟,也必须得到领导的尊重和严肃对待,否则将无人再关心学校的大小事务。

总体而言,对于学校行政部门制定招生规则,院系负责具体执行的做法,受访者多表示"没有办法",并选择"配合"的应对方式,部分教师试图通过与院系甚至学校学术领导直接沟通的方式,反映对于现有招生方式的不同意见,但通常较少能够得到反馈或认真对待。不过,对于院系层面招生环节的具体实施,副教授以上的教师群体一般可以选择不参与,而助理教授则往往不敢拒绝学术领导分配下来的任务或者低层次的行政杂务。

第三节　招生事务决策方式的惯性特征

相较于以前，本科、硕士以及博士研究生的招生方式经由长期发展演变，已在诸多环节出现较大变化，不过，这种变化仅为部分考核形式的调整，总体的招生方式，及其具体的决策过程仍然呈现出较大的稳定性，以下分而论述之。

一、招生方式的调整空间

（一）本科招生方式的调整

自 20 世纪 80 年代以来，高考在考试科目、内容、次数、时间、命题方式等多方面进行了改革，但大部分均为技术和形式方面的调整，如陆续实行网上阅卷、网上录取，更改考试时间，探索"3+X"的考试科目改革等，但统一考试、统一录取始终是选拔本科学生的主要方式。不过，全国统一命题的弊端日益显现，其中最为人诟病的便是忽视教育资源的地域差异，因而，继上海市于 1985 年探索单独命题后，高考开始由全国统一命题改为分省命题，虽然命题机构由中央考试部门调整为各省级考试部门，但统一命题的考核方式并未有所改变。另外，我国大学多次尝试将学生的高中学业表现及综合素质评价纳入录取的标准体系，但就目前情况来看，考试成绩仍为录取的硬性标准，其他因素仅为参考而已，而且大学由行政机构负责历年的学生录取，并将其分配至相关院系的做法也不曾有所调整。

自主招生作为新的招生方式，自试点以来便由学校行政部门全权负责，包括制定招生规则、组织招生过程、确定录取结果等，尽管考核内容、形式等方面有所调整，但院系及教师始终被排除在招生的决策过程之外，尽管个别教师可能参与部分环节，但并未获得结果的反馈，亦不清楚考核、录取的具体规则及其决策过程,因而多数教师并未感觉自己的参与影响了招生的过程及结果。

由此可见,对于高考而言,无论其考试内容、形式、机构如何调整,统一命题、统一录取的选拔方式仍具有较大的稳定性,尽管自 2003 年开始,部分大学陆续获得自主招生的权力,但此方式的招生人数仅占历年招生总数的 5%,可见,高考仍为选拔学生的重要手段。关于自主招生,由学校行政部门制定招生规则,统一组织招生过程的做法也自试点之初,由于国家招生政策及学校层级学术领导"意志"的稳定而一直沿用至今,院系及教师很少有机会参与招生过程,更难以影响最后的录取结果。

(二) 硕士招生方式的调整

"初试(笔试)+复试(面试)"自 20 世纪 80 年代开始便是硕士招生的重要方式,据多数受访者的观察,这种招生方式最大的调整便是面试环节所占的比重逐渐加大,其他环节包括教师参与其中的方式均未出现较大变化。其中,政治理论及外语课程的命题仍由政府机构统一组织,教师一般可在院系层面参与专业课程的命题及面试环节,而且,命题及面试的内容和形式,确定参与其中的教师名单的决策过程皆较大程度上由于学术领导之于工作便利的考量而得以沿袭传统做法,甚至各个环节历年的负责教师亦未出现较大的调整。

> 现在最大的一个区别就是面试的比重占得比较大。我感觉其他的好像没多大变化,主要是面试占的比重大了,对学生影响应该是比较大的,其他方面,好像是没感觉比以前有多特殊。(PA-OT-ACP-23)

不过,除了传统的"初试(笔试)+复试(面试)",个案大学的部分院系近年相继举办夏令营以竞争优质生源,作为一种新的招生方式,夏令营主要由各院系自主组织,学校招生部门仅提供行政方面的协助。其中,夏令营的整体规划以及具体实施过程的安排均由学术领导负责,普通教师通常既未参与也不清楚决策过程,但有机会参与各项活动的具体执行,或者承担低层次的行政杂务。不过，在个别规模较小的学系，已经出现学术领导和教师共同决策夏令营的整体规划，共同讨论具体实施过程中的任务分工等情况，不过这种情况的出现，很大程度上与学术领导的行事风格及个人特质息息相关。

综上所述，尽管出现了夏令营这种新的招生方式，但从院系层面的决策过程来看，决策权力仍主要掌握在学术领导手中，教师依然被排除在决策过程之外，仅能参与部分环节的执行，或者承担低层次的行政杂务。不过，在个别规模较小且学术领导乐于倾听不同意见的学系，可能出现其与教师彼此合作、共同决策的情况。另外，作为传统的招生方式，"初试（笔试）+复试（面试）"除不断增加面试环节的比重外，其他方面均基本维持稳定。

（三）博士招生方式的调整

与硕士招生类似，博士招生同样从20世纪80年代开始便采用"初试（笔试）+复试（面试）"的方式，经由长期的发展演变，目前仅在两个方面进行了调整。其一，逐步扩大面试环节所占的比重；其二，增加学生综合素质的考核。其中，考核学生综合素质主要为学校层面个别学术领导的决策，旨在以笔试的方式考核学生的人文社科基本文化素养和对问题的分析、判断、论述及表达能力，或者考核学生的数理基础和应用能力、逻辑思维能力，尽管教师对其意见较大，但该决策依然实行至今。

> （增加综合素质考核）学校说要变的，对这个变化，大家的意见也不统一，对于理工科来说，增加点人文素养，对于文科来说，这个纯属多余。所以，我们学校来个"一刀切"，这个就是有问题的。（ED-OT-FUP-03）

除此之外，博士招生各个环节的实施基本沿袭传统的做法，仍然由学校行政部门分配招生名额，统一制定招生规则，负责组织综合素质以及英语能力的命题，并划定复试分数线及确定进入复试的学生名单。在院系层面，专业课程命题及面试环节的组织依然由学术领导整体筹划，招生秘书继而安排时间、地点等行政事务，教师则主要参与具体活动的实施过程。无论是专业课程的命题，还是面试环节的参与，仍主要以博士生导师为主要群体，而且参与其中的一般为常年负责相关环节的教师,并无较大的变化。

值得注意的是,个案学校自2013年开始试点"申请-考核制",这种新的招生方式虽然仍然由学术领导制定申请条件、考核内容、录取方式等具体规则,但教师尤其是博士生导师可全程参与学生的筛选、考核等关键的招生过程,并可自主选择符合自己需求与标准的学生,既参与了招生过程,又可影响最终的招生结果,不过,除博导之外的其他普通教授及年轻教师尚未获得较多参与机会。

总而言之,由于国家层面招生政策,以及学校层级学术领导"意志"的稳定,传统的"初试(笔试)+复试(面试)"的招生方式,除笔试科目及面试所占比重有所调整之外,其整体的决策方式以及各个环节的具体实施,均基本为传统做法的沿袭。"申请-考核制"的出现,扩大了博士生导师群体在招生过程中的权力,不过,其他普通教授及年轻教师的参与状况并未发生改变,仍基本被排除在招生决策及具体实施过程之外。

二、学校行政部门的参与

关于本科招生,高考主要由政府机构统一命题,并在笔试成绩的基础上统一分配学生,学校行政部门主要参与自主招生;关于硕士、博士招生,学校行政部门通常参与传统的"初试(笔试)+复试(面试)"的招生过程,夏令营、"申请-考核制"等新的招生方式则主要由院系自主决策。

总体而言,学校行政部门,即招生办公室对于招生过程的参与主要表现在三个方面。

首先,制定招生规则。无论是自主招生,还是传统的硕士、博士招生过程,均由学校招办负责制定并发布历年的《招生简章》,其中列明报考条件、报名流程、申请材料、考核方式、录取标准等具体规则,院系一般只能选择遵守或配合,诚如C学院的一位学术领导所言,在招生方面,院系通常"只有实施的份儿"。

> 在招生这块儿,这些具体的政策由招生办制定,我们实施就好

了,我们只有实施的份儿。(PA-AD-FUP-18)

其次,负责组织部分科目的命题工作。一般来说,博士招生初试部分的综合素质及英语能力的命题均由学校招办负责组织,不过,招办通常委托相关院系的教师轮流命题,而非由本部门的行政工作人员负责。另外,硕士、博士专业基础部分的命题均需遵照学校招办制定的"考试大纲",而且,为了最大限度地降低人情因素对于招生过程的干扰,招办一般要求各院系提供多套考题组成题库,并由招办随机抽取部分考题形成正式的考卷。值得注意的是,改卷工作亦由招办统一组织,教师须于同一时间同一地点批改各自院系的考卷,且不可将其私自带出阅卷地点。

最后,统一分配招生名额,并划定复试分数线。通常来讲,各院系历年的硕士、博士招生名额均由学校招办统一分配,这种做法已经得到多数受访者的证实。不过,据相关受访者的观察,各院系往往可以在招生名额之外,列出2~3名备选的学生名单,并由系主任等学术领导向招办争取额外的招生名额。

> 招生名额是由招生办定的。其实我们学院招生最大的瓶颈就在于招生办给我们分多少人、分多少名额,这个名额是他们定的,学校来定的,不是我要招多少人,或者说今年的学生特别好,我多招几个,今年的学生不好我少招几个,不是这样的,都是由学校来定的。(MA-AD-FUP-26)

此外,学校招办同样依据考生笔试成绩划定分数线,并按照1∶1.2的比例确定各院系进入复试的学生名单。也就是说,若计划招生10名,则招办按照成绩的高低,选择前12名进入复试环节,而各院系则只能在此12人中,综合其笔试成绩以及复试中的表现,按照学校招办规定的计算公式统计出各考生的最后成绩,并依据成绩高低录取前10名。

由此可见,学校行政部门主要以制定招生规则、组织部分科目的命题工作、统一分配招生名额、划定复试分数线以及拟定进入复试的学生名单等方式参与招生事务。值得注意的是,招生环节若有改变,如博士招生增加综合素质的考核等，通常由学校层级学术领导决策，行政部门负责"传达"，院系教师甚至学术领导即使存在不同意见，也并无较多反映渠道，往往只能选择接受与配合。

第四节 本章结语

本章试图分析教师参与招生事务的制度化过程。其中，首先关注本科、硕士以及博士招生的新的做法，以及教师对于传统及新的招生方式的内化过程；其次，重点探讨招生方式以及教师的具体参与过程如何稳定及代代相传，并试图总结教师对自身参与的诠释；最后，分析现有的招生方式相较于之前，存在怎样的调整空间，以及如何受到之前做法的影响。

第一，本科、硕士以及博士的招生均出现新的实践方式。其中，自主招生于2005年试点，至今已成为除高考外最为重要的本科学生的选拔方式之一，不过，自主招生由学校行政部门全权负责，教师基本被排除在决策及具体实施过程之外，即使个别教授有机会参与面试环节，亦并未感知自己的参与影响了招生过程及录取结果，其原因主要在于这些教授一方面并未参与或知晓面试之前的招生流程，另一方面也未获得招生结果的反馈。

夏令营作为新的硕士招生方式，一般由院系自主组织，学校招生部门通常并不干预，而是提供行政方面的协助。在院系层级，学术领导通常在借鉴其他院校做法的基础上，负责夏令营的整体规划以及实施过程中的任务分工，普通教师通常被排除在决策过程之外，但有机会参与部分环节的执行，或者承担低层次的行政杂务。不过，在个别规模较小的学系，可能出现同僚式治理方式（collegial governance），即强调教师与学术领导共同做出决策（Tierney & Minor，2003）。其主要表现为该学系举办夏令营并非学校或学院的"任务"，而是全体教师认为有必要举办，并很快达成集体共识，此外，该系夏令营的活动规划以及具体实施过程中的任务分工，亦为教师与学术领导共同协商而定，不过这种情况的出现在很大程度上与学术领导的个人特质以及行事风格休戚相关。

博士招生"申请-考核制"于2013年试点，同样由院系自主组织。通常情况下，虽然学术领导仍是考核及录取规则的制定者，但具备招生资格的博士生导师可全程参与学生的筛选、考核等关键的招生过程，并可自主决定录取较为"中意"的学生，既参与了招生过程，又能够影响最终的招生结果，在一定程度上体现了较符合中国情境的治理方式，即虽然没有制定招生规则的权力，但这些导师却在具体的招生过程中被赋予了较大的自主权。不过，除博导之外的其他教师群体，既未获得决策参与权，亦被排除在具体的招生过程之外。

关于教师的内化过程，高考、"初试（笔试）+复试（面试）"等传统招生方式已被多数教师接受为理所当然，一方面，高考已受到大部分教师的接受与认可，认为在人情、关系等规范与伦理被无限放大的社会，统一考试、统一录取能够最大限度地确保公平；另一方面，组织硕士、博士招生的初试及复试环节已成为各院系的常规活动之一，教师亦倾向于视其参与为日常生活的一部分，并未试图思考、诠释甚至在意之。此外，学术领导决策、普通教师执行的方式同样为多数教师接受，以至教师并未对自己参与决策给予较多的关注和期待，甚至并未在意或思考过此种方式是否妥当，是否存在其他更好的选择等问题。

对于夏令营、"申请-考核制"等新的招生方式，教师一般并未参与决策过程，而是在学术领导决策后被"通知"，可见，教师基本被排除在决策过程之外，其参与及发表意见的权力亦不可得。值得注意的是，教师已然接受了这种"家长式"的治理方式，认为必须要先有一个"张罗"的人，才能顺利开展后续工作，而学术领导无疑是"张罗"的最佳人选。另外，虽然并未参与决策过程，但多数教师对新的招生方式依然表现出认可与支持的态度，且并未在意或抱持更多参与决策的期待。

第二，本科、硕士、博士的招生方式均表现出一定程度的稳定及代代相传的特性。其中，高考经由半个多世纪的发展，已经演变成相对成熟的制度，主要表现为由政府机构统一组织招生考试，并以硬性的分数要求作为录取的主要标准，规则客观、明确，不与个人好恶相关，其运作过程也受到多数教师的信任。不过，自主招生虽已获得较为稳定的运作流程，但其运作过程的公平性，尚未得到教师的认可。

硕士、博士招生虽已出现夏令营、"申请-考核制"等新的方式，但"初试（笔试）+复试（面试）"仍是重要的招生方式之一，而且这种做法自20世纪80年代开始延续至今，无论是决策方式，还是教师的参与过程，均未出现较大变化。一方面，招生规则仍由学校层级学术领导制定，行政部门进行"传达"，院系仅负责执行过程，教师虽参与专业基础知识命题及面试等招生过程，但对录取结果的影响仍然有限，其主要原因在于，进入复试的学生已然经过英语、政治等统一考试的筛选，录取规则同样需要严格遵守学校规定，而且，这种参与现状由于学校层级学术领导"意志"的稳定，以及行政部门工作人员基于工作便利的考量而得以沿袭；另一方面，在院系层级，学术领导仍主要负责专业基础知识命题及面试环节的任务分工，教师通常仅参与具体环节的执行过程，承担低层次的行政杂务。

值得注意的是，部分教师混淆了"治理"与"行政"的概念，将招生秘书协调面试及改卷教师，确定并通知时间、地点，计算考生综合成绩等行政事务的安排，等同于决策权力的垄断。事实上，根据国际学术讨论，决策主要关于是否以及如何做某事的决定，而"行政"则意指业已授权之程序的实施，以达成商定的结果（Middlehurst & Teixeira，2012），可见，招生秘书的诸多行为多为行政程序的安排，而非个别教师感知的权力过大。

国际学术讨论显示，多数教师倾向于将其在决策中的参与视为价值观或者工作的重要组成部分（Tierney & Minor，2003；Miller，2002）。依本研究案例所见，本科及硕士招生较为重视客观程序，以减少人情、关系等因素对招生过程的干扰，教师并未被给予较多的决策权力，即使能够参与部分环节的执行，这种对于教师个人招生意志及标准的忽视，使得大部分教师尤其是年轻教师多将其参与视为"任务"的完成，或者学院行政事务的分担。值得注意的是，博士招生尤其是"申请-考核制"的参与，因能够自主决定录取结果而往往被博士生导师视为选拔优质生源的机会，不过，其他普通教授及年轻教师尚未能够参与其中。

面对既定的制度安排，依据相关国际学术讨论，个体能够选择默从、逃避、反抗等多种策略性的回应方式（Oliver，1991）。依本研究案例所见，教师对于学校层级学术领导决策、行政部门传达的方式，以及诸多关于招生过程及录取规则的规定多表示"没有办法"，并倾向于选择"配合"。不过，极少数教师若有不同意见，仍试图与院系甚至学校的学术领导沟通，不过多数情况下并未获得反馈或认真对待。此外，对于院系学术领导的任务或低层次的行政杂务，副教授以上的教师一般可以选择不参与，而助理教授则通常不敢拒绝，这也是个案大学较为强调的"家长式"治理方式，以及"论资排辈"的具体体现。

第三，本科、硕士、博士的招生方式，均表现出较大程度的惯性特征。关于高考，虽然其考试科目、内容等方面进行了多次调整，但统一考试、统一录取的招生方式始终保持较大的稳定性。而且，自主招生主要由学校行政部门全权负责，教师很少有机会参与其中，更难以影响最后的录取结果，这种做法自试点之初便一直沿用至今，不曾发生根本性的改变。

得益于国家招生政策，以及学校层级学术领导"意志"的稳定，硕士、博士招生均从20世纪80年代开始便采用"初试（笔试）+复试（面试）"的考核方式，经由长期发展演变，仅在考核科目及面试所占比重等方面进行了微调，由学校行政部门制定招生规则，院系负责具体执行的决策方式并未出现较大的变化，即使出现了夏令营、"申请-考核制"等新的招生方式，在实施过程中，学术领导仍主要负责活动的整体规划以及执行过程的任务分工，普通教师依然被排除在决策过程之外，只能参与部分环节的执行，或承担低层次的行政杂务，相较于之前，现在的决策方式并未出现较大的改变。

第六章
人事事务决策中的教师参与

本章主要讨论我国大学教师在人事事务,即教师招聘、职称评定等事务决策中的参与过程。其中,第一节主要探讨教师招聘、职称评定新的实践方式,以及教师对此种实践方式的内化过程;第二节重点关注教师招聘、职称评定的决策方式如何稳定及代代相传,同时具体分析教师对自身参与的诠释,以及应对既定要求和规则的主要方式;第三节侧重分析现有教师招聘及职称评定的决策方式如何受到之前做法的影响。

第一节 教师内化人事事务决策方式的过程

人事事务,尤其是教师的招聘与职称评定,历来被视为教师的主要决策领域之一,诸多国际学术讨论表明,无论是决策过程,包括招聘、晋升标准的讨论(Tierney & Minor, 2003),还是最终结果的确定,教师均享有决定性的决策权(Leach, 2008; Dimond, 1991)。与此同时,国内学者亦认为人事事务涉及教师切身利益,且与其专业知识紧密相关,理应成为教师的主要决策领域。有鉴于此,本节主要探讨我国大学教师如何参与教师招聘、职称评定等事务的决策过程,以及教师对此决策方式的内化过程。

一、新的教师招聘、职称评定方式

个案学校将教师招聘、职称评定统一称为"新聘"和"高聘",二者共享同一运作流程。其中,根据《××大学教师职务聘任条例》及其实施细则,各学院成立教授委员会及专业技术职务聘任委员会(以下简称"院聘委会"),同时,在学部❶和学校层面分别成立学部委员会以及专业技术职务聘任委员会(以下简称"校聘委会"),并规定各级委员会负责教师招聘及职称评定的讨论与决策。

依据个案学校相关政策文件,收到应聘或职称评定申请后,首先由院聘委会秘书(通常为"人事秘书")对资料的真实性进行审查,并送交外审专家进行匿名评审,值得注意的是,教师招聘另需学系组织面试环节;其次,院长组织召开院聘委会,并结合外审专家及学系的评审意见,对应聘或职称评定申请者的材料进行初评,形成院长提名意见;第三,教授委员会对院长提名的申请者进行评议表决,不过,相关政策文件同时规定,院长有权针对教授委员会做出的决定提请一次重新审议;第四,学部委员会结合外审专家及教授委员会的评审意见,对申请者的学术能力进行最终审查;最后,校聘委会在确认程序公正、申请者无剽窃等违反学术规范的行为后,对学部委员会的聘任结果做出批准决定。值得注意的是,"千人计划""长江学者奖励计划""国家杰出青年科学基金"等国内外高层次人才的招聘,往往涉及百万元甚至千万元的科研启动经费,因而需要院系甚至学校领导与之提前沟通,虽然仍需依次经历学校规定的招聘流程,但大多均能通过。

据相关受访者的描述,A学院、B学院、D学院均较为严格地执行学校规定的运作流程,而C学院则在此基础上,制定了本学院的实施细则,其中,该学院仅将教授委员会的讨论置于院聘委会之前,其他环节则并无较大改变。与此同时,该学院亦对教授委员会的具体运作制定了相应的章程,但由于章程或评聘流程均由以院长、书记为主要委员的院务会讨论决定,而且并无

---

❶ 个案学校将专业相近的学院整合为学部。依据现有的学科布局和规划,该校在学院和学校之间,共设有社会科学学部、自然科学学部、工程技术学部等6个学部。

"实质性的内容",因而受访者多表示并未特别"注意"。

> 我们学院的教授委员会也是有章程的,比较简单,我印象里都是套话,没有什么实质性的内容……学院的(运作流程)是学院讨论过的,是院务会讨论过的,学校是不是有统一的章程,我没有注意。说老实话,我对这个事也不关心。(PA-AD-FUP-19)

无论是教师招聘,抑或职称的评定,普通教师均无较多参与机会,除个别教授可能作为教授委员会的委员参与讨论外,其他教师尤其是年轻教师对于相关流程的了解,仅限于自己的应聘或职称评定经历。其中,关于教师招聘,部分教师有机会参与学系层面的面试环节,不过仍有个别教师表示,自己从未有过参与机会,甚至在新教师入职较长时间后,才由于通讯录的更新得知相关信息;关于职称评定,多数受访者表示,自己仅与人事秘书沟通过材料递交事宜,其他环节则并未参与或关注过。

> ××院要招一名新老师,这个老师进来后半年、一年我们都不认识,都不知道有这回事,跟我们没有任何关系,不要说我这样的副教授,就是教授、博导,他们也不知道。然后过了一两年,我到外面去开会,人家问我,你们××院有×××吗?我说,啊?没听说。因为我们的通讯录一般是过两三年更换的时候,才发现出现这么一个人,没有人来征求过我们的意见,和我们没有关系。(MA-OT-ACP-30)

由此可见,各学院最新成立的教授委员会,旨在扩大普通教师在人事事务中的参与机会,不过,仅个别教授能够参与其中,其他多数教师尤其是年轻教师仍被排除在教师招聘、职称评定的决策过程之外。而且,教授委员会并未享有独立的决策权,一方面,其目前仅能讨论经由院聘委会筛选过的申请人信息,而且讨论结果仍需交由学部委员会及校聘委会再次审议;另一方面,对于教授委员会的讨论结果,院长有权提请一次重新评议。

二、教授委员会的参与：三种实践方式的具体分析

根据学校规定，各学院于 2013 年相继成立教授委员会，以扩大普通教师在招聘、职称评定事务中的参与机会，依相关受访者的观察，由于目前各学院的治理方式仍表现出较为明显的"人治"特征，因而"每个学院的院长不同，则每个学院的风气也就不同"，据此，以下分别论述各学院教授委员会各具千秋的运作方式。

（一）教授委员会的成立

教授委员会一般由 11~15 名教授组成，其中，B 学院和 D 学院的委员均通过选举产生，据相关受访者的介绍，学院一般根据各学系的教授人数分配相应的委员名额，并将全体教授默认为候选人，继而由教师投票产生委员。D 学院的一位助理教授分享了其参与选举的经历，首先由系主任及副系主任介绍教授委员会的职责及其创建缘由，而后教师独立投票，当场验票后由票数高低确定该系的当选委员。C 学院则主要由系主任"推荐"，而 A 学院因教授人数较少，除所有教授均被列为委员之外，还需从其他学院"借人"。值得注意的是，确定委员后，一般由委员投票选出教授委员会的主任及副主任。

尽管多由教师选举产生，但教授委员会委员仍主要为各学系的主任及副主任，其中，据 D 学院一位教授的观察，该院仅有 2 位委员为普通教授，其他委员均为系主任等学术领导，即使没有行政职务，也与学院有着"千丝万缕"的行政联系。对此，部分受访者认为，教授委员会仍为"内部人治理"，普通教师并未发挥政策文本中所宣称的决策作用；不过，亦有个别教师表示，系主任作为基层"干活的（人）"，并未享有较大的权力，通常仅能干预本系教师，无法对其他学系的委员产生影响，而且，普通教授对学院及学校的相关政策并不了解，可能无法提出"建设性"的意见，而系主任或者曾经担任系主任的教授相对更为了解政策规定以及学系的整体情况，因而应该参与其中。

> 像我们这种系主任和副系主任,其实不能算很强的这种(领导),因为我们其实还是干活的,所以也没有政策的制定权……因为系主任只是有权利干预自己系里面的人,而教授委员由不同系的老师组成,如果你是院级领导的话,就可以干预其他系,但是如果只是自己系的领导,那你对其他系是没有影响的,所以也就不会产生这种负面的作用了。(MA-AD-FUP-26)

根据学校的政策规定,学院层级的领导,如院长、书记等,均不允许参加教授委员会,对此,受访者主要有三种不同的看法。

首先,多数受访者倾向于赞同此项规定,认为若有院级学术领导参与,其他普通教授的意见可能受其左右,与此同时,普通教授作为多年同事,既对学系教师的科研及教学情况比较了解,又可与之进行直接沟通,"群众基础"较为坚实,另外,院级领导的不参与,使得教授委员会不至于成为院聘委会的"翻版",在一定程度上可以制衡院长、书记等领导的权力,防止其"一手遮天""管了不该管的事情",而且,院级学术领导仍然可通过院聘委会发挥作用,并未退出决策的链条。

> 我想他们的初衷就像刚才说的,不想让行政干预教授委员会,从而产生比较客观的评价。因为如果在教授委员会里,有个别是领导的话,他的意见会产生一种趋势,主导评价的结果,因为毕竟身份特殊,所以没有领导参与就没有这方面的问题。(MA-AD-FUP-26)

其次,同样有较多受访者认为此举初衷虽好,但仅为形式上的不同,实质并无较大差异。一方面,教授委员会目前无权无责,其本身即为无意义的存在,院长等是否参与因而更是无甚所谓;另一方面,部分教师认为,即使可以从制度上进行规定,但此举依然突破不了"官僚至上"的文化怪圈,其中,系主任或个别学术权威往往被视为院级领导的"代言人",可能会就相关问题与之进行沟通,并提前征求院长意见,而且普通教授平时均与学术领导有所接触,很难不受其意见左右。

其实教授们跟领导平时也都有接触，大家在什么事上有什么看法都会知道的，我觉得有点形式主义……（ED-OT-ASP-08）

最后，亦有少部分教师认为此举不甚合理。一方面，学术领导并非完全的行政职务，理应对学术事务享有发言权；另一方面，规模较大的学院往往资深教授、知名学者较多，院级领导参与与否并无较大影响，而在一些小规模的学院，作为为数不多的资深教授，院级领导不参与使得教授委员会的"权威性"较难得到保证。相关受访者认为，只有对学校、全国甚至国际的学术发展状况有所了解，才能做出"有效"的决策，而该学院无行政职务的教授无论学识，抑或参与行政事务的经验方面均有所欠缺，较难做出符合学院发展真正需求的决定。值得注意的是，持此类观点的受访者以院级学术领导居多。

一般的教授在他自己的领域里面还是可以的，但是因为他长期只在自己的领域里面，跟外界联系很少，所涉及的其他的学问能力相对又有限，再加上他又极少参与行政方面的事情，所以对行政这一套的要求，也并不完全了解。这样，他们在讨论问题时做出来的决定，就不一定能够反映应该有的情况，这个决定是不是符合学院发展真正的要求，也就不一定了。（ED-AD-FUP-01）

另外，学校亦规定教授委员会的委员必须为无学院层级行政职务的教授，副教授、助理教授等年轻教师尚无参与机会。对此，部分受访者表示，作为教授委员会的委员，一则需要较高的学术水平；二则能够代表教师群体，公开、公正地决策与学术相关的诸多事务，而以上两项要求均不一定仅教授群体方能符合。不过，另有个别受访者认为，年轻教师出于日后晋升等考量，可能会对学术领导的意见有所顾忌，而教授群体则可能依据自己的标准，独立做出与领导意见不一致的决定，而在决策过程中，这种不一致往往至关重要。

像这种教授委员会的教授，职称也到极限了，顾忌没那么多了，

可以按照自己的标准来处理一些事情，可能这个是最重要的，因为
这是一个独立性的问题……否则在高聘的过程中，总是会受到很多
的限制。(PE-AD-FUP-11)

值得注意的是，个别年轻教师可能作为"学术秘书"参与教授委员会。
通常情况下，学术秘书由学术领导直接任命，事先并无沟通的过程，据多位
相关受访者的描述，自己接到"通知"时均较为"意外"，而之所以愿意承
担学术秘书的职位，一方面是对教授委员会这个新兴事物较为感兴趣，想深
入了解其运作方式及可能存在的问题，另一方面也是因为年轻教师若无特殊
困难，往往很难拒绝学术领导的"吩咐"。值得注意的是，对于自己被选中的
原因，年轻教师多表示并不清楚，据个别教师的猜测，平时做事认真，且能
够保密决策的过程及结果可能是学术领导较为主要的考量因素。

没有（沟通过程），对于我们年轻人，一般领导安排什么工作，
如果不是有特殊困难的话，都不会拒绝的。(ED-OT-ASP-07)

可能找我做的一个很大的原因，是我还算比较认真吧，而且也
不会在外边瞎说，要能保守这个秘密，我觉得这个还是蛮重要的。
(PE-OT-ASP-16)

作为学术秘书，年轻教师一般并无讨论及投票权，而是仅仅承担部分低
层次的行政杂务，如提前准备并分发会议材料、协调开会的时间、记录会议
内容、发放选票并统计投票结果、会后整理相关材料以及与人事秘书沟通后
续行政事宜等。

总而言之，教授委员会旨在扩大普通教师在人事事务决策过程中的参与
机会，虽然根据学校规定，院级学术领导并未参与其中，但被视为其"代言
人"的系主任、副系主任仍占据了多数席位，仅个别普通教授能够获得讨论
机会，其他多数教师仍被排除在决策过程之外。另外，部分年轻教师可能作
为"学术秘书"参与其中，但其并未被给予讨论或投票的权力，而是仅承担
低层次的行政杂务。

（二）教授委员会的实际运作

1. 受限的"否决权"——B 学院的具体做法

作为学院层级最后的决策环节，教授委员会主要负责教师招聘、职称评定以及"千人计划"等特殊人才的聘期考核事务。一般来讲，教师招聘、职称评定的标准，以及教授委员会主要负责的事务、所处的决策环节均由学校行政部门事先规定，因而多数受访者认为其主要享有"否决权"而非决策权，即按照已有标准把关学系及院聘委会的决策结果，也正因如此，教授委员会通常并无较多交流的过程，而是对照"合同"直接投票。值得注意的是，由于应聘者以及职称评定的申请者已然经过学系及学院的筛选，基本能够达到学校规定的最低要求，因而教授委员会在各项决议的讨论中通常并无不同意见，基本全票通过。

> 我们学校一般会有一些很硬的条件，比如说你要聘副教授、助理教授，要达到什么样的条件……实际上就是这个尺子已经放在那边了，大家对着尺子比一下，尺子如果比不到，那也拿不到这个（教授委员会）上面来讨论，尺子够了，大家基本上都是尊重系里面的意见，所以好像招聘最后也都会一致通过了。（PE-OT-FUP-13）

关于教师招聘的讨论，通常由各系的教授委员会委员介绍应聘者的学习经历、科研成果等基本情况，继而进行投票表决，一般情况下，若应聘人员满足学校及学院规定的硬性条件，教授委员会一般尊重各学系的应聘意见；关于职称评定，其运作流程与教师招聘基本类似，而决策结果的主要考量因素为相关教师是否达到学校规定的晋升条件。值得注意的是，由于教授委员会委员以各学系的主任或副主任居多，彼此并非上级与下级的关系，因而沟通过程相对独立。

> 现在是这样，（教授委员会）里面有 WL 系的主任、HK 系的主任、JD 系的主任、DK 系的副主任，还有 TW 系的副主任，所以大家都是系里边的，都是平等的，他是主任，我是副主任，这个也没有

谁说的就（有主导性），他也不是我的上级，也不是我的什么领导。(PE-AD-FUP-10)

事实上，尽管并未赋予独立的决策权力，但B学院的教授委员会依然试图在有限的空间内，较大限度地发挥"否决权"。其中，据相关受访者的描述，对于"特聘教授""千人计划"等特殊人才的聘任，教授委员会以年纪较大，可能对学院的发展贡献不足，以及尚未达到聘任标准等原因，否决了几项院聘委会的决策结果。一位受访者讲述了其中的一次否决经历：

> 当时有一位老师，他要应聘××大学特聘教授，特聘教授有聘任要求，要完成什么文章，要有基金，但是那位老师确实没有达到这些要求，他连基金也没有，文章也很一般，就几篇文章，特聘教授要求要一区（文章），他没有，我不知道为什么聘任委员会就让他通过了。(PE-AD-FUP-10)

不过，教授委员会的决策结果，尤其是关乎特殊人才的决策结果，亦可能受到来自学术领导的干预，根据学校政策规定，院长有权请求教授委员会重新复议一次，对此，有教师表示，再次投票表决"明显"是要求教授委员会"放行"，而且，该教师亦"猜测"学术领导可能会与教授委员会委员"沟通"，并有较大可能影响部分委员的判断，也正因如此，该教师认为教授委员会目前徒有其表，仅有"样子"摆出来，教授依然没有独立决策的权力。

> 复议其实态度就很明显了，就是第一次没过，能不能想办法再让过一下……现在成立了教授委员会，基本上样子已经摆出来了，但是教授委员会有没有达到让教授减少行政干预……至少目前来说没有完全做到……我估计领导会找教授委员会里面的一些人谈话……估计再次投票的时候就会改变，我相信会是这样。(PE-OT-ACP-14)

值得注意的是，教授委员会亦可能在尚未收到任何相关资料的情况下被要求紧急开会，以表决人事处等学校行政部门临时通知的部分决议，这也从侧面反映出，教授委员会更多地被视为形式性的程序需要，而非独立的决策机构。而且，教授委员会委员亦并未做好独立决策的心理准备，其中有受访者明确表示教授委员会的委员并不能代表 B 学院整体的教授水平，学术领导的知识水平、阅历视野以及决策经验均较为丰富。

> 整体来说，我们 15 个人的教授委员会……特聘教授少了一些……要拿这个代表我们整个××学院的教授水平，还有一部分精华在学院领导……当然他们学术水平比我们高，阅历也更丰富一点……（PE-AD-FUP-10）

综上所述，B 学院的教授委员会通常仅能依据学校规定的招聘、职称评定标准，把关院聘委会的决策结果，虽然空间有限，但是该院教授委员会依然试图最大限度地发挥"否决权"，其中尤为严格地把关特殊人才的聘任及其考核。然而，其有限的"否决权"亦可能受到学术领导的干预。

2. "家长"的权威——A 学院的具体做法

A 学院与 B 学院类似，同样严格遵守学校规定，将教授委员会安排在学院层级的最后一环，并主要负责招聘、职称评定以及教师评奖评优等事务的讨论。据相关受访者的观察，由于讨论事项已然经过院聘委会的把关，而且教授委员会自成立以来极少出现否决票，这也意味着，在进入教授委员会之前，大部分事项"已经定下来了"。而且，该院教授委员会在实际运作过程中，亦可能通过邮件进行网络投票，可见，教授委员会目前更多地被视为必须要走的"过场"，而非独立且关键的决策环节。

与其他学院不同，A 学院有一位享誉全国的学术权威，这位老先生无论学识还是为人，均受到多数教师以及学术领导的尊重，长期累积而来的威望使得老先生对学院的大小事务均具有决定性的发言权，其他教师亦倾向于信任老先生的判断与决定，据相关受访者的观察，即使其看法与院长存在不一致，一般也以老先生的意见为主。

在这种情况下，无论是教授委员会的讨论过程，抑或最后结果的确定，该老先生均具有主导性的意见。其中，关于讨论过程，老先生可能会表现出一些"定调"的行为,即在介绍讨论事项时较为明确地表达倾向性的意见,无论这种行为是故意或无意为之,"权力中心"的人定调之后,其他教师一般不会持反对意见。

> 权力中心的人定调之后,大部分人其实都不会持反对意见的……比如说要评国务院什么学科带头人……那就是把每个人的材料都拿过来看一下,然后关键人物会把几个人的情况大体说一下,大家看一看,投票,比如说排序是什么样子的……这时候关键人物是很重要的,比如说他在对每个人的大体情况做介绍的时候,还是会有这种倾向性的。(ED-OT-ASP-07)

由于这种"定调"的行为,决策的结果一般以老先生的意见为主。据相关受访者的观察,教授委员会存在权力的"等级差序",老先生以及差序"前面"的个别教授方能"真正说得上话",而其他教授则只能在投票环节发挥"凑人头"的作用。以教师招聘为例,即使个别教授并未参加应聘者的面试环节,亦不清楚应聘者的具体情况,但因该应聘者已经获得院聘委会的认可以及老先生倾向性的意见,因而在投票过程中同样倾向于投出赞成票。而且,确实有教师表示,即使持有一些不同意见,但老先生表明观点后,自己通常也不会坚持。

> 比如女老师,来了之后又是生孩子又是干什么,几乎没怎么工作,但是指标都完成了,像这种情况怎么处理,有的老师在国外待着,来了一年,然后第二年就在国外待着,当然他的指标都达到了,像这种情况,大家都有点异议,但是,最后××说都达到了就通过吧,所以大家对一些事情就没那么认真了,就是这样的情况。(ED-OT-FUP-03)

值得注意的是,在2014年5月的第一次访谈中,相关受访者表示教授委员会从未出现过否决票,而2014年12月的第二次访谈中,该受访者表示已经有否决票及弃权票出现。例如,若部分委员确实未参与面试环节或对个别教师的科研成果不太满意,则依据自己的评价标准投出弃权票及否决票,不过，这些否决票及弃权票尚不足以影响整体的决策结果。这也从侧面表现出，教授委员会委员之间的互动虽经磨合渐趋规范，但决策结果仍以个别"家长"的意见为主，而非教授专业共识的达成。

综上所述，A学院的教授委员会表现出较为明显的"家长式"决策方式，该院个别学术权威不仅在讨论过程中有意或者无意地表现出"定调"行为，而且长期累积的威望亦使得其他教授倾向于尊重"家长"的判断与决定，即使持有不同意见，亦不会有所坚持。不过，经过多次互动磨合，已有个别教授尝试表达自己的决策意志，但此举尚未能影响整体的讨论氛围，最后结果仍以该学术权威的意见为主，而非教授之间专业共识的达成。

3. "人情"的干扰——C学院、D学院的具体做法

D学院的教授委员会同样为学院层级的最后决策环节。通常来讲，正式会议之前，一般由学术秘书以邮件的形式将申请者的资料，以及院聘委会、外审专家的意见提供给各位委员；在正式会议中，首先由教授委员会委员简要介绍其所在学系的应聘者或者职称评定申请者的基本情况，其他委员继而对照学校行政部门制定的聘任、晋升标准，依次讨论相关人员是否符合。也正因如此，教授委员会更多地被感知为新的学校行政或政策的"执行机构"，而非独立的决策机构，而参与其中的教授表示，虽然抱持美好愿望，但自己仅仅获得了廉价信息的"知情权"。

> 反正进去以后就知道这个，比以前没进去的时候多了解些情况了，就是每个人怎么进入的，怎么晋升的，……我们就是多了个信息知情权。我们回来跟系里边说，这次谁上了，是怎么上去的；谁没上，怎么没上去的，不符合哪个标准。最起码知道标准是什么了。（MA-OT-FUP-27）

值得注意的是，运行多次之后，该院教授委员会在职称评定方面增设了答辩环节，即申请者现场介绍自己目前及将来的研究规划，预计获得的科研成果，期望通过申请者与教授委员会委员的互动，全面了解其科研能力，并"尝试"以科研质量而非数量为评判标准，优先推荐更具科研潜力的申请者。

对于特殊人才的招聘，教授委员会虽极少否定院聘委会讨论后确定的人员名单，但却可以对其进行综合评估，如是否有精力及能力影响本院科研团队、研究领域是否与本院研究方向一致、是否具备足够的国外影响力、是否有负面信息等，并据此给出教授委员会的建议。对此，相关受访者表示，教授委员会并非必须"扛起大旗"，一定要否定院聘委会的决定，而是需要谨慎、认真地对待相关事项。

> 我们在讨论到这一问题时，我想到一个教授的情况，他在国外好像诚信有点问题。最后我们也同意了，尽管同意了，可以把他引进来，但我们后面建议评估他在国外的信用问题会不会影响到他带领我们这个团队到国际上去进行科研活动，建议进行相应调查，进一步去评估。（MA-OT-FUP-28）

与 D 学院不同，C 学院由教授委员会负责组织面试，据相关受访者介绍，一般由该系的教授委员会委员及其系主任，以及教授委员会主任组成面试团队，在讨论过程中，若有不同意见，多以该系系主任及资深教授的意见为主。值得注意的是，教授委员会通常就面试情况给出招聘意见，而是否录用则交由以学术领导为主要成员的院聘委会决定。关于职称评定，该院教授委员会仍然主要对照学校及学院制定的标准，衡量各申请者是否达到晋升要求，不同于其他学院，C 学院将教授委员会安排在院聘委会之前。事实上，教授委员会无论被安排在哪一环节，其工作更多的是"形式审查"，即核对申请者是否在学校规定的杂志上发表了足够的文章，而非由教授来判断该申请者是否达到晋升的水平。

> 我经常开玩笑说，我们评职称，不应该是发个文章，在哪一个刊物上，而是教授委员会觉得这个文章质量很好，我们就觉得这个人达到教授水平了，但是我们现在做一个简单化的处理，教授们更多做形式上的审查，更关键的是看我们的文章是不是符合××大学规定的那几本杂志的要求，这是一个很大的问题。有些杂志的文章质量可能并不是很好。（PA-AD-FUP-18）

值得注意的是，C 学院的教授委员会委员对于参与讨论并不积极，往往以各种理由搪塞推托，部分受访者提及了造成此种现象的原因。其一，教授委员会负责的事务较多，但并未计入工作量，虽然已经呼吁较长时间，但尚未得到学术领导的回应；其二，教授委员会仅对教师招聘、职称评定等事务发表意见，并未享有预期中的决策权，因而打击了部分教授的参与热情。

关于教师招聘，两个学院的教授委员会均在确认应聘者符合学校要求的基础上，尊重各个学系的意见。其中，D 学院较为严格地把关应聘者的硬性条件，该院个别学系由于急需某领域的人才，将并未满足学校要求的应聘者提交至教授委员会讨论，而教授委员会讨论后认为该应聘者并不足够优秀，因而以申请岗位与所需条件不符为由，否决了该系的录用请求。另外，C 学院除严格把关硬性条件外，更重点考查应聘者的授课水平，及其研究领域是否与学院发展方向一致，据相关受访者的观察，虽然应聘结果并非由教授委员会最后决定，但院聘委会通常较为尊重其录取意见，尤其是其认为"不宜录用"的意见，正如受访教师表示，教授委员会虽未享有"让谁进来"的权力，但其"不让谁进来"的意见一般均能得到尊重。

> 就是说他也达到学校的招聘条件了，但是我们认为他的科研水平和授课水平，包括他的研究方向，跟我们学院的发展不大相同，或者说我们教授委员会认为他不太适合我们学院，或者说达不到我们要求吧，我们会淘汰，应该有两三个人……我觉得在这个过程中，教授委员会对师资的优化还是起了一定的作用的。（PA-OT-ACP-23）

关于教师职称评定，相对于学校行政部门制定的客观标准，一些非学术因素，如工作年限、同事关系、不利新闻等往往更能影响决策的结果。其中，D 学院的受访者表示，受限于"人情"等情感因素，再加上目前的职称评定标准被认为并不能检验教师的学术水平，所谓"没有功劳也有苦劳"，作为一种"福利"，若相关教师已为学院服务较长的时间，且并未出现过严重的教学或科研事故，一般均可通过教授委员会的讨论。

> 我们认为我们这边的这个教授是个福利称号,不是个学术称号……因为按照这种考评体系,不能代表一个人的真实学术水准……(MA-OT-FUP-27)

C 学院在教师职称评定方面同样尚未出现否定的情况,而且据相关受访者表示,该院人情因素的干扰尤为甚之。首先,部分委员表示,申请职称评定的教师可能提前与教授委员会的委员私下沟通,以获取"支持",而且越是科研成果不突出,可能无法获得晋升的教师越有可能私下"做工作";其次,在正式讨论过程中,确实有教授碍于"人情"的压力,担心反对票可能会"得罪人",影响同事关系,因而即使相关教师并未达到学校规定的职称评定标准,自己也会投出赞成票;最后,对于讨论过程中的不同意见,往往有教授"打圆场",引导其他委员投出赞成票,而且相对于合作,各教授委员会委员之间似乎存在一种"竞争"的关系,即本系的教师必须通过讨论,这也是"打圆场"的原因之一。

> 比如说我们老师晋升职务,在这样一种人情社会里面,教授委员会绝对是不可能说把哪个老师否定的……所以我们只能往前推,必须往前推,而且推得很彻底……(PA-OT-FUP-21)

综上所述,C 学院与 D 学院的教授委员会,虽然所处的决策环节有所不同,但均主要依据行政部门制定的招聘、晋升标准,核对应聘者或者职称评定申请教师是否达到了学校的硬性标准。除此之外,二者亦表现出较为类似的决策特征,其中,关于教师招聘,两学院的教授委员会均较为尊重各学系的录用意见,而在职称评定过程中,二者均在较大程度上受到"人情"因素的干扰。

三、教师的内化过程

作为新的实践方式中的重要一环,教授委员会试图扩大普通教授在教师招聘、职称评定等事务中的参与及决策权,以下主要探讨教师对于新的人事制度，尤其是加入教授委员会之做法的内化过程，具体论述教师如何获知相关改革信息，教师对于新的做法有何感知、态度，并抱持怎样的期待等。

（一）教师获悉相关信息的渠道

新的人事制度改革，一般由校级学术领导整体规划，人事处等行政部门形成正式文件并下发至各个学院。事实上，个案学校整体推动新的人事制度之前，首先于××学系进行试点，据相关学术领导介绍，早在××学系试点之初便已对学校领导的"意思"心知肚明，只是不清楚何时开展工作，等到正式接到通知时便明白"真的要做了"。

> 学校有这么一个规划，然后交给各个学院，我们现在学校要成立一个教授委员会，各个学院成立教授委员会，并告知成立教授委员会的一些基本要求……当然是学校发通知到学院。（PA-AD-FUP-18）

对于普通教师而言，主要由学院或者学系召开全体教师大会，"通报"学校关于成立教授委员会的决定，并要求各系推荐或选举教授委员会委员时方可知晓。当然，亦有受访者表示自己是从人事秘书的邮件，或者学校及学院的网站，甚至与同事聊天的过程中才对新的人事制度有所了解。由此可见，无论是院系学术领导还是普通教师，均为校级学术领导决定执行新的人事制度后，通过各种正式或非正式途径"被通知"相关改革信息。

（二）教师的感知

对于成立教授委员会，并将其作为教师聘任、职称评定等人事事务决策过程中的一个环节，以扩大普通教授的参与甚至决策权的新做法。首先，多数受访者表示刚开始得知此信息时，感觉较之以前的决策方式有所进步，至少决策的形式越来越规范，无论教授委员会能否真正享有独立的决策权，或者能够在多大程度上牵制学术领导的权力，有新的尝试或举措总归是好的事情。而且，相较于之前，普通教授至少获得了参与权及知情权，教师对于人事方面的决策无须等到院长或系主任等学术领导总结工作时方能了解一二。另外，国外的许多著名大学均较为尊重教授对于学术事务的判断，教授委员会的成立可能是一个较好的开端。

> 首先这是一个好事情,教授不光做科研,他也教学,他了解这个事情的本质,他知道哪些比较重要,然后他参与到这种决策中,总体来说是一个好事情,比纯行政的那种人员参与要更好,我们都认为这是更符合事物本来发展的一种方式,这是一种进步。(PE-OT-ACP-14)

其次,参与讨论过程的教授多表示,并未觉得成立教授委员会是一件"重要的事情",亦未期望可以借此获得决策的权力。相反,在目前的体制下,多一个机构少一个机构并无太大的影响,因而教授委员会在很大程度上可能只是一个"形式""摆设"或"幌子",甚至沦为"挡箭牌",即学校或学院将自己"不好意思"处理的问题交由教授委员会负责,但同时并不给予其独立的决策权,只是以此种"太极拳"的方式"消化矛盾",而且有受访者表示其所在教授委员会的委员均有类似感觉。

另外,教授委员会的职责和权力尚未界定清晰,仅依照学校行政部门制定的招聘、晋升标准,核对相关人员"形式上"是否符合,而且教授委员会主要负责的事务、所处的决策环节等均由行政部门事先规定,再加上人情、学术地位等因素使得参与其中的教授往往无法坚持不同看法,并在很大程度上选择盲从主流意见,因而教授委员会在人事事务尤其是职称评定方面的作用,更多地被感知为"走过场"。

> 其实本来觉得是挺神圣的和严肃的工作,那大家现在的感觉就是这只是一个中间过程,就是走个流程。(MA-AD-FUP-26)

第三,亦有部分受访者表示并无特别感觉,一方面,自己并未对教授委员会抱持较高期望,甚至预感到其可能仅为形式性的存在;另一方面,学校经常出台一些"听起来不错"的政策,而且大部分均在尚未充分沟通的情况下强制执行,以至于多数政策"风风火火"开始后便再无下文。而且,教授参与学术事务的讨论本就是"正常"的事情,因而并未有特别的感觉。

> 我没有任何感觉，因为我们学校经常出台一些听起来不错的政策，但是要我们自己摸着石头过河……所以到目前为止，教授委员会也好，导师组也好，都没有真正地实施起来。（PA-OT-FUP-20）

最后，教授委员会同样被个别受访者感知为新的权力及利益机构。对于普通教师而言，一旦成为决策链条中的一环，教授委员会便"绝对"具有权力，尽管可能受到学术领导的限制，但据个别教师观察，教授委员会并非"虚置"的机构，对于教师招聘、职称评定或多或少享有发言权。D学院的一位教授表示，其当选为教授委员会委员后，有教师"开玩笑"，拜托其为自己职称评定"说话"，而且，其他系的教师也在考虑是否需要提前与教授委员会的委员"打招呼"，对此，该教授表示，普通教师对于教授委员会的理解存在偏差，并未将其视为教师群体的专业社群，而更多地视为新的权力机构。

> 所以我们老师，包括我跟他们沟通的时候，我们开玩笑都在讲，他们有时候说"×老师，评职称时你要为我说话"，我说，我觉得你对教授委员会的理解还是有偏差的，我说应该不是这样的……尽管是开玩笑，但说的就是我们想说的话……好多人说，包括其他系的一些老师问是不是要事先打个招呼，我说其实没有必要，其实是真的没有必要，因为实际上是学校的评选条件都很明确。（MA-OT-FUP-28）

另外，据B学院的一位教授介绍，教授委员会存在权力及利益竞争现象。其中，各系曾为争夺教授委员会主任及副主任等职务"吵得不可开交"，最后只能安排一个主任和三个副主任，以保证各系之间的权力平衡，而且，对于院长及该教授提出的委员"退出"机制，并未获得较多响应。可见，作为决策链条的一环，尽管有限，但仍有不少教师比较看重教授委员会潜在的权力或利益。

> 我们院长曾经提议说，教授委员会的委员当两届，之后就不再连任……我是在我们当选的第一次会议上提出的这个问题……没有

一个人响应我，甚至有人挖苦我说你不想当，你自己走吧……看来，还是有人想，因为这个还是有些利益在里面……（PE-AD-FUP-10)

由此可见，对于普通教师而言，成立教授委员会，并将其纳入决策链条的做法，至少在形式上决策的流程越来越规范，但对于参与讨论过程的教授来说，教授委员会往往被视为"形式""摆设"或"幌子"，其自身的参与亦多被感知为"走过场"；另外，亦有部分受访者认为作为决策链条中的一环，教授委员会可能成为新的权力及利益机构，当然，亦有受访者表示对于教授委员会并无特别感觉。

(三) 教师的态度

对于教授委员会的委员来说，尽管共同参与讨论，但受访者的态度还是存在较大分野。

首先，多数教授表示赞同新的做法，并愿意参与其中，其原因在于，相较于以前没有行政职务便没有话语权，教授委员会明确将学术领导排除在外，为普通教授提供发言的平台，尽管目前可能作用有限，但毕竟不是一件"坏事儿"，而且，有受访者表示，改革通常遵循固定的模式，继而在实施过程中慢慢完善，因此，教授委员会可能是一个良好的开端，"有总比没有好"。

> 教授委员会的组成有一个亮点，组委们一定是没有行政职务的……在以往没有行政职务就意味着没有话语权……现在有教授委员会这一层，还是对的，虽然现在刚开始，但我相信大家慢慢地会越来越（好），大家慢慢地会找到一些经验。(PE-OT-FUP-13)

其次，尽管"担心"教授委员会沦为形式，但依然抱持美好的愿望。一方面，希望自己的参与能够真正起到正面作用，哪怕只是帮助教师表达不同意见，或者仅仅获得一些信息的知情权，至少应该先抓住这个可以"关起门来发牢骚"的话语平台；另一方面，也希望最大限度地争取参与权，若因教授委员会未能达到预期作用而拒绝参与甚至抵制，则很有可能为学术领导收回权力制造借口。

> 我深深地知道参与是重要的……不管我自己能够起到多大的作用，我还是觉得应该去参与。（MA-OT-ACP-29）

最后，个别受访者亦表示，教授委员会参与人事事务讨论为学校直接发文规定，并要求各学院贯彻执行，自己一般"不会跟学校对着来"，而且，尽管其可能无法发挥实质作用，但由于无需额外的人力、财力等资源，成立教授委员会因而是一件"无所谓"的事情。

对于普通教师，尤其是年轻教师而言，虽然多数倾向于认可教授委员会参与教师招聘、职称评定讨论过程的新做法，但自己并无参与其中的意愿。其一，年轻教师与教授对于学术事务的判断并无分歧，因而自己是否参与并无较大区别，而且，教授的人生经验、知识积累更为丰富，其判断更为客观、准确，年轻教师则受限于决策经验，可能并无能力做出更有利于学院发展的决策。另外，年轻教师对于教授群体较为信任，认为其作为教师的代表，亦经历过助理教授、副教授的职业发展路径，能够理解和体谅年轻教师面临的种种困境，会"设身处地"地为其着想，因而，即使自己并未参与其中，教授委员会也会做出公正的、可以获得年轻教师认可的决定。

> 我觉得教授委员会中的这些教授也是跟我们一样，一步一步这样过来的，他们会设身处地地为我们着想，我们学院是一个很融洽的工作氛围，大家都很理解，所以我想即使我们助理教授或者讲师不参与进去，他们也会很公正地拿出一个大家认可的建议。（PA-OT-ASP-24）

其二，学校行政部门明确规定，教授委员会由不担任院级行政职务的正教授组成，年轻教师未被赋予参与的资格，而且可能已然接受了学术领导或资深教授决策的方式，因而多数年轻受访者表示并未"想过"参与讨论的问题，甚至有个别教师反问其参与讨论的作用为何。

其三，部分受访者表示对参与决策讨论并无兴趣，相对于参与大量"麻烦"的会议，自己更愿意做一个"执行者"。

其四，出于人际关系的考量，较为资深的教授群体方能顾虑较少，而且，即使年轻教师参与其中，在"大牌教授"面前可能也并无较大发言权。

值得注意的是，亦有受访者表示，作为新的决策环节，教授委员会的运作过程并不透明，普通教师因而表现出一定程度的"畏惧"，担心在职称评定过程中是否会因与教授委员会委员的人际关系问题而遭到淘汰，这也从侧面反映出，无论是教授委员会委员，抑或普通教师，一方面对于学校行政部门的晋升标准并不认同，另一方面，尚未形成甚至并不清楚何为客观的学术标准，而且，缘于传统做法的沿袭，人情因素而非学术标准往往被视为影响职称评定的更为关键的因素。

> 学院其他老师对我们这个运作不了解，对我们应该还是有点畏惧和担心的吧……（PA-OT-ACP-23）

综上所述，对于教授委员会参与讨论的新做法，教授群体即使预计其可能并无较大决策空间，但仍多表示赞同，并愿意参与其中；普通教师虽然亦倾向于认可新的做法，但并未表现出较为强烈的参与意愿。另外，个别教师对于教授委员会甚至表现出一定程度的畏惧，担心其与委员的人际关系可能影响自己顺利晋升，可见，人情因素而非客观学术标准可能被视为影响职称评定的更为关键的因素。

（四）教师的期待

普通教授通过教授委员会参与人事事务讨论的做法，在实际运作中受到诸多因素的干扰，对此，相关受访者表示其预期或者理想中的教授委员会，首先应该成为独立的决策机构。其一，教授委员会有权自主制定教师招聘及晋升标准，而非仅仅"执行"学校行政部门的相关规定；其二，教授委员会的沟通过程平等、独立，不受学术地位、人情的影响，参与者能够依据自己的专业知识独立做出判断；其三，教授委员会的决策结果，特别是在其做出了与学术领导"意志"相违背的某些决定时，能够得到充分尊重，而且，教授委员会目前仅能讨论由院聘委会筛选过的相关信息，因而二者的权力界限亦应该明确界定。

> 我预期或者理想的是每个人都是参与的人，都是平等的。在权力上，不管他的资历、社会影响以及学术影响等有多大的区别，在投票的时候，至少要给每个人一种安全的心理环境，根据他自己的判断来投票……所以我理想的情况就是每个人都会摒除这种权力格局的影响，然后每个人可以根据自己的专业判断，比较公正地投票。（ED-OT-ASP-07）

其次，教授委员会应该权责清晰，运作过程透明。据相关受访者的描述，教授委员会成立时间较晚，学院乃至学校学术领导对其定位尚不明确，除教师招聘、职称评定外，亦需负责较多其他事务，对此，D学院的一位教授直言，该院教授委员会"有事情就开会"，以至于自己并不清楚什么票该投，什么票不该投，感觉学校把某些杂事"推给"学院后，学院在不知道谁该负责的情况下转而"推给"教授委员会。而且，教授委员会亦未被明确规定应该具有何种权力，事实上，其更有可能处于"有责无权"的状态。

有鉴于此，教授委员会的委员较为期待能够尽快明确其应有的权力，以及可能承担的责任。对于普通教师而言，则希冀教授委员会的讨论过程能够公开、透明，投票结果以及会议记录，包括赞成或者反对的理由应该存档，并设置"查票"机制以接受教师的监督。

最后，教授委员会应该扩大决策域。除了教师招聘、职称评定外，课程体系的设置、培养方案的制定、科研项目的设立以及学科建设等与教学、科研相关的学术事务，甚至学院、学校的发展规划、科研基金分配等亦应尊重教授的专业意见，即使不享有决策的权力，教授委员会至少应该发挥参与权或者建议权。

综上所述，教授委员会委员多希望享有独立的决策权，一方面沟通过程平等，不受学术地位、人情等因素的干扰；另一方面决策结果能够得到充分尊重。而且，其亦希冀教授委员会的权责能够清晰明确，并扩大决策域，除教师招聘、职称评定外，与学术相关的诸多事务，甚至学院、学校的发展规划、资金分配等也应尊重教授的专业意见。对于普通教师而言，其更希望教授委员会的运作能够公正、透明，接受普通教师的监督。

第二节 人事事务决策方式的稳定

一、教师招聘、职称评定方式的稳定

关于教师招聘、职称评定的运作流程，学校行政部门即人事处已做具体规定，虽然C学院在此基础上进行了微调，但多数学院均较为严格地执行既有流程，并经由多次运作逐渐趋于稳定。不过，对于增设教授委员会的新做法，有受访者表示，由于目前尚在"摸索"阶段，相关规则并不成熟，尤其是关于职称评定的判断标准，院长或校长甚至可以人为"附加"条件。值得注意的是，也有受访者表示，学术领导对于"官场"尤为熟悉，对正式程序"动（手脚）"较为明显，因而，相对于附加条件，其更大可能选择"私下"沟通，而教授委员会委员亦可能"心照不宣"，表决出学术领导期望的结果。无论何种情况，以上观点至少表明教师参与决策的新做法，距离成为规则明确、运作独立的成熟制度，尚有较大的发展空间。

值得注意的是，有受访者提到"破格"的现象，即部分特殊人才可以免于现有规定的约束而被破例聘用或晋升。对于该受访者而言，"破格"现象虽然正常，但是亦可能存在"人为"破格的情况，不过，此类情况的"解释权"一般归校级学术领导享有，并不在普通教师理解和认识的范围内，该教师表示尚不清楚是否存在"人为"破格的情况。

虽然教授委员会成立不久，但是其他流程，如教师"编制"的规划、职称评定标准的制定、学系层面简历的筛选、面试的组织以及院聘委会的讨论等基本为传统做法的沿袭，呈现出较大程度的稳定性。其中，无论教师招聘，抑或职称评定，均由人事处统一规划教师"编制"及程序的启动时间，"编制"即各级职称的教师数量，各学院在保证尚有"编制"的前提下，于人事处规定的日期内依次开展招聘及晋升工作。以下分别论述个案学院的具体做法。

(一)"编制"的规划过程

通常来讲,各级职称的教师编制首先在尊重校级领导意见的基础上,由人事处根据各学院的专业发展、学生数量以及规模等进行总体限定,各学院在此基础上结合本院教师退休情况、学科建设及其未来发展规划等提出历年的人才需求,并由人事处汇总后统一发布。其中,B 学院由于学系之间学科差异较大,院长一般较为尊重各系主任的意见;C 学院及 D 学院通常在征求学系意见的基础上,以院长的意见为主;A 学院则往往更为倾向于尊重该院学术权威的意见。

据 D 学院一位教授的介绍,虽然教师编制数量由学校统一规定,但该院各学系之间可以相互调剂,比如,若个别学系副教授的名额比较紧张,则可在院级学术领导的统筹下,由系主任与其他各系及研究中心主任沟通"借"编制事宜。

> 一般是这样,学校里有些条件,然后学院根据学校的这些条件来核编,核编完了以后再看情况。院系之间可以借,相互调剂,比如说,××系,它的教授名额比较紧张,但是 MBA 中心有这样的名额,可以向它借……这一般肯定是由系里面的领导,系主任或者中心主任,他们之间相互沟通。当然了,有时候他们在沟通的过程中,可能也会请院里领导去协调。(MA-OT-FUP-28)

值得注意的是,A 学院、B 学院及 C 学院的受访者并未对此有所提及,因而,"借"编制的做法可能仅为 D 学院特有。

(二) 职称评定标准的制定过程

教师招聘、职称评定的标准,一般由校级学术领导总体规划,并由人事处等行政部门形成正式文件下发至各个学院,值得注意的是,教师并未过多关注招聘标准,因而以下主要探讨职称评定标准的制定过程。据相关受访者的观察,校级学术领导与人事处制定标准时一般有两种决策方式:其一,学术领导及行政部门领导在模仿其他院校做法的基础上拟定初稿;其二,学术领导及行政部门亦可能邀请个别学院专业相关的教授帮忙共同起草，但是具体采用何种做法，在很大程度上与"领导们"的特性与做事风格有关。

事实上，在标准正式执行之前，行政部门一般以邮件或正式会议的方式征求教师意见，不过，据相关受访者的观察，这些意见征求仅仅是"走过场"，是程序需要，教师的意见并未得到应有的尊重。其一，有教师通过邮件提交意见后，并未得到任何反馈；其二，在正式的意见征求会议上，教师的不同意见可能会被强硬地否决。

据相关受访者的描述，学校可能会出台一些"稀奇古怪"的规定，如晋升教授必须要有至少一年的出国经历，对此，有教师表示留学经历可以作为参考，但是强行作为硬性标准则是"没有道理的"，对于教师的不同意见，院级学术领导亦存在一定程度的无奈。

从院系层面来看，各学院可在学校标准的基础上制定本学院的聘任条例，但各学院的聘任标准原则上"只能比学校高，不能比学校低"。由于学校的标准是"刚性"的，因而在制定聘任标准的过程中，各学院通常只是将学校关于科研经费、论文及著作等方面的要求更为细化，并且根据本学科的具体情况，调整核心或普通期刊目录。

对于教师在职称评定标准制定过程中的参与，学术领导与普通教师各执一词。以C学院为例，该院一位学术领导表示，学校总的方案出台之后，首先召开全院教师大会，逐条讨论新的职称聘任条例，在充分征求教师，尤其是年轻教师意见的基础上，形成该院的聘任条例初稿；其次，各学系召开意见征求会，讨论聘任条例初稿，并将"所有"教师的意见综合，形成聘任条例完整稿；最后，将完整稿再次以邮件的方式转发给全体教师，若仍有不同意见，则再次修改后提交至学校人事处。

与此同时，对于标准制定的意见征求会议，普通教师则表示"印象比较模糊"，而且自己的意见可能并未得到相应的反馈，甚至有教师表示并不知道学院有自己的职称聘任标准。事实上，对于教师的不同意见，该院学术领导表示，学院的标准"必须"符合学校的要求，因而，在讨论过程中，只有与学校要求吻合的"合理"意见方可能予以考虑。

> 从我们学院的角度来说……目前是只要你觉得有意见，跟学校的要求是一致的，不会低于学校的要求，而且也是合理的，那我们一般都接受，我们就会考虑……有些意见提出来，比如说，低于学校的要求，我们必须给他解释……学校的条例高于学院的条例，必须要符合学校的要求。(PA-AD-FUP-18)

A学院、D学院的情况较为类似，通常由学术领导在学校标准的基础上拟定初稿，进而以邮件的形式征求教师意见。不过，一方面，教师的意见并未得到相应的反馈；另一方面，征求意见后的职称聘任条例并未与初稿有较大区别，据相关受访者的观察，可能会在期刊种类等细节方面有所调整，但是核心部分，如晋升的各项硬性标准均未出现较大变化。

值得注意的是，B学院由于学科差异较大，因而通常以学系为单位制定职称评定标准，据相关受访者的描述，一般由系主任"牵头"，并与几位"知名"教授组成团队，讨论并形成本系的职称评定条例，其他教师虽然较少参与其中，但却倾向于认可系主任及知名教授的讨论结果。虽然硬性条件仍需满足学校要求，但B学院仍然在期刊的级别方面做了较大调整，如物理系的一位副教授表示，该系教师对于学校采用的以JCR（即引用率）排名期刊级别的做法并不满意，认为此种排名方式使得该系教师认为重要的杂志在学校的评价体系中变得并不重要，因而，该系教授依据学科特性，重新整理了新的期刊目录，并获得了该系教师、院级学术领导以及行政部门的认可。

由此可见，职称评定标准一般由校级学术领导总体规划，行政部门负责将其形成正式文件并下发至各个学院，在此过程中虽然会以邮件、正式会议等形式征求院系教师意见，但通常仅为"走过场"。值得注意的是，院系虽然可以依据学科特性适当调整方案，但必须符合校级学术领导的整体规划方向，即使教师对其意见较大，亦通常"没有办法"予以考虑，不过，在期刊种类的调整方面，院系确实享有一定程度的自主权。另外，在学院层级的讨论过程中，教师多以邮件的形式提出不同意见，但较少能够得到反馈。

（三）学系层面的讨论过程

学系层面主要负责教师招聘过程中筛选简历以及组织面试等事务。关于简历的筛选，B学院相关学系通常将简历以邮件的方式转发给系务会委员，继而由系主任在各委员意见的基础上，根据本系的学科需求进行最终筛选。其中，系务会委员通常由系主任"提议"产生，并以系主任、副系主任以及研究中心或实验室等平台领导为主。值得注意的是，该院个别学系由于规模较小且刚刚成立不久，因而应聘者的简历一般由全系11位教师共同讨论后决定。

C学院和D学院的做法基本类似，一般由学院人事秘书汇总各个渠道提交而来的简历，并将其分别转发给各系系主任。通常情况下，系主任会与副系主任共同讨论简历的基本情况，个别学系亦会征求前任正、副系主任的意见，D学院的一位副系主任分享了自己的参与经历。该教授为境外著名大学的博士毕业生，且主要负责学系的教学及科研事务，对国内外学术发展水平及动态较为熟悉，因而系主任倾向于信任并尊重该教授对于应聘者科研水平的专业判断，并在此基础上，结合学科发展需要，最终决定面试人选。值得注意的是，C学院的一位系主任表示，事实上并不存在"筛选"的过程，就该系而言，提交简历的应聘者基本均能获得面试机会。

> 一般每个系都是系主任负责招聘工作，副系主任和我就是给一些建议……比如说这个学校好不好，专业好不好，这个人发的文章强不强，他（系主任）一般对这方面不是非常有把握，所以要先来问问我……我只是给他参考意见，他决定要不要这个人来参加面试。……（MA-AD-FUP-26）

A学院由于尚未设立具体学系，因而简历主要由院长、副院长、书记、副书记以及该院学术权威构成的院务会负责讨论，其中，讨论过程通常试图达成共识，但若出现分歧，一般倾向于以该学术权威的意见为主。据一位助理教授介绍，其曾目睹书记将一位应聘者的简历递交老先生并征求其意见，尽管该助理教授并不清楚后续的情况，但据其观察，老先生非常清楚学院的基本情况，并对未来的发展规划有着自己独到的见解，因而涉及学院的较为重大的决策，老先生均享有至关重要的发言权。

除筛选简历之外，学系一般亦负责组织应聘者的面试。各学院的面试过程基本类似，一般首先由应聘者介绍自己的求学或工作经历、博士论文的基本内容或最近的研究课题、已经取得的科研成果等，继而由面试教师就应聘者的基本情况进行提问，B 学院的部分学系亦会设立试讲环节，以考察应聘者的教学水平。通常情况下，面试结束后，各学系一般将面试意见提交至院聘委会讨论，而教师很少对后续程序保持关注与追踪。

面试期间，教师一般会就应聘者的表现进行较为简单的交流，个别学系亦以打分的形式予以评价。据相关受访者的观察，一方面，个案大学的应聘标准较高，一般投递简历的应聘者均较为优秀；另一方面，教师对于应聘者的评价标准较为统一和客观，很容易就其教学及科研水平达成共识，因而讨论过程中通常并无较多不同意见。

当然，在出现不同意见的情况下，各学院往往尽量沟通达成共识，如若不然，B 学院及 C 学院的相关学系通常在充分讨论的基础上投票决定；A 学院则主要以该院学术权威的意见为主；D 学院个别学系的系主任一般并不会现场表态，而是将不同意见暂时搁置，留待与院长沟通时最后商定。

关于面试教师的确定，B 学院一般由系务会委员，尤其是应聘者可能加入的科研团队的负责人参与面试过程；在 A 学院，一般所有的教授均可参与面试以及对于应聘者表现情况的讨论过程；D 学院则主要由系主任决定参与面试的教师，并主要以资深教授为主，个别规模较小的学系，副教授可能有机会参与其中；C 学院之前与 D 学院的做法类似，近年则主要由各系的教授委员会委员负责面试，并对应聘者的基本情况进行总体评价，给出是否可以录用的建议。

值得注意的是，C 学院及 D 学院的部分学系近年均有教师争取参与决策的权力，其中，C 学院教师要求享有决策权，提出应由全系教师共同表决应聘结果，但并未获得学术领导的认可；D 学院教师则仅要求参与面试过程，据相关受访者反映，由于新任系主任较为"谦和"，因而同意增加普通教师的参与机会，学系教师若有兴趣均可参加面试过程。不过，该系教师在实际运作中并未积极参与其中，究其原因，一方面，教师平时工作较为繁忙，且招聘与自身利益无直接关联，因而并无参与其中的动力；另一方面，虽然获得参与机会，但决策结果仍为学术领导享有，自己的参与并无实质作用，这也在一定程度上打击了教师的参与热情。

另据参与其中的教师反映，虽然系主任意图增加普通教师的参与机会，但是改革仍处于起步阶段，而且面试过程中的部分程序细节仍有进步的空间。一方面，面试情况的评价表仅列"好""可以""不行"三种选项，未给教师充足的评价空间；另一方面，面试教师的打分情况并未有所反馈。

值得注意的是，尽管在面试过程中教师并未获得较多互动机会，但据相关受访者反映，其事后在"餐会"中对面试情况进行了讨论。关于应聘者的基本情况，有教师认为其中一名应聘者除研究思路的阐述及问答环节的表现并不理想之外，更觉得其性格过于"自我"和"浅薄"，而且该应聘者明确表示自己已经拿到其他几所重点大学的录用通知，并会优先考虑在香港入职，可见其对于个案大学的求职意愿并不强烈，因而反对提供录用通知。与此同时，该系副主任则认为，应聘者较为年轻，而且长期生活于较为单纯的大学氛围中，社会经验的欠缺使其表现得较为自我，但是其研究思路较为独特，可能与其他教师形成互补，能够充实学系的知识结构。

在此基础上，关于是否提供录用通知，教师与学术领导形成两种较为不同的意见。其中，系主任等学术领导认为，应该提供录用通知以显示"友好"与招聘人才的"诚意"，毕竟该应聘者为境外著名大学的博士生，而且这是由副系主任于美国开会期间专程发出的面试邀请。但是，该系教师对此则明确表示反对，并认为：其一，不提供录用通知不等于否定其能力，而是仅仅表示从本系的需求来说，该应聘者并不"合适"；其二，既然系主任试图增加教师的参与机会，那么就应该同时尊重讨论的机制与集体的意见。

据相关受访者反映，对于教师的意见，系主任再三考虑后表示，会再次询问该应聘者的求职意愿，若愿意入职则提供录用通知，若仍然态度含糊则不予以提供。对此，该受访者表示，虽然目前面试的结果仍以系主任的意见为主，但教师可通过正式或非正式的渠道发声。

（结果）应该是系主任的意见比较重要。但是，我想可能大家发表的意见，会影响他的意见，但是最终还是他来决定的……（MA-OT-ACP-29）

由此可见，无论是简历的筛选，抑或面试的组织，其讨论过程及决策结果均主要以学术领导的意见为主，普通教师很少有机会参与其中，而且，即使少部分教师参与讨论过程，亦无法对决策结果产生重要影响。不过，在个别学术领导较为"开明"的学系，教师的参与机会可能较多，亦可通过正式或非正式的渠道发声。

（四）学院层面的讨论过程

面试结束后，一般由院聘委会委员针对面试结果进行讨论，其中，院聘委会往往由包括书记在内的院级学术领导构成，B 学院亦包括各个学系的系主任。就 C 学院来讲，由于之前已经经过教授委员会的面试与讨论，院聘委会一般倾向于尊重其意见，通常情况下，教授委员会建议不宜录用的，院聘委会基本不会考虑，而教授委员会认为可以考虑的，院聘委会则通常基于学院发展规划及学科需求等考量，在教授委员会意见的基础上最后决定是否录用。当然，院聘委会亦会严格把关应聘者是否达到了学校的硬性条件，有教师表示，其所在学系曾经面试过一位较为优秀的学生，该应聘者为香港大学的博士，北京大学的硕士，但由于其本科毕业于湖北大学，不满足学校关于"本、硕、博均毕业于'985'院校"的规定，最终仍为院聘委会否决。事实上，即使通过院聘委会的讨论，学校人事处依然极有可能予以否决。

A 学院学术领导以及该院学术权威已经在面试环节充分沟通，因而一般并无不同意见；B 学院院聘委会通常在严格把关应聘者是否满足学校硬性条件的基础上，尊重各个学系的面试意见；而 D 学院院聘委会的讨论在很大程度上与其院长"风格"相关，有教师表示，自其入职以来共经历了 3 任院长，新任院长刚刚上任，对其了解不多，另外两任院长均较为尊重学系对于应聘者教学及科研能力的专业判断。第二任院长较为注重招聘程序的公正性，虽然可能"得罪人"，但仍较为严格地控制应聘过程中的"利益纠葛"，如该院长明确规定，同一导师的学生不可连续留院任教，以防止"近亲繁殖"以及其他利益冲突等问题。

院聘委会讨论后，其他三个学院一般将其初步意见提交至教授委员会，继而交由学部委员会及校聘委会最后决定应聘结果，而 C 学院的教授委员会由于已经把关面试环节，因而院聘委会的讨论意见通常直接交由学部委员会以及校聘委会。值得注意的是，关于学部委员会以及校聘委会的讨论过程，多数受访者表示并不知情，不过，据个别受访者的观察，学部委员会通常由各院院长以及学校高薪聘请的"长江学者"等资深教授组成，并对学院提交的应聘或者职称评定材料进行严格的审核，而校聘委会一般以校长、副校长以及行政部门的主要负责人，如人事处处长等为主要成员，通常情况下，校聘委会倾向于尊重学部委员会的决策结果。

除此之外，院聘委会亦负责讨论教师的职称评定。关于职称评定，一般首先由人事秘书收集并审核各申请者的相关材料，值得注意的是，人事秘书一般仅为"形式"审核，即检查各教师的材料是否提交齐全并且已经满足学校的各项晋升标准，需要的话，可能会与相关教师沟通材料的补充，或者对于较为模糊的成果做出解释等。比如，教师的个别文章在材料递交的截止日期前可能已经发布电子版，但纸质的杂志尚未出版，该文章是否可以算作研究成果有时会存在不同意见。据 B 学院一位教授的介绍，该院人事秘书一般会将自己对于教师材料的审核意见详细列出，如哪些条件已经符合，哪些条件尚有争议等，以供院聘委会以及教授委员会在讨论过程中参考。

在与学术领导沟通并取得同意后，人事秘书进而将申请者的材料提交至学校人事处，由其寄给外审专家匿名评审，其中，外审专家通常由各学院推荐，组成专家库，并由人事处工作人员随机抽取。院聘委会一般结合外审专家意见，对申请者的材料进行审核，个别学系还可能组织申请者到场答辩，详细阐述自己的科研成果等。对于讨论中的不同意见，B 学院一般投票决定；A 学院依然以该学术权威的意见为主，当然，教师们较为倾向于认可并尊重老先生的判断与决定；C 学院与 D 学院的受访者则表示，该院提交材料的教师一般均满足学校的最低要求，因而通常并无不同意见，即使出现小的分歧，很可能以院长的意见为主，或者暂时搁置留待其后的教授委员会讨论决定。

值得注意的是，书记作为院聘委会委员，亦有机会参与讨论过程，事实上，B 学院、C 学院的书记本身即为教授，只是"兼职"书记的职务，对此，有受访者表示，书记在讨论过程中可能更多的是以"教授"或者"聘委会委员"的身份发表意见，与其"书记"的职务关系不大；不过，A学院的书记并无学术职务，而是全职的行政人员，对此，相关受访者表示，书记虽然参与其中，但一般并非"主角"，其意见通常仅为"参考"。事实上，多位受访者谈及书记在人事事务中的作用时表示，其通常仅"配合"院长的工作，并未享有决定性的发言权，不过，亦有个别受访者认为，书记虽然不参与普通教师的招聘及职称评定，但却在学术领导的选拔方面享有发言权，而且其权力呈逐渐增强的趋势。

值得注意的是，无论是教师招聘，抑或职称评定，普通教师均极少有机会参与其中，亦不清楚院聘委会、教授委员会的运作过程，甚至其对于招聘、晋升流程的了解仅限于自己之前的参与经历。

二、教师对自身参与的诠释

根据学校要求，各学院相继成立教授委员会，以增加普通教师在人事事务中的参与机会，然而，教授委员会以教授群体尤其是系主任等学术领导为主要委员，年轻教师仍被排除在决策过程之外。个别年轻教师可能以学术秘书的身份参与其中，但其并未享有讨论及投票权，而是仅承担部分低层次的行政杂务。

对于自己在人事事务中的参与，首先，教授委员会委员多认为自己虽然参与其中但没有决策权。其原因在于，教授委员会并不享有制定招聘、晋升标准的权力，其主要负责的事务、所处的决策环节亦由学校行政部门事先规定，更重要的是，教授委员会与其他决策机构，尤其是院聘委会的权力界限尚未明确区分，而且讨论过程可能受到学术地位、人情等因素的干扰，较难投出否决票或者提出不同意见，以上种种因素使得教授委员会更多地被视为程序需要，而非独立的决策机构。除此之外，个别年轻教师可能有机会参与学系层面的面试环节，但据相关受访者介绍，其更多的是参与面试过程，但对于决策结果"还是起不上很大的作用"。

我觉得（作用）好像不是很大……需要执行的时候公公正正地

做，但是最后决策的时候，还是起不上很大的作用。（MA-OT-ACP-31）

其次，部分教授委员会委员亦认为自己的参与主要为"职责"的履行或者"任务"的完成。其中，系主任等学术领导多表示"在其位尽其职"，作为"系领导"或者各个委员会的委员，参与讨论实乃职责所在。另外，个别普通教授倾向于将参与教授委员会讨论视为一项"任务"，并表示"反正通知我我就去，没通知我就不去"，而且，多位承担低层次行政杂务的年轻教师亦倾向于视其参与为学术领导分配的"任务"。

> 从规章制度的角度考虑，系领导、聘委会委员、教授委员会委员，按照流程规定自然要参与进来，因为这是你的一个责任……自然都得把关，在其位尽其职，完成该承担的责任。（PE-AD-FUP-11）

最后，少部分教授亦认为自己更像是"审计员"，依托教授委员会把关学术领导的决策结果。根据学校规定，进入教授委员会的相关议题已经经过院长的提名以及院聘委会的讨论，作为学院层级的最后环节，教授委员会仅能依据人事处等行政部门规定的招聘、职称评定标准，最后"看一下"学术领导筛选过的应聘者或者申请晋升的教师，是否满足了学校的硬性要求。

事实上，个别年轻教师亦认为自己能够以非正式的方式表达意见，并且影响其他教师甚至学术领导的判断，当然，这在很大程度上与学术领导的性格及处事风格有关。据相关受访者介绍，即使对于决策结果并未产生"决定性"作用，但自己依然积极争取参与机会，同时以聊天等非正式渠道表达自己的观点，试图最大限度地争取参与的权力。

> 可能我也觉得没有什么太大的作用，但是我就会跟人家聊天啊，这种也是影响啊，至少我的意见是传出去了，我也会影响别人……包括像系主任我也会跟他讲……我的理由是什么，他就得考虑……如果我说的合理，还是会影响到他的，我没有决定性作用。（MA-OT-ACP-29）

综上所述，教授委员会成员多认为自己虽然参与其中但并不享有决策权，学术领导则倾向于视其参与为"职责"的履行，另外，承担低层次行政杂务的年轻教师多认为此乃学术领导分配的"任务"。不过，仍有个别教师表示自己可以通过非正式的方式表达意见，当然，这在很大程度上视乎该学术领导的性格以及处事风格。

三、教师的应对方式

首先，多数教师尤其是年轻教师已然接受"学术领导决策"或者"家长决策"的方式，一方面，并未表现出较为强烈的参与意愿，亦不曾在意此种方式是否妥当，或者试图思考有无其他更好的选择等问题，如部分受访者表示，除非损害到自身利益，否则不会去关注"大局的发展"，其主要原因在于自己没有办法改变现状；另一方面，对于学术领导或者"家长"做出的决策，即使持有不同意见，亦不会坚持或者试图沟通，而是倾向于选择接受或者妥协。

值得注意的是，C学院一位教授（以下称为Y教授）的经历或许可以展示普通教师甚至系级学术领导对于院级学术领导决策结果的无奈。一般情况下，院聘委会均较为尊重学系对于应聘者的面试意见，在其印象中只有一次例外。据Y教授的描述，该应聘者面试几个月后，院级学术领导在未与学系任何人沟通的情况下，突然于暑假期间宣布该应聘者未通过院聘委会的讨论，而且亦未告知最后的招聘结果。Y教授事后打探缘由，被告知该应聘者的"科研方面不是很强"，尽管对这一结果"很吃惊"，却只能选择接受，"没有办法"公开质问院级学术领导。

其次，亦有少部分受访者试图对现有做法提出不同意见，不过，若这种不同意见与学校的硬性规定相矛盾，亦极少能够得到反馈或认真对待。其中，D学院教授委员会委员对"署名投票"的意见较大，认为这种做法使得各委员碍于人情以及学术领导"意图"等因素的干扰，无法表达真实的意愿，因而，该院教授委员会将此意见形成正式报告递交至学校行政部门，并详细阐述理由要求匿名投票。据相关受访者的描述，行政部门工作人员一方面认为此要求需要校长等"高层"领导的表态，另一方面却表示"不方便"将其意见反映给高层领导，最后以"此做法为学校规定"为理由，打发了教授们的相关请求。

值得注意的是，该院教授此后又将教授委员会在实际运作中出现的问题汇总并整理成文件，计划递交学院以及学校相关部门，但由于此前的经历，该院教授同时表示并不清楚应该将意见递交至哪个部门，亦不知道应如何将不同意见反映给校长等高层领导。由此可见，学校层级的决策主要以校级学术领导为主，行政部门则通常负责"上传下达"，但在实际运作过程中，行政部门更为注重"下达"领导意见，并尽力保证其顺利贯彻执行，而在很大程度上忽视了"上传"院系教师的不同意见，这可能也是诸多受访者对行政部门表示不满的重要原因之一。

另外，在院系层面，个别受访者表示自己往往可以通过聊天等非正式渠道表达自己的不同意见，而是否能被接受则主要取决于学术领导的喜好与个人想法。如 C 学院一位教授表示，其所在学系的系主任认为应主要招聘国外著名大学的博士毕业生，而该教授则认为应聘者的科研潜力、教学水平等个人能力才是最重要的评价标准，并在一次聊天的过程中表达出来，该教授认为，即使其表达了自己的观点，系主任可能仍然认为是否毕业于国外著名大学才是重要的招聘标准。

第三，D 学院的部分受访者讲述了该系教师几次争取权利并获得成功的经历。其一，该系以往参与面试环节的教师通常由系主任决定，并以资深教授为主，多位教师对此表示了不满，并公开表达意见，要求增加普通教师的参与机会，对此，系主任给予了支持；其二，在选举教授委员会委员的过程中，该系教师对于学院仅分配 1 个委员名额，且在未征求教师意见的情况下，便决定了名额分配方案的做法表示不满，个别教师甚至表示若不能争取应得的 2 个名额，则拒绝出席会议，在此压力下，系主任与院长进行沟通，并成功争取到 2 个委员名额。不过，此事件使得多数教师认为系主任无法维护学系利益，因而投票选出 2 位普通教师，事实上，该学系为 D 学院唯一未选系主任、副系主任为教授委员会委员的学系。据相关受访者反映，该系教师争取权利的行为在很大程度上与系主任较为"谦恭"，愿意倾向教师意见的处事风格有关。

> 其实这与我们的领导，系主任有关系吧……他是属于那种挺谦恭的，做事情诚恳的那种人，所以相对来说，他也老让我们提一些什么想法。(MA-OT-ACP-29)

最后，少部分受访者同样试图反抗其认为不合常理的做法。如 B 学院的一位教授表示，其所在的教授委员会可能会被要求紧急开会，以表决人事处临时通知的部分决议，对此，包括该教授在内的几位委员均较为抵制，并拒绝出席会议现场。当然，这种做法有时可以争取延缓开会的机会，并要求人事秘书在开会之前提供相关资料供其参考，但亦可能由其他委员紧急开会表决。另外，D 学院的多位教授委员会委员亦表示，若学院及学校再不重视其"匿名投票"等意见，则选择退出教授委员会。

值得注意的是，个别受访者亦企图利用小型的"社会运动"维护自己的权利。据 C 学院的受访者表示，近年学校在未提供决策依据及其理论或数据支撑的情况下，突然将职称聘任标准提高一倍，对此，该院教授觉得无法接受，因而与几位同事拟定了一份较为详细的意见，并公开署名递交校级学术领导，此外，该教授亦发邮件给全院教师获取支持。对于教授们较为强硬的意见表达，学校最终做出些许让步，如之前规定教授职称需提交 6 篇一类核心文章，随后则改为提交 5 篇即可。事实上，该教授对此让步并不满意，认为教师们在意的并非文章数量，而是需要知情学校领导决策的依据。

另外，该教授亦曾因学院办公室分配方案组织"社会运动"，虽然此事件与人事事务决策无关，但亦可从中窥探学术领导对于教师"社会运动"的态度与处理方式。据悉，C 学院曾经调整办公室的分配，由于决策过程不透明，再加上该教授对新的方案并不满意，因而拒绝配合搬迁，随后，多位教师响应该教授的行为，拒绝执行新的分配方案。对此，学术领导首先不予理睬，试图以此态度慢慢消磨教师的敌对情绪及行为；随后，见教师并无退让的想法，便表态愿意倾听教师的意见，但仍然不予解决；最后，教师们表示若再不解决问题则保留"告"到学校的权利，学术领导随即召开会议讨论相关问题，并按照教师的要求重新调整了办公室分配方案。

由此可见，多数教师尤其是年轻教师对于现有做法，多倾向于接受或者妥协，一方面其可能已然接受"学术领导决策"或者"家长决策"的方式，另一方面亦可能出于对自身"前途"等利益的考量，当然，在个别学术领导较为"开明"的学系，教师亦有可能以非正式形式表达意见，或者争取参与的权利。不过，教授委员会的委员则试图对现有做法提出不同意见，甚至以"社会运动"等方式争取自身权利，事实上，对于福利分配等较为边缘的事务，教授可能获得学术领导的让步，但是对于职称评定标准等重要政策，通常仅能得到校级或院级学术领导形式化的回应。

第三节 人事事务决策方式的惯性特征

相较于以前，教师招聘、职称评定的决策方式经过长期发展演变，逐渐趋于规范并试图增加普通教师，尤其是教授群体参与决策的机会，不过，这种新的做法在实际运作中仍然受到正式规定以及人情等诸多因素的干扰，以下分而论述之。

一、以前的教师招聘、晋升方式

关于教师招聘，几位工作时间较长的教师谈及自身求职经历时提到，由于以前师资短缺且教师"编制"较为充裕，再加上自己本身即为该院为数不多的博士研究生，因而并未经历投递简历、面试等环节，仅需向院长或系主任等学术领导表明求职意图，并获得其同意即可。D学院的一位教授分享了自己的求职经历：

>当时我博士一毕业就留校了，我就是D学院毕业的博士。（MA-OT-FUP-27）

随着教师数量的日渐饱和，学校逐渐规范招聘流程，增加面试、院学术委员会讨论等环节，其中，学术委员会一般由院、系学术领导及资深教授组成。据多位受访者的观察，除未成立教授委员会以及学部委员会外，其他流程基本与目前做法类似，不过，尽管招聘形式日趋规范，学术领导尤其是院长对于最终的招聘结果仍享有至关重要的发言权，当然，A 学院则主要以该院学术权威的意见为主。

> 当时我进来的时候师资力量是比较弱的，所以当时的领导决定大规模引进人才……当时就是院领导加系领导直接决定……当时没有教授委员会。(PE-OT-ACP-14)

与教师招聘类似，以前的职称评定同样除教授委员会以及学部委员会外，申请材料的递交及筛选、院聘委会的讨论等其他流程基本与目前做法类似。不过，相较于现在，以前院系层级更为注重院长、系主任等学术领导的意见，普通教师很少能够参与其中，即使个别教授能够参与讨论过程，但据相关受访者的介绍，其意见仅能作为"参考"，决策结果一般以"主要领导"的意见为主。

> 讨论的话呢一般都会以院长的意见为主，教授们也可以发表不同的意见……这里面主要领导的意见是非常重要的，教授们的意见可以反映，也可以作为参考。(ED-OT-FUP-03)

另外，在学校层面，以前主要由校聘委会表决职称评定的最后结果，而校聘委会主要由校长、副校长以及各行政部门的处长等构成，对此，有教师表示，相对于目前由以各院院长、资深教授组成的学部委员会最终表决，以前的做法有点"乱套"。值得注意的是，虽然目前学部委员会的讨论结果亦需提交至校聘委会，但据相关受访者的观察，校聘委会基本上属于"过程序"，若没有舞弊等特殊情况，学部委员会的决定一般等同于"终审结果"。

由此可见，在院系层级，以前的招聘及职称评定方式，多以学术领导的意见为主，普通教师较少有机会参与其中，即使个别教授参与讨论过程，亦对决策结果并无重要影响。在学校层级，以前的做法较为混乱，且一般更为重视校级学术领导以及各行政部门领导的意见。

二、目前决策方式的调整空间

事实上，据诸多受访者的观察，相较于以前，现在的决策方式主要存在两项调整空间。其一，招聘以及职称评定标准有所提高；其二，成立学院以及学部教授委员会，增加普通教授参与讨论的机会，同时降低校级学术领导以及行政部门领导对于人事事务的干预。不过，虽然成立了教授委员会，但多位教师表示新的做法与以前"没有多大区别"，而且，参与其中的教授亦认为，受制于人情等因素的干扰，并未感知教授委员会对招聘及职称评定结果产生了重要影响。

（一）招聘、职称评定标准的调整

关于教师招聘，由于求职者的数量逐渐增加，而教师的"编制"却已经趋于饱和，以至于"水涨船高"，招聘标准不断提升，据相关受访者反映，其入职时仅要求2篇核心期刊文章以及博士毕业于"985"院校等条件，而现在不仅科研成果要求翻倍，更规定应聘者本科、硕士、博士均须毕业于"985"院校以及有留学或者访学等海外经验。此外，职称评定亦存在类似现象，学校规定的晋升标准，如文章数量、课题经费等较之以前几乎翻了一倍。

> 就是有些标准会变……从5年前的标准到现在已经基本上翻了一倍，教学工作量没有变，但是科研工作量基本上翻了一倍。(PE-OT-ACP-14)

除招聘、职称评定标准的调整之外，亦有受访者表示应聘者以及申请晋升的教师需要经历的流程亦越来越多，以教师招聘为例，以前仅需学系组织面试、院聘委会以及校聘委会的讨论，如今则在此基础上，增设了学院教授委员会以及学部委员会两个讨论环节。

（二）教授委员会的实际运作

由于教授委员会刚刚成立，尚在"摸索"与"磨合"阶段，因而多数受访者认为其意义甚微,可能"就是多走了一个程序而已",个别教师甚至表示基本上没有感觉到教授委员会的运作。综合来看,教授委员会主要受到人情、个别学术权威以及学术领导"不在场"权力的干扰,以下分而论述之。

1. "拍手党"的困扰:人情与关系文化的制约

出于对人情与关系等因素的考虑,教授委员会委员在人事事务,尤其是职称评定的讨论过程中几乎成为"拍手党",很少投出否决票或提出反对意见。据部分受访者的观察,若相关教师达到学校规定的硬性条件,除非存在严重的品行不端、学术舞弊等行为,否则极少会被否决或淘汰。

A学院的教师表示,个别副教授连续几年申请教授职称未果,如今马上面临退休,其他教师较为"同情"其遭遇,即使该副教授未达到标准亦通过了学院层级的讨论,不过最后仍被学校退回申请。另外,若个别教师的成果与学校标准"仅差一点",其他教师亦可能帮忙出主意,以使其顺利通过学院及学校的讨论。

2. "不在场"的权力:学术领导的隐性干预

根据学校要求,院级学术领导不可参与教授委员会的讨论,对此,部分受访者表示,权力可于"无形"中发挥作用,无关学术领导本人在场与否。一方面,学校政策明确规定,院长有权对教授委员会的讨论结果提请一次重新审议;另一方面,对于院学术领导的"倾向性"意见,教授委员会极少行使否决权。

值得注意的是,亦有受访者表示教授委员会的委员以系主任、副系主任等学术领导为主,而这些委员本身即为院级学术领导的"代言人",很有可能会就相关问题提前与其进行沟通。

3. "家长"的绝对话语:学术权威的潜在影响

对个别规模较小的学院而言,若该院存在一位学术权威,则学院的大小决策极有可能均以这位"家长"的意见为主。以A学院为例,该院学术权威在人事事务的决策过程中,无论是简历的筛选、面试的组织,还是院聘委会以及教授委员会的讨论,若有意见分歧,一般均较为尊重该学术权威的意见。

在教授委员会的运作过程中,该学术权威可能有意或者无意在讨论过程中表现出"定调"的行为，而其他教师即使并未参与面试环节，或者对于个别教师的学术成果并不满意，亦可能倾向于尊重该学术权威的主导意见，投出赞成票。尽管经过多次磨合，已有个别教授试图按照自己的标准做出决定，但此举尚未能影响教授委员会的讨论氛围，最后结果仍主要以该学术权威的意见为主，而非教授之间专业共识的达成。

第四节 本章结语

本章试图分析教师参与人事事务的制度化过程。其中，首先关注教师招聘、职称评定的新做法，以及教师对于新的决策方式的内化过程；其次，具体探讨教师招聘、职称评定方式以及教师的参与过程如何稳定及代代相传，并试图总结教师对自身参与的诠释，以及对于现有做法的应对方式；最后，分析目前的决策方式相较于之前存在怎样的调整空间，以及其在实际运作中如何受到之前做法的影响。

第一，教师招聘、职称评定确有新的实践方式出现。其中，根据学校规定，各学院及学部分别成立教授委员会以及学部委员会，以增加普通教师的参与机会，同时减少校级学术领导以及行政部门领导对于人事事务的干预。不过，教授委员会目前仅教授群体能够参与其中，而且系主任、副系主任等系级学术领导往往占据多数席位，普通教师仍基本被排除在决策过程之外。值得注意的是，个别年轻教师可能作为"学术秘书"参与其中，但并未被给予讨论及投票权，而是仅仅承担部分低层次的行政杂务。

事实上，教授委员会并未获得独立的决策权，一方面，其仅能依据学校行政部门制定的招聘、职称评定标准，把关院聘委会的决策结果；另一方面，对于教授委员会的讨论意见，院长有权提请一次重新评议，而在实际运作中，确实有发生重新讨论的现象，更重要的是，重新讨论后，教授委员会得出了与院长意见一致的决策结果，可见，教授委员会有限的讨论权亦可能受到学术领导的限制。

值得注意的是，我国大学的治理亦表现出较为符合我国情境的决策方式，一方面，个别规模较小的学院表现出较为明显的"家长式"决策方式，以教师招聘为例，无论是简历的筛选、面试的组织、院聘委会以及教授委员会的讨论，其中若有意见分歧，该院个别学术权威一般享有决定性的发言权；另一方面，校级学术领导在教师招聘、职称评定等人事事务中，享有制定标准、审核"编制"、规划流程等诸多重要权力，院系通常仅能选择接受与执行，自主空间受到压缩。更为重要的是，人事处等行政部门在实际运作中，过于注重校级领导决策结果的"顺利"执行，即使以邮件或正式会议等形式征求院系教师意见，也往往流于形式，而且尽管有教师以各种方式反映问题，亦往往得不到行政部门的认真对待。

关于教师对新的实践方式的认识，教师招聘、职称评定的新做法一般由校级学术领导整体规划，行政部门形成并发布正式文件，院系学术领导以及普通教师，往往在正式实施过程中通过各种正式或非正式途径"被通知"相关改革信息；对于新的实践方式，教授委员会成员往往视其为"形式""摆设"或"幌子"，不过尽管如此，多数委员亦表示愿意参与其中。对于普通教师而言，虽然认为至少决策的形式越来越规范，但却并未表现出较为强烈的参与意愿；另外，对于教授委员会，各委员多期待获得独立的决策权，一方面沟通过程平等，不受学术地位、人情等因素的干扰，另一方面决策结果能够得到充分尊重。除此之外，部分教授亦希望能够扩大决策域，与学术相关的诸多事务，甚至学院、学校的发展规划、资金分配等也能尊重教授的专业意见。与此同时，普通教师则更期待教授委员会的运作公正、透明，接受普通教师的监督。

第二，关于教师招聘、职称评定的运作流程，多数学院均较为严格地执行学校规定，并经过多次实际操作逐渐趋于稳定。除教授委员会由于成立时间较晚，操作规则并未成熟，运作过程并未独立以外，其他流程，如教师"编制"的规划、职称评定标准的制定、学系层面简历的筛选、面试的组织以及院聘委会的讨论等基本为传统决策方式的沿袭，是院系及学校的"一贯"做法。其中，教师编制以及招聘、晋升标准的制定一般由校级学术领导整体规划，院系教师甚至学术领导往往仅能选择严格执行，即使存在不同意见，亦较少能够得到反馈或认真对待。另外，在院系层面，无论是简历的筛选、面试的组织、聘委会以及教授委员会的讨论过程及决策结果的确定，通常均以学术领导的意见为主，普通教师很少有机会参与其中，即使个别教师能够参与讨论，亦无法对决策结果产生重要影响。

相关国际讨论显示，多数教师倾向于将其在决策中的参与视为价值观或者工作的重要组成部分（Tierney & Minor，2003；Miller，2002），在我国的情境下，教授委员会成员多认为自己虽参与其中但并不享有决策权，承担低层次行政杂务的年轻教师多倾向于视其参与为学术领导分配的"任务"，另外，部分学术领导亦认为参与讨论实则职责所在。

面对既定的制度安排，个体能够选择默从、逃避、反抗等多种策略性的回应方式（Oliver，1991）。事实上，依个案学校案例所见，多数教师尤其是年轻教师对于现有做法，多倾向于接受或者妥协，这与其已然接受"学术领导决策"或者"家长决策"的方式固然有关，不过，亦有可能是出于对自身"前途"等利益的考量。若学术领导较为"谦恭"且愿意倾听不同意见，教师亦有可能以非正式形式表达个人观点，或者争取参与的权力。值得注意的是，少部分教授委员会的委员试图对现有做法提出不同意见，甚至以"社会运动"等方式争取自身权力，不过，教授的不同意见往往并未得到学术领导及行政部门的认真对待，至于"社会运动"等较为激烈的意见表达，通常仅能争取到学术领导关于福利分配等较为边缘事务的让步，而对于职称评定标准等重要政策，一般仅能得到其形式化的回应。

第三，关于教师招聘、职称评定等人事事务，虽然决策流程较之以前渐趋规范，并在学院层级成立教授委员会，以增加普通教授的参与机会。但在实际运作中，教授委员会往往受到人情、学术地位以及学术领导"不在场"权力的干扰，种种因素使得教授无法表达真正的决策意图。教授委员会由于成立时间较晚，尚在"摸索"与"磨合"阶段，因而多数教师表示并未感觉新的做法与以前有较大区别，教授委员会委员亦未感知自己的参与对招聘及职称评定结果产生了重要影响。

第七章 结 论

"教授治学"近期被列入政策文本,强调大学教师应在课程、招生、教师招聘、职称评定等学术事务方面享有发言权。作为一种新的实践方式,"教授治学"逐渐嵌入大学教师的日常生活,不过,以往学术领导侵占决策资源、主宰决策过程、干预决策结果的做法在很大程度上仍影响着"教授治学"的实际运作。

本章首先回顾与整理前述三章的研究发现,并试图总结主要的研究结论;其次,在此基础之上,为国际学术研究关于制度化过程、共同治理的讨论提供中国情境下的回应,并为"教授治学"的实施提供政策建议;最后,反思研究可能存在的局限并提出未来可能的研究方向。

第一节 研究发现

教师参与决策,尤其是课程、招生、教师招聘、职称评定等学术事务的决策过程是共同治理的重要议题之一。本研究以制度化过程为理论视角,借助 Tolbert 和 Zucker(1996)等学者关于制度在个体日常生活中之形成过程的研究框架,试图回答以下三个核心问题:

其一，我国大学教师参与课程事务的制度化过程为何？

其二，我国大学教师参与招生事务的制度化过程为何？

其三，我国大学教师参与人事事务的制度化过程为何？

本研究基于对我国一所研究型大学 33 位不同行政职务、职称、学科背景之教师的实证研究，探讨关于教师参与决策有何新的做法，这些新的做法如何稳定并代代相传为院系的常规活动之一，不同的制度化过程如何影响教师的参与行为，教师如何逐步认识、接受、内化新的做法，如何看待原有做法对新的实践方式引入的影响等。以下简要总结主要的研究发现。

一、课程事务中的教师参与

关于课程开设，必修课一般由教学大纲严格规定开设的数量、学分以及所在学期，主要由系级学术领导"分配"给相应的任课教师，或者在系主任协调下，部分教师"接替"其他教师负责的必修课程，部分学系甚至以"竞争"的方式确定任课教师，即相关教师试讲后，由系教学委员会讨论并决定"适合"的任课教师，值得注意的是，系教学委员会通常由学术领导及个别教学经验丰富的资深教授组成；院选课主要有教师自主申请和系级学术领导分配两种方式，据相关受访者的观察，多数学系均较为尊重教师的开课意愿，不过亦有个别学系限于学校对于课程学分的压缩而控制院选课的开设数量；校选课的开设较为容易，只需与学系或学院教学秘书协调，且选课人数达到学校规定的最低要求即可。

关于教学大纲的修订，学术领导通常主导修订过程，部分学系的资深教授可能有机会作为相关委员会的成员参与其中，当然，个别规模较小且学术领导较为"开明"的学系，可能出现教师共同讨论教学大纲的情况。不过，由于学校行政部门已经在校级学术领导意见的基础上，规定了课程的框架和修订的具体要求，各院系的讨论因而通常以完成学校的各项"任务"为主要考量，以致过程中并无较多不同意见，或者不同意见主要以具体的事务性意见为主，如根据学校的要求，可能增设或取消哪些课程，部分课程的学分能够做何调整等。值得注意的是，即使是事务性的不同意见，亦倾向于由学术领导或个别学术权威最终裁决。

当然，在教学大纲的修订过程中，部分学系的教师可能以邮件或者正式讨论的方式表达自己的意见，不过，一方面，教学大纲主要依据学校较为具体的硬性规定进行修订；另一方面，教学大纲的调整方案已由系主任等学术领导拟定，因而，教师或者并未积极参与其中，或者即使参与相关讨论，其意见同样主要以具体的事务性意见为主。更有甚者，部分学系并无讨论或征求意见的过程，仅由学术领导与涉及课程变动的教师单独沟通。可见，教师虽然"形式性"地参与了讨论过程，但尚未能够对决策结果产生影响，事实上，由于学校规定了教学大纲修订的具体要求，学系层面甚至学院层面的学术领导亦并无较大的自主空间。

无论是课程的开设方式，抑或教学大纲的修订过程，均呈现出较大程度的稳定性及代代相传的特性，并为教师接受，视为"理所当然"。一方面，大部分教师并无参与决策过程的意愿和期待，而且，多数教师平时并不会关注或者"考虑"参与讨论或者决策等问题；另一方面，对于目前的课程开设以及教学大纲的修订方式，教师一般并无特别的意见和看法，并认为"体制就是这个样子的"。可见，"学术领导决策"或者个别"家长决策"的方式，已为多数教师广为接受，并嵌入意识成为理所当然般的存在，也就是说，多数教师倾向于"习惯性"地表现出"服从"或"配合"学术领导安排的行为，而无需外在激励或者深思熟虑。另外，对于新教师而言，目前的决策方式一般无需特别的学习过程，无论是课程的开设，抑或教学大纲修订过程的参与，教师一般仅听从学术领导的"通知"即可。

关于自己在课程事务决策过程中的参与，教师多持消极态度，或认为自己仅为学校规定的"执行者"，或认为自己主要扮演"打工者"的角色，部分年轻教师则认为自己的参与更像是配合学术领导"演戏"。对于学校"压下来"的课程规定，多数教师甚至学术领导均表示"没办法"，尽管觉得不甚合理，仍只能选择接受，无法反对或拒绝。另外，在院系层面，教师往往倾向于"配合"学术领导的"安排"，尽管预料到自己的意见可能不会得到回应或反馈，亦无法影响决策的最后结果，仍基于配合领导工作的考量而参与讨论过程。有趣的是，出于"人生态度"或者对"领导意图"的顾忌，即使参与讨论，教师通常亦不会提出过于尖锐的不同意见，而是倾向于"支持"学术领导的决策。当然，面对学校关于开课最低人数的规定，教师亦试图寻找各种"变通"的可能，如合并班级、隔年开课"积攒"学生等，以尽量解决由不合理规定带来的实际工作困难。

二、招生事务中的教师参与

关于本科招生，高考通常由政府机构统一组织考试，统一分配学生，个案大学招生办公室等行政部门负责安排录取事宜，教师基本被排除在决策及实施过程之外。自主招生作为除高考外最为重要的招生方式，通常由招生办公室等行政部门全权负责，教师仍未获得较多参与机会，仅个别教授"临时"被通知参与面试过程。由于事先并不清楚招生流程，亦未被告知学生的学习经历以及预计选择的专业，对于面试过程准备不足，而且也并未获得面试之后招生结果的反馈；因此，多数教师并未感知自己的参与影响了自主招生的过程及结果。

关于硕士招生，夏令营一般由院系自主组织，通常情况下，学术领导负责夏令营的整体规划以及具体执行过程中的任务分工，教师往往仅有机会参与各项活动的实施过程，或者承担低层次的行政杂务。在个别规模较小且学术领导较为"开明"的学系，教师与学术领导可能彼此合作，共同规划夏令营的主要活动，以及具体执行过程中的任务分工，但除夏令营之外的其他事务，该系教师甚至学术领导仅享有参与和执行的权力，并未被给予较多的决策空间。另外，"初试（笔试）+复试（面试）"仍是重要的硕士招生方式之一，无论是笔试部分专业课程的命题，抑或面试过程的参与，均主要由学术领导统筹、指定相应的负责教师，并以年轻教师为主要的参与群体。值得注意的是，进入复试的学生已然经过英语、政治理论等国家统一考试的筛选，专业知识的命题亦需遵照学校行政部门制定的"考试大纲"，而且，学生的录取同样需要严格执行学校的既有规则，因而，教师虽然参与了部分招生过程，但并未真正享有自主考核与自主录取学生的权力。

关于博士招生，"申请-考核制"改革虽由学校层级推动，但通常由院系自主组织。一般而言，院系学术领导负责制定具体的考核及录取规则，具备招生资格的博士生导师可全程参与学生筛选、面试等关键的招生过程，并可自主选择符合自己需求与标准的学生，不过，其他尚无招收博士研究生资格的教授以及年轻教师目前仍基本被排除在"申请-考核制"的招生过程之外。"初试（笔试）+复试（面试）"的招生过程中，虽然申请条件、考核方式、录取标准等具体规则由学校行政部门统一制定，但院系享有专业课程命题及面试的组织权，通常情况下，学术领导统筹并决定各个环节的参与教师，博士生导师仍然为主要的参与群体，并可自主决定面试的最终结果。不过，与硕士招生类似，进入复试的学生同样经过了英语、综合素质等学校统一考试的筛选，而且院系的招生名额亦由学校招生办公室统一分配，可见，教师在博士招生过程中的自主权依然受到一定程度的限制。

根据国家招生政策以及校级学术领导"意志"的稳定，本科、硕士、博士的招生方式均呈现出较大程度的稳定性，而且，招生办公室等行政部门的工作人员在维持传统的招生规则上扮演重要的角色，院级学术领导在具体实施过程中同样倾向于因循原有做法，以最大限度地降低行政杂务对自身工作的干扰。因而，无论是考核办法，抑或教师的具体参与，均基本为传统做法的沿袭，并经由反复运作获得较大程度的稳定性，成为院系的常规活动之一，教师亦倾向于视其参与为日常生活的一部分，并未试图思考甚至在意之。

对于自己在招生过程中的参与，大部分教师尤其是年轻教师多认为是完成学术领导分配的"任务"，或者是学院行政事务的分担，但教授群体尤其是博士生导师，则通常因能够在面试环节自主决定录取结果而视其参与为选拔优质生源的机会。事实上，对于学校行政部门制定招生规则，院系负责具体执行的做法，受访者多表示"没有办法"，并选择"配合"的应对方式，部分教师试图与院系甚至校级学术领导直接沟通，反映对于目前招生方式的不同意见，一般情况下，院系学术领导已经习惯"听命"于校级学术领导的"指示"，在既有做法之下，对于教师的不同意见往往较为无奈，并表示"没有办法"回应或采纳，而校级学术领导则较少认真对待教师的不同意见。不过，对于院系层面招生环节的具体执行，副教授以上的教师群体一般可以选择不参与，而助理教授对于学术领导分配的任务，甚至是低层次的行政杂务亦往往不敢拒绝。

三、人事事务中的教师参与

根据学校要求，个案学院相继成立教授委员会，以增加教师参与招聘、职称评定等人事事务决策过程的机会。尽管院级学术领导不可参与其中，但被视为其"代言人"的系主任、副系主任仍占据了多数席位，除个别教授外，其他多数教师尤其是年轻教师仍被排除在决策过程之外，其对于相关流程的了解，仅限于自己的应聘或职称评定经历。关于教师招聘，个别学系的教师可能有机会参与面试环节，但招聘结果通常以学术领导的意见为主，而关于职称评定，教师多表示自己仅与人事秘书沟通过材料递交事宜，其他环节则并未参与或关注过。值得注意的是，个别年轻教师可能作为教授委员会的"学术秘书"参与决策过程，但并未被给予讨论或投票的权力，而是仅承担准备会议材料、协调会议时间等低层次的行政杂务。

对于教授委员会的人员构成，一方面，院级学术领导不可参与其中的做法受到诸多争议，其中，教师群体多持赞同态度，认为此举可在一定程度上制衡书记、院长等领导的权力，不过，亦有教师担心这种做法可能沦为"形式主义"，值得注意的是，学术领导对此项规定多表示不满，认为自己作为并非完全的行政职务，理应对学术事务享有发言权；另一方面，对于教授委员会成员必须为教授群体的规定，教师同样抱持较为两极的看法，有受访者认为应该增加其他教师群体的参与机会，亦有受访者认为年轻教师出于日后晋升等考量，可能会对学术领导的意见有所顾忌，即使参与其中，亦可能无法依据专业判断，做出与领导意见不一致的决定，而在决策过程中，这种不一致往往至关重要。

值得注意的是，大部分年轻教师并无参与教授委员会的意愿，除未被赋予参与资格外，年轻教师倾向于信任教授群体的决策结果，认为其同样经历助理教授、副教授的职业发展路径，能够"设身处地"地为其着想，而且自己与教授对于学术事务的判断并无分歧，没有必要参与其中。另外，年轻教师可能已然接受学术领导或者资深教授决策的方式，因而并未"想过"参与讨论的问题，甚至有个别教师反问其参与讨论的作用为何，亦有个别受访者表示，年轻教师即使参与其中，在"大牌教授"面前可能也并无较大发言权。

事实上，尽管个别教授能够参与其中，但目前并未获得独立的决策权。一方面，教授委员会主要讨论经由院聘委会筛选过的应聘者以及申请职称评定的教师信息，并仅能依据学校行政部门规定的招聘、晋升标准，把关院聘委会的决策结果；另一方面，教授委员会有限的讨论权仍可能受到学术领导的干预，其中，对于教授委员会的讨论，院长有权提请一次重新评议，在实际运作中，确实有发生重新讨论的情况，更为重要的是，重新讨论后，教授委员会得出了与院长意见一致的决策结果。

而且，教授委员会似乎更多地被视为"程序需要"，而非决策机构。其一，教授委员会可能在尚未收到任何相关资料的情况下被要求紧急开会，以表决人事处等学校行政部门临时通知的部分决议；其二，部分学院的教授委员会在实际运作过程中，亦可能通过邮件进行网络投票，且自成立以来极少出现否决票，也正因如此，部分学院的教授对于参与讨论过程并不积极，往往以各种理由搪塞推托；其三，人情、学术地位等因素亦使得参与其中的教授往往无法坚持不同看法，并在很大程度上选择盲从主流意见，这使得教授参与决策更像是"走过场"，更为甚者，教授委员会可能处于"有责无权"的状态。

实际上，参与其中的教授可能并未做好独立决策的信心或心理准备。其中，有受访者明确表示教授委员会的委员并不能代表其所在学院整体的教授水平，学术领导的知识水平、阅历视野以及决策经验均较为丰富，而且该院教授委员会否决特殊人才的聘期考核后反而"不知道怎么办"。其他教师群体亦倾向于认为普通教授对学院及学校的相关政策并不了解，可能无法提出"建设性"的意见，而系主任等相对更为了解政策规定以及学系的整体情况，因而应该参与其中。

关于成立教授委员会的做法，首先，类似的新的实践方式通常由校级学术领导整体规划，人事处等行政部门形成正式文件并下发至各个学院，无论是院系学术领导，还是普通教师，往往在校级学术领导决策后通过各种正式或非正式途径"被通知"相关改革信息；其次，对于这种新的做法，普通教师虽认为至少决策的形式越来越规范，但却并未表现出较为强烈的参与意愿，而参与其中的委员虽多认为教授委员会目前仅为"形式""摆设"或"幌子"，但却多表示愿意参与其中。当然，亦有个别受访者认为教授委员会可能成为新的权力及利益机构；最后，对于教授委员会，诸多委员希望获得独立的决策权，一方面沟通过程平等，不受学术地位、人情等因素的干扰；另一方面决策结果能够得到充分尊重，除此之外，部分教授亦希冀扩大决策域，与学术相关的诸多事务，甚至学院、学校的发展规划、资金分配等也可以尊重教授的专业意见。与此同时，普通教师更期待教授委员会的运作能够公正、透明，并接受其监督。

对于自己在决策过程中的参与，教授委员会成员多认为自己虽参与其中但并不享有决策权，承担低层次行政杂务的年轻教师则倾向于视其参与为学术领导分配的"任务"，另外，部分学术领导亦认为参与讨论实则职责所在。不过，仍有个别教师表示自己可以通过非正式的方式表达意见，甚至影响学术领导的判断，不过，对于不同意见，学术领导极有可能采取较为迂回的方式，坚持自己的决定，当然，是否认真对待教师意见，即使是"表面上"的尊重亦在很大程度上与学术领导的性格及处事方式休戚相关。

面对既有的决策方式，多数教师尤其是年轻教师多倾向于接受或者妥协，一方面，其可能已然接受"学术领导决策"或者"家长决策"的方式，并未试图思考有无其他选择；另一方面，年轻教师较大可能出于对自身"前途"等利益的考量，不敢"得罪领导"。当然，若学术领导较为"开明"且愿意倾听不同意见，教师亦可能以非正式形式发声。另外，少部分教授委员会的委员试图对现有做法提出不同意见，甚至以"社会运动"等方式争取自身权力，不过，教授的不同意见通常不会得到学术领导及行政部门的认真对待，至于"社会运动"等较为激烈的意见表达方式，往往仅能争取到学术领导关于福利分配等较为边缘事务的让步，对于职称评定标准等重要政策，一般仅能得到其形式化的回应。

值得注意的是，尽管教授委员会尚处于"摸索"与"磨合"阶段，相关规则并不成熟，尤其职称评定方面，相对于客观标准，一些非学术因素，如同事关系、工作年限等更能影响晋升结果，而且教授委员会的运作过程远非独立，在很大程度上可能受到人情、学术地位以及学术领导"不在场"权力的干扰。不过，相较于以前，教师招聘、职称评定的决策流程已有所进步，其中，学院以及学部教授委员会的成立，一方面增加了部分普通教授参与讨论的机会；另一方面避免了校级学术领导以及行政部门领导对于人事事务的最终决定。

综上所述，关于人事事务决策过程的参与，部分正教授可能作为教授委员会的委员参与其中，尽管尚未获得独立的决策权，但相较于之前，教授委员会至少成了决策的环节之一，部分正教授亦因此获得了较多参与决策的机会。不过，在课程及招生领域，无论是课程的开设、教学大纲的修订，抑或新的招生方式引入等，仍主要由学术领导做决策，并且负责实施过程中的任务分工，普通教师仅有机会参与部分环节的执行，或者承担低层次的行政杂务，极少有机会参与决策过程。

四、主要研究结论

综合以上研究发现，本研究主要结论如下。

（一）学术事务的决策方式与教授委员会的角色

"家长式"决策方式指的是少数或个别领导（leaders）享有决策的权力，作为榜样（exemplar）或者表率，领导被期望能够利用权力，为决策及其执行提供指导，而领导亦倾向于不明确阐释决策意图，且与其他个体保持距离，以维持权力的不平衡（Redding，1990；Farh & Cheng，2000）。与此同时，其他个体崇尚权威，认为自己有义务尊重领导的决策，并愿意服从领导的相关安排（Chen & Farh，2010）。

在本研究中，校级学术领导通常享有课程、招生、人事事务的决策权，其中，无论是课程开设要求的改变、教学大纲形式及内容的调整、招生规则的制定、招生名额的分配、新的招生以及招聘、职称评定方式的引入、教师"编制"的确定方法、招聘及晋升标准的确定等，主要依据校级学术领导的意志进行规划，学术事务的决策在很大程度上仅为少数学术领导"意志"的体现。据相关受访者的观察，校级学术领导通常有以下两种决策方式：其一，模仿其他院校的相关做法；其二，咨询个别专业相关教授的意见，并在此基础上做出决策，而具体选择何种方式，则在很大程度上与"领导们"的特性与做事风格有关。

值得注意的是，校级学术领导的"意志"通常即为最终的决策结果，尽管在正式实施之前可能以邮件或正式讨论等方式征求院系教师意见，但往往流于形式，一方面，意见征求后通常按原意旨立即执行，并未整理不同意见，并对决策进行相应的调整；另一方面，若教师的意见与学术领导的决策意图不符，通常不会予以考虑或得到认真对待。在此情况下，部分教师表示，出于对"领导意图"的顾忌，即使有机会参与讨论，自己也不会提出过于尖锐的不同意见。

校级学术领导的决策通常为"压"下来的任务，院系少有拒绝或提出不同意见的自主空间。在院系层面，学术领导主导相关决策的具体实施，如根据学校要求，调整教学大纲、组织招生的笔试命题及面试环节、制定招聘及晋升标准细则、筛选应聘者简历、审核教师职称评定材料等。一般情况下，院系学术领导负责决策实施过程中的任务分工，并对讨论过程的不同意见享有最终决定权，在部分规模较小的学院，个别学术权威可能享有决定性的发言权。值得注意的是，长期的"家长式"决策方式使得院系学术领导已经习惯"听命"于校级学术领导的"指示"，因而若教师的不同意见有悖于校级领导决策意图，通常不会予以考虑，不过，诸如增设选修课、聘请教学助理等执行层面的事务性意见，则在很大程度上能够得到尊重。

为增加教师参与学术事务决策的机会，个案大学成立教授委员会，主要负责教师招聘、职称评定等人事事务在院系层面的讨论，不过，教授委员会目前仅仅获得"咨询权"或者"知情权"。一方面，教授委员会通常为学院层级的最后决策环节，应聘者以及申请职称评定的教师的材料已然经过院系学术领导的筛选；另一方面，教授委员会仅能对照学校及学院制定的标准，衡量各申请者是否达到既定要求。

（二）学术事务决策过程中的教师参与

学术事务的决策过程中，教师往往大多听从学术领导的安排，或者参与部分环节的实施过程，承担低层次的行政杂务。其中，根据学术领导的要求，教师通常承担开设必修及院选课程的任务，"形式性"地参与教学大纲的讨论过程，负责硕士、博士招生的专业课程命题、面试以及夏令营等新的招生方式的部分执行环节，值得注意的是，对于"申请-考核制"等新的招生方式，由于并未参与决策过程，教师表示唯有多次参与之后，方能"猜测"出学术领导的决策意图。另外，关于人事事务，少部分教师能够参与招聘的面试环节，至于职称评定，教师通常仅与人事秘书沟通材料递交事宜。

作为能动者，一方面，教师通过参与执行过程逐渐认识新的做法，试图诠释自己的参与。其中，大部分教师自然而然地接受"家长式"的决策方式，在日常生活中既不会关注、"考虑"参与决策的问题，也较少意识到目前做法有何不妥，或者试图思考有无其他更为合适的决策方式等，相反，教师往往习惯性地表现出"配合"学术领导决策的行为。

由于仅能参与相关事务的执行，教师因而多倾向于视其参与为学术领导分配的"任务"，认为自己主要扮演"执行者"或"打工者"的角色。对于增设教授委员会的新做法，多数教师虽未参与其中，却倾向于抱持认可的态度，认为无论教授委员会能否真正享有独立的决策权，有新的尝试总归是好的事情，至少决策的形式越来越规范。但参与其中的教授则多认为教授委员会仅为"形式""摆设"或"幌子"，自己参与其中但没有决策权。

另一方面，对于学校或院系学术领导的"安排"，教师通常选择妥协与接受，并在此基础上试图寻求各种"变通"的可能，以解决部分不合理规定带来的执行工作中的困难。不过，极个别关心学院、学校发展大局且资历较为深厚的教师亦试图通过各种渠道发声，不过其不同意见甚少得到认真对待。值得注意的是，对于学术领导分配的课程或招生"任务"，副教授以上的教师群体可以选择不参与，而助理教授等年轻教师则通常不敢拒绝。

个案学校近期推行新的人事制度改革，试图增加教师的参与机会，人事事务尤其是职称评定与教师切身利益直接相关，面对既有的规定或"安排"，多数教师尤其是年轻教师倾向于选择妥协或接受,即使持有不同意见亦不会坚持或试图沟通。少部分教师选择通过非正式渠道发声,或试图以"社会运动"等方式表达其对于不合理做法的意见。不过,教师的不同意见以及争取权力的行为极少得到校级学术领导的重视,个别较为"开明"的院系学术领导可能表面上给予尊重,但通常以较为迂回的方式进行形式化的回应,最后仍按领导的原来意旨行事。值得注意的是,极少数"社会运动"等意见表达方式,通常仅能争取到福利分配等边缘事务的权益。

(三) 学术事务决策过程中学校行政部门的角色

校级学术领导决定方向,享有决策权,院级学术领导主导实施过程,负责各个环节的任务分工以及不同意见的处理,教师参与具体执行或承担低层次行政杂务的操作方式,呈现出较大程度的稳定性。究其原因,若国家政策保持稳定,校级学术领导通常乐于维持现有做法,以维护较大程度的决策权,行政部门基于工作便利的考量,亦倾向于沿袭传统决策方式,学院层级学术领导在具体实施过程中同样因循传统做法,以最大限度地降低行政杂务对自身工作的干扰,而普通教师则已然接受"家长式"决策方式,通常并未思考甚至意识到有其他选择的可能。

事实上,教师理所当然地接受学术领导安排的做法逐渐趋于稳定,其中,各院系课程的开设方式,教学大纲的修订过程甚至课程架构及任课教师均无太大变化;高考、"初试(笔试)+复试(面试)"的招生方式及其组织过程经由长期发展演变,仅在考核科目及面试所占比重等方面进行了微调,虽然硕士、博士招生出现夏令营、"申请-考核制"等新的招生方式,但依然沿袭学术领导负责整体规划以及具体实施过程中的任务分配,普通教师仅参与执行环节的做法;关于人事事务,教授委员会成立时间较晚,相关规则并不成熟,运作过程亦远非独立,而且,教师"编制"的规划、职称评定标准的制定、学系层面简历的筛选、面试的组织以及院聘委会的讨论等基本为传统决策方式的沿袭,是院系及学校的"一贯"做法。

学校行政部门通常将校级学术领导的决策意志形成正式文件,并下发至各院系,值得注意的是,充当着"传声筒"角色的行政部门在实际工作中,往往过于注重"通报"领导的决策结果，并保证其得以顺利执行，没有为校级领导的决策意图与院系教师意见提供交流平台，一般情况下，不同于领导决策意图的教师意见往往无法上达，一方面，行政部门通常表示教师意见需由校级领导最后裁决；另一方面却并不会将其意见反映给相关领导，事实上，行政部门的此种工作态度及方式，阻碍了学术领导与教师的沟通过程，在一定程度上强化了"家长式"的决策方式。

教师少有机会参与决策，对于学校的诸多政策，既不知晓决策意图，又无正式渠道发声，因而相对于院系，教师多对学校层级的做法表示不满。通常情况下，教师对于行政部门单方面频繁调整政策，尤其是关于课程事务的政策，并要求各院系对教学大纲进行相应修订的做法感到不满，认为行政部门往往仅基于行政考量做出决定，"一刀切"的决策方式没有顾及各个学院的实际情况。值得注意的是，学术事务往往由校级学术领导决策，行政部门仅负责"下达"，但教师的不同意见通常因行政部门的不重视而无法"上传"，教师因而对行政部门的工作方式多持消极态度。

第二节 理论贡献

本节基于以上研究发现与结论，试图对制度化过程、共同治理等学术讨论进行理论回应。

一、对制度化过程的回应

首先，本研究对作为过程的制度化，尤其是 Tolbert 和 Zucker（1996）关于制度化过程的理论框架进行了中国情境的探索。其中，惯习化阶段新的实践方式的采纳，通常有可选择的创新决策（optional innovation-decisions）、集体性创新决策（collective innovation-decisions）、权威性创新决策（authority innovation-decisions）三种方式（Roger，2003），其中权威性创新决策，即机构中享有权力、地位的少数个体决定采纳还是拒绝的方式在个案大学更为常见。事实上,无论是博士"申请-考核制"等招生方式的引入,还是成立教授委员会等决策流程的改变,在很大程度上均为校级学术领导"意志"的体现,院系教师甚至学术领导通常仅能选择接受,并无较大自主空间,而且对于学校的相关规定,只有与校级学术领导决策意图相符的意见才有可能为行政部门接受,而那些有悖于决策意图的不同意见,一般不会予以考虑。另外,在院系层面,学术领导或个别学术权威通常享有新的实践方式的规划以及不同意见的最终决定权。

个体对于新的实践方式,从知晓到做出接受抑或拒绝的决定,通常需要经历认识(knowledge)、说服(persuasion)以及决定(decision)等连续的过程,以此不断丰富关于新的实践方式的信息,减少实施过程及结果的不确定性(Roger,2003)。依本研究案例所见,对于学校的相关政策,教师甚至院系学术领导通常在并不知晓决策意图,且无论抱持赞同或者反对的态度,均需严格执行相关规定,完成校级学术领导下达的任务,并无较多的选择空间,只能在行政部门下达的已然规定好的实施过程中,逐渐熟悉新的实践方式,明确领导的决策意图,规范具体操作中的相关规则。

"家长式"决策方式似乎已被广泛接受,一方面,多数教师并未试图思考或诠释自己的参与行为,而是倾向于将其视为日常生活的一部分;另一方面,大部分教师并不曾想过与同事、学术领导交流此种方式是否妥当,有无其他更好的选择等问题,且并无参与决策过程的意愿和期待,而是"习惯性"地表现出"服从"或"配合"学术领导安排的行为方式,这与Berger和Luckmann(1966)的相关讨论有类似的观察,也就是说惯习化过程中的新的实践方式,经过不断重复可能形成较为固定的模式,使得个体无须通过缜密的逻辑推理和思考方能选择合适的行为,而是自然而然地依照已经习惯化了的方式来重复过去的行为。

其次,本研究所见,根据学校要求,各学院相继成立教授委员会,以增加教师在人事事务中的参与机会,虽然参与其中,多数教师却并未认可教授委员会在实际运作中的作用,而是倾向于视其为"形式""摆设"或"幌子",自己参与其中但无决策权,而且,教师多倾向于将自己的参与视作学术领导分配的任务,这与 Meyer 等多位学者的观察类似。通常来讲,实践方式的实施包括个体理解并认同其意义和价值,若无个体的理解和认同,该实践方式可能仅为"形式性的采纳"(Meyer & Rowan,1977;Barley & Tolbert,1997)。另外,教授委员会成员参与其中,可能是长时间服从学术领导安排的习惯性行为,如 Tolbert 等学者所观察,客观化过程中的实践方式虽然获得了一定程度的合法性(Tolbert & Zucker,1996),但亦存在从众的压力,即个体选择新的做法,是因为意识到其已为其他个体广泛采纳,并在此基础上产生的"跟风"行为(Abrahamson & Rosenkopf,1993)。

客观化主要涉及整合(integrating)的阶段,即个体之间关于新的实践及其运作方式的理解渐趋一致,并最终达成共识的过程。其中,对话有利于集体思考和探究,对于共同理解的发展至关重要,个体之间分享各自对新的实践方式的观感及意见,确认彼此已达成共识和尚存在争议的部分,并针对后者集中讨论,发展出共识(Daft & Weick,1984)。依本研究案例所见,目前的做法已为教师接受,通常被认为是"正常"的事情,平时并未就相关议题进行沟通和对话,尽管教授委员会仅为形式性的存在,教师亦表示并无特别的感觉,究其原因,个案大学经常出台一些"听起来不错"的政策,而且大部分均在尚未充分沟通的情况下便强制执行,另外,部分教师表示,大学的相关改革通常遵循固定模式,继而在实施过程中慢慢完善,因而,尽管教授委员会目前并没有获得独立的决策权,多数教师亦并未给予其特别的关注。值得注意的是,少数参与其中的教师试图就教授委员会的运作进行沟通,并提出集体意见,形成正式报告递交学校行政部门,但由于其意见与学校硬性规定不符,并未得到行政部门的认真对待。

最后,制度的变迁较为复杂,除涉及法律、规章等正式规则的改变外,还需考虑规范、传统、价值观等非正式规则的限制,以及相关制度在实践中的执行情况(North,1990)。其中,正式制度往往依托强制权力,明确规定个体必须要做什么,以及不能够做什么,并建立与之相关的奖惩机制迫使个体服膺于既存制度,因而,即使个体认为该制度是无效、不合时宜的,也会迫于正式制度的权威而不能轻易选择其他新的制度。而且,制度同样涉及规范、价值观等文化-认知因素,即以符号的形式(例如语言、标志等)储存于意识的制度意义，慢慢沉积并凝固在个体的记忆中，成为其理所当然般的行为和思考方式，可见，个体的行为在很大程度上受到以前制度逻辑及价值的影响（Sydow, Schreyögg & Koch, 2009）。

依本研究案例所见，"教授治学"首先受到正式规则的限制。根据学校要求，教授委员会相继成立，并主要负责教师招聘、职称评定等事务在学院层级的讨论，不过，依据政策文本，教授委员会仅能讨论经过学术领导筛选过的材料，而且院长有权对其讨论结果提请一次重新审议，可见，教师的决策权在很大程度上受到学术领导的限制；另外，除正式规定外，教授委员会的讨论过程亦受到人情与关系、学术领导"不在场"的权力等传统文化及规范的干预。

其中，长久以来的人情与关系文化仍影响着职称评定的讨论过程，其一，申请职称评定的教师可能提前与教授委员会的委员私下沟通，以获取"支持"；其二，在正式讨论过程中，部分教师碍于"人情"的压力，即使持有不同意见亦倾向于投出赞成票，究其原因，教师多担心反对票可能会"得罪人"，影响同事关系。关于学术领导"不在场"的权力，其一，占据教授委员会多数席位的系主任、副系主任往往被视为学术领导的"代言人"，可能会就相关问题提前征求院长意见；其二，教授委员会的委员不愿承担做"恶人"的风险，因而对于学术领导的"倾向性"意见极少行使否决权。

个案大学虽然成立教授委员会，但"家长式"的决策方式依然呈现出较大程度的稳定性，这与North（1990）及Pierson（2000）等学者的观察较为类似，也就是说制度一经建立便倾向于持续稳定，尽管正式规则可能通过政治决策而在一夕之间发生改变，非正式规则已为广泛接受，个体倾向于缓慢地对新的改变做出反应。此外，新的实践方式，除了政策文本中的抽象描述，亦需要通过个体以讲故事的方式进行传达（Weick & Roberts, 1993）。在个案大学，行政部门往往充当"传声筒"的角色，并在实际工作中更为注重"下达"校级学术领导的决策意图，忽视"上传"院系教师的不同意见，而且，行政部门基于工作便利的考量，倾向于沿袭一贯的工作方式，最大限度地维护学术领导的决策权。

基于本研究的观察，对 Tolbert 和 Zucker（1996）等人提出的制度化过程之概念框架进行如下修订，具体见图 7-1。

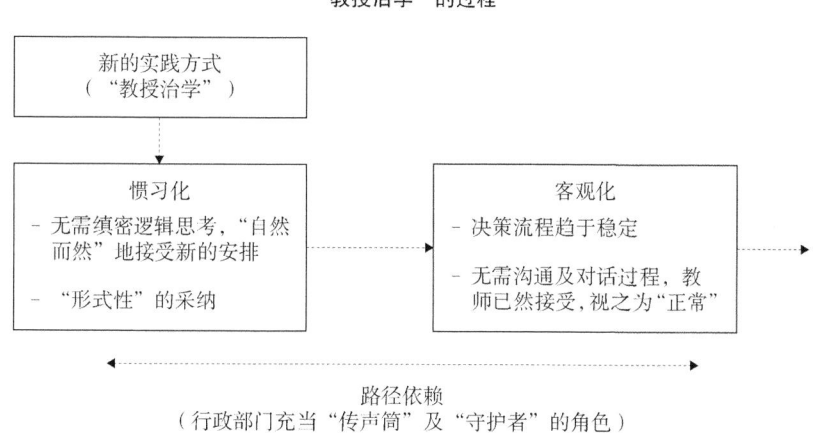

图 7-1　概念框架的修订

二、对共同治理的回应

首先，个案大学教师参与课程、招生、人事等学术事务的方式，主要体现出"咨询式决策"的特征（Tierney & Minor，2003），即教师虽参与讨论过程，但其作用仅限于意见的表达，决策结果并非教师专业共识的达成，而是由学术领导在教师意见的基础上最终决定。在此基础上，旨在增加教师参与决策机会的教授委员会更多地表现出形式性（ceremonial）委员会的特点，也就是说，一方面，此类委员会并未享有决策的权力，通常仅为象征性的存在，甚至成为学术领导的"替罪羊"（scapegoat），依本研究的案例所见，教授委员会目前更多地被视为程序需要，但同时并不给予其独立的决策权，只是以此种方式"消化矛盾"；另一方面，教师对参与此类委员会讨论的兴趣不大，往往脱节于决策过程，学术领导享有主导性的权力（Minor，2004），案例中的教授委员会亦表现出极为类似的情形。

其次，相关研究显示，尽管教师不满其参与决策的现状，但部分教师对于真正参与其中却表现出漠不关心、不情不愿的姿态（Corson，1960），本研究案例中的教师同样并未表现出较为强烈的参与意愿。究其原因，第一，缺乏参与的途径及渠道是重要的原因之一，通常来讲，只有进入"决策群"才有机会参与讨论过程，而进入"决策群"一般需要两个基本条件，拥有院长、系主任等行政职务，或者拥有教授、博士生导师等头衔，其他教师尤其是年轻教师，由于"没有资格"进入决策群，因而也就没有机会参与讨论过程；第二，参与决策往往被异化为具体活动甚至行政杂务的承担，学术领导通常享有最终决策权，教师一方面觉得较为烦琐，另一方面也因其参与并无实质意义而不愿参与其中；第三，年轻教师缺乏自信，多认为资深教授及学术领导的人生经验、知识积累更为丰富，其判断更为客观、准确，自己则受限于决策经验，可能并无能力做出更有利于学院发展的决策。

最后，相关研究依据教师对共同治理的参与意愿和参与现状，将其分为共同掌权者、积极行动者、接受者、科层者、应对者以及抽离者六类角色（Williams et al.，1987）。依本研究案例所见，教师在决策过程中倾向于表现出接受者、应对者和抽离者等角色，即倾向于接受目前的参与现状，并没有强烈的参与意愿或过高的期待；或者以旁观者的姿态，秉持"怎样都行"的信念，一方面并未积极参与其中，仅关注涉及自身利益的事务，另一方面尽管预料到自己的参与可能并无实质意义，也会配合学术领导的要求参与其中；或者仅对教学和科研有着极大的兴趣，认为参与决策是费时费力的杂事，并倾向于摆脱所有的杂事牵连。在此基础上，教师对于学校政策或学术领导的安排，多选择接受、妥协，或寻求变通的可能，在不违背学校要求的前提下，尽量解决由不合理的规定所带来的实际困难或矛盾。个别教师亦选择通过非正式渠道发声，不过，其不同意见尤其是与学术领导决策意图不符的意见极少能够得到认真对待。

第三节 政策建议

"教授治学"近期被明确列入政策文本，强调大学教师应在学术事务方面享有发言权。本研究聚焦教师参与课程、招生、人事事务的决策过程，关注"教授治学"这种新的实践方式的制度化过程，以及教师对这一做法的认识及期望。除此之外，本研究亦依托路径依赖的相关讨论，探讨"教授治学"在实施过程中如何受到之前治理形式的影响，上述问题均可为"教授治学"在实践中的执行提供参考。

首先，给予教授委员会决策的权力，至少成为学院层级独立的决策机构。其一，教授委员会可在学校规定的基础上，讨论本院的招聘、职称评定标准，在征求教师意见的基础上形成正式文件，并在实际运作中严格执行；其二，尽快明确教授委员会的权力和责任，尤其是其与学术领导的权力边界，本研究认为，教授委员会的讨论结果，尤其是与学术领导"倾向性"意见不一致的决定应当得到充分尊重，不过，学术领导可对程序的公正性进行监督，以防止暗箱操作、私下交易等现象出现；其三，为降低人情、学术领导"不在场"等因素的干扰，作为发展过程中的"过渡"手段，宜允许教授委员会匿名投票，降低教授在专业考虑之外的多重顾忌，当然，教授委员会的讨论过程同样需要公开、透明，投票结果以及会议记录，包括赞成或反对的理由应当存档，并接受普通教师的监督；其四，尽管教师期望扩大教授委员会的决策域，除人事事务之外，课程、招生等其他学术领域，甚至院系及学校的发展规划、资金分配亦应加入教授委员会的讨论，考虑到委员的时间及精力，本研究认为宜在其他相关委员会加入无行政职务之教授以及年轻教师的代表，并尊重其专业意见，而非由教授委员会全面负责上述诸多事务。

其次，进一步增加教师参与决策的机会，并搭建不同意见的反映平台。目前各种学术性委员会基本以学术领导以及个别资深教授为主要成员，教授委员会虽然明确规定院级学术领导不可参与，但系主任、副系主任等群体仍然占据多数席位,大部分学院尤其是规模较大的学院依然只有个别资深教授能够参与其中,其他多数教师仍然被排除在决策过程之外。因此,本研究认为宜在各个学术性委员会增加不同职称的教师比例,且给予并尊重其讨论及投票权,而非仅仅承担低层次的行政杂务。值得注意的是,学术领导往往以普通教师限于学识及决策经验,较难做出符合学院发展真正需求的决策为理由,忽视教师的决策能力,而教师亦倾向于以类似理由,质疑自己的参与能否对决策结果产生积极作用,事实上,提议各级职称的教师参与其中,并非要求其为相关议题的讨论提供全面且近乎完美的意见,而是希冀为教师提供发声的平台,表达自己以及其他同事的不同意见,至少能够知情并监督决策的过程,改变以往靠"猜测"获知学术领导决策意图的现状。

再次,学校行政部门或院系学术领导宜认真对待教师的不同意见,尤其是其与学术领导决策意图不一致的意见,当然,教师的意见可能并不成熟,学术领导虽不是必须采纳,但必须予以尊重并及时反馈。值得注意的是,依本研究案例所见,教师将关于学术事务的不同意见递交行政部门后,其工作人员一方面表示需要校长等"高层"领导表态,另一方面却并不愿将教师意见递交至相关领导,以至于教师并不清楚应该如何表达不同意见,因而,本研究建议应搭建教师的发声平台,明确行政部门严肃对待或"上传"教师意见的方式是较为简单易行的做法。

最后,学校层级应适当下放权力。在个案大学,校级学术领导通常整体规划关于课程、招生、人事等学术事务的政策或规定,而且,这些规定很多情况下是"压"下来的,要求院系必须予以执行,行政部门在实施之前,一般会以邮件或正式会议等形式征求教师意见,但是通常意见征求之后"马上"执行相关政策,并未给予整理以及再次讨论的时间,而且,教师的不同意见往往得不到反馈或认真对待,这可能也是教师对学校政策以及行政部门多持消极意见的重要原因。在这种情况下,院系学术领导通常处于较为无奈的境遇,一方面必须完成校级学术领导规定的任务,另一方面还要面对教师的意见,对此,案例中学术领导多表示自己也"做不了主",学院的做法"必须"符合学校的要求,因而只能考虑与学校政策一致的教师意见。教师对于学校频繁要求修订教学大纲、调整职称评定标准的做法,以及行政部门没有顾及学科差异以及院系实际情况，仅基于行政考量而"一刀切"的决策方式均存在诸多不满。有鉴于此，本研究认为校级学术领导以及行政部门不宜忽视教师的不同声音，将部分权力，尤其是关于课程、招生、人事等学术事务的权力适当下放，使得院系学术领导及教师能够依据学科特性及实际情况制定课程开设要求、修订教学大纲、调整招生尤其是研究生的招生规则、制定招聘及晋升标准等。

参考文献

[1] Abrahamson E, Fairchild G. Management fashion: Lifecycles, triggers, and collective learning processes [J]. Administrative Science Quarterly, 1999, 44 (4): 708-740.

[2] Abrahamson E, Rosenkopf L. Institutional and competitive bandwagons: Using mathematical modeling as a tool to explore innovation diffusion [J]. Academy of management review, 1993, 18 (3): 487-517.

[3] Amaral A, Maassen P. The higher education managerial revolution? [M]. Dordrecht: Kluwer Academic Publishers, 2003.

[4] Arthur W B. Technical change and economic theory [M]. London: Pinter, 1988: 590-607.

[5] Arthur W B. Competing technologies and lock-in by historical events: the dynamics of allocation under increasing returns [J]. Economic Journal, 1989, 99 (394): 116-131.

[6] Arthur W B. Increasing returns and path dependence in the economy [M]. Michigan: University of Michigan Press, 1994.

[7] Ashforth B E. Role transitions in organizational life: An identity-based perspective [M]. New York: Routledge, 2001.

[8] Bai K. Policy and University Faculty Governance [M]. Greenwich CT: Information Age, 2003: 19-30.

[9] Baldridge V. Academic governance [M]. Berkeley, CA: McCutchan Publishing Corporation, 1971: 507-529.

[10] Ball S J, Junemann C. Networks, New Governance and Education [M]. Bristol: The Policy Press, 2012.

[11] Barley S R, Tolbert P S. Institutionalization and structuration: Studying the links between action and institution [J]. Organization studies, 1997, 18 (1): 93-117.

[12] Bell S, Park A. The problematic metagovernance of networks: water reform in New South Wales [J]. Journal of Public Policy, 2006, 26 (1): 63.

[13] Benjamin R, Carroll S, Jacobi M, et al. The redesign of governance in higher education [M]. Santa Monica, CA: RAND, 1993.

[14] Berdahl R O. Organization and academic governance in higher education [M]. Needham Heights, MA: Ginned Press, 1991: 167-179.

[15] Berger P L, Kellner H. Sociology interpreted: An essay on method and vocation [M]. Garden City, NY: Doubleday Anchor, 1981.

[16] Berger P L, Luckmann T. The Social Construction of Reality: A Treatise in the Sociology of Knowledge [M]. Harmondsworth: Penguin, 1996.

[17] Birnbaum R. How colleges work: The cybernetics of academic organization and leadership [M]. San Francisco: Jossey-Bass Inc., 1988.

[18] Birnbaum R. The cybernetic institution: toward an integration of governance theories [J]. Higher Education, 1989, 18 (2): 239-253.

[19] Birnbaum R. Organization and academic governance in higher education [M]. Needham Heights, MA: Ginned Press, 1991: 195-207.

[20] Birnbaum R. How academic leadership works [M]. San Francisco, CA: Jossey-Bass Inc., 1992.

[21] Birnbaum R. Restructuring shared governance in higher education [M]. San Francisco, CA: Jossey-Bass Inc., 2004: 5-22.

[22] Blackburn R T, Lawrence J H. Faculty at work [M]. Baltimore: The Johns Hopkins University Press, 1995.

[23] Borland K W. Policy and University Faculty Governance [M]. Greenwich, CT: Information Age, 2003: 85-94.

[24] Boston J, Martin J, Pallot J, et al. Public Management: the New Zealand model [M]. Auckland: Oxford University Press, 1996.

[25] Brown J S, Duguid P. Organizational learning and communities-of-practice: Toward a unified view of working, learning, and innovation [J]. Organization science, 1991, 2 (1): 40-57.

[26] Brown W O. Faculty participation in university governance and the effects on university performance [J]. Journal of Economic Behavior and Organization, 2001, 44 (2): 129-143.

[27] Burgan M. Whatever happened to the faculty? Drift and decision in higher education [M]. Baltimore, MD: Johns Hopkins University Press, 2006.

[28] Burns J, Scapens R W. Conceptualizing management accounting change: an institutional framework [J]. Management accounting research, 2000, 11 (1): 3-25.

[29] Burns L R, Wholey D R. Adoption and abandonment of matrix management programs: Effects of organizational characteristics and interorganizational networks [J]. Academy of management journal, 1993, 36 (1): 106-138.

[30] Campbell J L. Institutional change and globalization [M]. Princeton: Princeton University Press, 2004.

[31] Carlisle B A, Miller M. Current trends and issues in the practice of faculty involvement in governance [J]. Educational Review, 1999, 105 (5): 81-88.

[32] Cho J, Trent A. Validity in quality research revisited [J]. Qualitative Research, 2006, 6 (3): 319-340.

[33] Christensen T. University governance reforms: potential problems of more autonomy? [J]. Higher Education, 2011, 62 (4): 503-517.

[34] Cohen M D, March J G. Leadership and ambiguity: The American college president [M]. Boston: Harvard Business School Press, 1986: 16-35.

[35] Cohen W M, Levinthal D A. Absorptive capacity: a new perspective on learning and innovation [J]. Administrative science quarterly, 1990, 35 (1): 128-152.

[36] Collins R. Four sociological traditions [M]. New York: Oxford University Press, 1994.

[37] Colomy P. Neofunctionalism and neoinstitutionalism: Human agency and interest in institutional change [J]. Sociological Forum, 1998, 13 (2): 265-300.

[38] Corson J J. Governance of colleges and universities [M]. New York: McGraw-Hill, 1960.

[39] Covaleski M A, Dirsmith M W. An institutional perspective on the rise, social transformation, and fall of a university budget category [J]. Administrative Science Quarterly, 1988, 33 (4): 562-587.

[40] Creswell J W. Research design: Qualitative, Quantitative and Mixed Methods Approaches

[M]. London: Sage Publications, 2009.

[41] Crossan M M, Lane H W, White R E. An organizational learning framework: from intuition to institution [J]. Academy of management review, 1999, 24 (3): 522-537.

[42] Crossan M M, Lane H W, White R E, et al. Organizational learning: Dimensions for a theory [J]. International Journal of Organizational Analysis, 1995, 3 (4): 337-360.

[43] Daft R L, Weick K E. Toward a model of organizations as interpretation systems [J]. Academy of management review, 1984, 9 (2): 284-295.

[44] David P A. Clio and the Economics of QWERTY [J]. The American economic review, 1985, 75 (2): 332-337.

[45] Davis G F, Greve H R. Corporate elite networks and governance changes in the 1980s [J]. American journal of sociology, 1997, 103 (1): 1-37.

[46] D'Andarde R G. Culture theory: essays on mind, self, and emotion [M]. Cambridge: Cambridge University Press, 1984: 88-119.

[47] Deem R. New managerialism in higher education - the management of performances and cultures in universities [J]. International Studies in the Sociology of Education, 1998, 8 (1): 47-70.

[48] Deem R, Brehony K J. Management as ideology: The case of "new managerialism" in higher education [J]. Oxford Review of Education, 2005, 31 (2): 217-235.

[49] Del Favero M, Bray N. The Faculty-Administrator Relationship: Partners in Prospective Governance? [J]. Scholar-Practitioner Quarterly, 2005, 3 (1): 53-72.

[50] Denzin N K, Lincoln Y S. Handbook of qualitative research [M]. Thousand Oaks: Sage, 1994.

[51] Dill W R. The dilemma of the deanship [M]. Danville, IL: The Interstate Printers and Publishers Inc., 1980: 261-284.

[52] DiMaggio P J. Institutional patterns and organizations: culture and environment [M]. Cambridge, MA: Ballinger, 1988: 3-21.

[53] DiMaggio P, Powell W W. The iron cage revisited: Institutional isomorphism and collective rationality in organizational fields [J]. American Sociological Review, 1983, 48 (2): 147-160.

[54] Dimond J. Faculty in governance: The role of senates and joint committees in academic decision-making [M]. San Francisco, CA: Jossey-Bass Inc., 1991: 63-78.

[55] Dornbusch S M, Scott W R. Evaluation and the Exercise of Authority [M]. San Francisco: Jossey-Bass Inc., 1975.

[56] Duderstadt J J. A University for the 21st Century [M]. Ann Arbor, MI: The University of Michigan Press, 2000.

[57] Duderstadt J J. Competing Conceptions of Academic Governance [M]. Baltimore, MD: The John Hopkins University Press, 2004.

[58] Dunsire A. Administrative theory in the 1980s: a viewpoint [J]. Public Administration, 1995, 73 (1): 17-40.

[59] Eckel PD. The role of shared governance in institutional hard decisions: enabler or antagonist? [J]. The Review of Higher Education, 2000, 24 (1): 15-39.

[60] Eckel P, Kezar A. The Shifting Frontiers of Academic Decision Making: Responding to New Priorities, Following New Pathways [M]. Westport, Conn.: Praeger Publishers, 2006.

[61] Eisenstadt S N. Cultural orientations, institutional entrepreneurs, and social change: Comparative analysis of traditional civilizations [J]. American journal of sociology, 1980, 85 (4): 840-869.

[62] Etzioni A. Organization and governance in higher education [M]. Boston: Pearson, 2000: 111-118.

[63] Evans J P. Responsive academic decision-making: Involving faculty in higher education governance [M]. Stillwater, OK: New Forums Press, 1999.

[64] Ferlie E, Musselin C, Andresani G. The steering of higher education systems: a public management perspective [J]. Higher Education, 2008, 56 (3): 325-348.

[65] Ferlie E, Musselin C, Andresani G. University governance [M]. Netherlands: Springer, 2009.

[66] Ferlie E, Pettigrew A, Ashburner L, et al. The New Public Management in Action [M]. New York: Oxford University Press, 1996.

[67] Fontana A, Frey J H. Handbook of qualitative research [M]. Thousand Oaks, CA: Sage, 1994: 361-376.

[68] Fullan M G. International encyclopedia of educational technology [M]. Oxford: Elsevier Science, 1996: 273-281.

[69] Geertz C. The interpretation of cultures [M]. New York: Basic Books, 1973.

[70] Giddens A. The constitution of society [M]. Berkeley: University of California Press, 1984.

[71] Goldstein S R. The asserted constitutional right of public school teachers to determine what they teach [J]. University of Pennsylvania Law Review, 1976, 124 (6): 1293-1357.

[72] Goldstone J A. Initial Conditions, General Laws, Path Dependence, and Explanation in Historical Sociology [J]. American journal of sociology, 1998, 104 (3): 829-845.

[73] Goodman R M, McLeroy K R, Steckler A B, et al. Development of level of institutionalization scales for health promotion programs [J]. Health Education & Behavior, 1993, 20 (2): 161-178.

[74] Gorges M J. New institutionalist explanations for institutional change: A note of caution [J]. Politics, 2001, 21 (2): 137-145.

[75] Greenwood R, Suddaby R, Hinings C R. Theorizing change: The role of professional associations in the transformation of institutionalized fields [J]. Academy of management journal, 2002, 45 (1): 58-80.

[76] Greve H R. Managerial cognition and the mimetic adoption of market positions: What you see is what you do [J]. Strategic management journal, 1998, 19 (10): 967-988.

[77] Gruening G. Origin and theoretical basis of new public management [J]. International Public Management Journal, 2001, 4 (1): 1-25.

[78] Guskin A E. Facing the future: The change process in restructuring universities [J]. Change: the magazine of higher learning, 1996, 28 (4): 27-37.

[79] Hall M, Holt R. Innovation in public sector services [M]. Cheltenham: Edward Elgar, 2008: 21-40.

[80] Hall P A. Policy paradigms, social learning, and the state: the case of economic policymaking in Britain [J]. Comparative politics, 1993, 25 (3): 275-296.

[81] Hall P A, Taylor R C. Political Science and the Three New Institutionalisms [J]. Political studies, 1996, 44 (5): 936-957.

[82] Hanson E M. Strategies of educational decentralization: key questions and core issues [J]. Journal of educational administration, 1998, 36 (2): 111-128.

[83] Hardy C. Higher education: Handbook of theory and research [M]. New York: Agathon, 1990: 1-34.

[84] Haunschild P R, Miner A S. Modes of interorganizational imitation: The effects of outcome salience and uncertainty [J]. Administrative science quarterly, 1997, 42 (3): 472-500.

[85] Haydu J. Making Use of the Past: Time Periods as Cases to Compare and as Sequences of Problem Solving [J]. American Journal of Sociology, 1998, 104 (2): 339-371.

[86] Hofstadter R, Metzger W P. The development of academic freedom in the United States [M]. New York: Columbia University Press, 1995.

[87] Hood C. A public management for all seasons? [J]. Public Administration, 1991, 69 (1): 3-19.

[88] Horwitz P. Grutter's First Amendment [J]. Boston College Law Review, 2005, 46: 461-590.

[89] Huff A S, Huff J O, Barr P. When firms change direction [M]. New York: Oxford University Press, 2000.

[90] Hughes O E. Public management and administration: An introduction [M]. New York: Palgrave, 1998.

[91] Hughes O. The New Public Governance? Emerging Perspectives on the Theory and Practice of Public Governance [M]. London: Routledge, 2010.

[92] Huntington S P. Political development and political decay [J]. World Politics, 1965, 17 (3): 386-430.

[93] Ikenberry G J. The state and American foreign economic policy [M]. Ithaca: Cornell University Press, 1988: 219-243.

[94] Immergut E M. The theoretical core of the new institutionalism [J]. Politics and society, 1998, 26 (1): 5-34.

[95] Isaacs W N. Taking flight: Dialogue, collective thinking, and organizational learning [J]. Organizational dynamics, 1993, 22 (2): 24-39.

[96] Jepperson R L. The new institutionalism in organizational analysis [M]. Chicago: The University of Chicago Press, 1991: 143-163.

[97] Jessop B. The rise of governance and the risk of failure: the case of economic development [J]. International Social Science Journal, 1998, 50 (155): 29-45.

[98] Johnston S W. Faculty governance and effective academic administrative leadership [J]. New Directions for Higher Education, 2003 (124): 57-63.

[99] Jones W A. Faculty Involvement in Institutional Governance: A Literature Review [J]. Journal of the Professoriate, 2011, 6 (1): 117-135.

[100] Karran T. Academic freedom in Europe: time for a Magna Charta? [J]. Higher Education

Policy, 2009, 22 (2): 163-189.

[101] Karran T. Academic freedom: in justification of a universal ideal [J]. Studies in Higher Education, 2009, 34 (3): 263-283.

[102] Kasper W, Streit M E. Institutional economics: social order and public policy [J]. Cheltenham, UK: Edward Elgar, 1998.

[103] Kater S, Levin J. Shared governance in the community college [J]. Community College Journal of Research and Practice, 2004, 29 (1): 1-23.

[104] Kennedy D. The research university in a time of discontent [M]. Baltimore, MD: Johns Hopkins University Press, 1994: 85-114.

[105] Kezar A J, Eckel P D. Meeting today's governance challenges: a synthesis of the literature and examination of a future agenda for scholarship [J]. The Journal of Higher Education, 2004, 75 (4): 371-399.

[106] Kjær A M. Governance [M]. Oxford: Polity Press, 2004.

[107] Knight J. Institutions and social conflict [M]. New York: Cambridge University Press, 1992.

[108] Kooiman J. Modern governance: new government-society interactions [M]. London: SAGE Publications Ltd, 1993.

[109] Kooiman J, Bavinck M, Chuenpagdee R, et al. Interactive governance and governability: an introduction [J]. Journal of Transdisciplinary environmental studies, 2008, 7 (1): 1-11.

[110] Kostova T, Roth K. Adoption of an organizational practice by subsidiaries of multinational corporations: Institutional and relational effects [J]. Academy of Management Journal, 2002, 45 (1): 215-233.

[111] Krasner S D. Approach to the state: alternative conceptions and historical dynamics [J]. Comparative Politics, 1984, 16 (2): 223-246.

[112] Krasner S D. Sovereignty an institutional perspective [J]. Comparative Political Studies, 1988, 21 (1): 66-94.

[113] Lai M H. Challenges to the work life of academics: the experience of a renowned university in the Chinese mainland [J]. Higher education quarterly, 2010, 64 (1): 89-111.

[114] Lapworth S. Arresting decline in shared governance: towards a flexible model for academic participation [J]. Higher Education Quarterly, 2004, 58 (4): 299-314.

[115] Lawrence P R, Lorsch J W. Organization and environment: managing differentiation and integration [M]. Boston: Harvard Business Review Press, 1967.

[116] Leach W. Shared governance in higher education: Structural and cultural responses to a changing national climate [M]. Sacramento, CA: California State University, 2008.

[117] Leblebici H, Salancik G R, Copay A, et al. Institutional change and the transformation of interorganizational fields: an organizational history of the US radio broadcasting industry [J]. Administrative Science Quarterly, 1991, 36 (3): 333-363.

[118] Machado-da-Silva C L, Fonseca V S D, Crubellate J M. Unlocking the institutionalization process: insights for an institutionalizing approach [J]. Brazilian Administration Review, 2005, 2 (1): 1-20.

[119] Magalhães A, Veiga A, Ribeiro F, et al. Governance and institutional autonomy: Governing and governance in Portuguese higher education [J]. Higher Education Policy, 2013, 26 (2): 243-262.

[120] Mahoney J. Path dependence in historical sociology [J]. Theory and society, 2000, 29 (4): 507-548.

[121] Mahoney J. Path-dependent explanations of regime change: Central America in comparative perspective [J]. Studies in comparative international development, 2001, 36 (1): 111-141.

[122] Mainwaring S. Party systems in the third wave [J]. Journal of Democracy, 1998, 9 (3): 67-81.

[123] March J G, Olsen J P. The new institutionalism: organizational factors in political life [J]. The American political science review, 1984, 78 (3): 734-749.

[124] March J G, Olsen J P. Rediscovering institutions: the organizational basis of politics [M]. New York: The Free Press, 1989.

[125] Marwell G, Oliver P. The critical mass in collective action: a micro-social theory [M]. Cambridge: Cambridge University Press, 1993.

[126] McKnight C, McIntire D, Stude D. Faculty governance at evangelical Christian colleges and universities [J]. Christian Higher Education, 2007, 6 (2): 79-87.

[127] Meek V L, Goedegebuure L C J. Change in higher education: the Australian case [J]. Australian Educational researcher, 1991, 16 (4): 1-26.

[128] Meek V L, Hayden M. Taking public universities seriously [M]. Toronto: University

of Toronto Press, 2005.

[129] Metzger W. Profession and constitution: Two definitions of academic freedom in America [J]. Texas Law Review, 1987, 66: 1265-1322.

[130] Meyer J W, Boli J, Thomas G M. Institutional structure: constituting state, society, and the individual [M]. Newbury Park, CA: Sage, 1987: 12-37.

[131] Meyer J W, Rowan B. Institutionalized organizations: Formal structure as myth and ceremony [J]. American journal of sociology, 1977, 83 (2): 340-363.

[132] Meyer J W, Rowan B. Organizational environments: ritual and rationality [M]. Beverly Hills, CA: Sage, 1983: 71-97.

[133] Meyer J W, Scott W R. Organizational environments: ritual and rationality [M]. Beverly Hills, CA: Sage, 1983.

[134] Middlehurst R. Changing internal governance: are leadership roles and management structures in United Kingdom universities fit for the future? [J]. Higher Education Quarterly, 2013, 67 (3): 275-294.

[135] Middlehurst R, Teixeira P N. European Higher Education at the Crossroads [M]. Netherlands: Springer, 2012: 527-551.

[136] Milbrath L W. Political participation: How and why do people get involved in politics? [M]. Chicago: Rand-McNally, 1965.

[137] Miles M B, Huberman A M. Qualitative data analysis [M]. London: SAGE Publications, 1994.

[138] Miller M T. The NEA Almanac of Higher Education [M]. Washington, DC: NEA, 2002: 51-58.

[139] Miller M T, Williams C, Garavalia B. Policy and University Faculty Governance [M]. Greenwich, CT: Information Age Publishing, 2003: 59-73.

[140] Miner A S. Idiosyncratic jobs in formalized organizations [J]. Administrative Science Quarterly, 1987, 32 (3): 327-351.

[141] Miner A S. Organizational evolution and the social ecology of jobs [J]. American Sociological Review, 1991, 56 (6): 772-785.

[142] Minor J T. Assessing the senate: Critical issues considered [J]. American Behavioral Scientist, 2003, 46 (7): 960-977.

[143] Minor J T. Understanding faculty senates: Moving from mystery to models [J]. The Re-

view of Higher Education, 2004, 27 (3): 343-363.

[144] Minor J T. Faculty governance at historically Black colleges and universities [J]. Academe, 2005, 91 (3): 34-38.

[145] Morphew C C. Challenges facing shared governance within the college [J]. New Directions for Higher Education, 1999 (105): 71-79.

[146] Morrill R. Strategic Leadership in Academic Affairs: Clarifying the Board's Responsibilities [M]. Washington DC: Association of Governing Boards of Universities and Colleges, 2002.

[147] Mortimer K P, McConnell T R. Sharing Authority Effectively: Participation, Interaction, and Discretion [M]. San Francisco: Jossey-Bass Inc., 1978.

[148] Mortimer K P, Sathre C O B. The art and politics of academic governance: Relations among boards, presidents, and faculty [M]. Lanham, Md.: Rowman & Littlefield Publishers, 2010.

[149] Nee V. The new institutionalism in sociology [M]. New York: Russell Sage Foundation, 1998: 1-16.

[150] North D C. Institutions, institutional change and economic performance [M]. Cambridge: Cambridge university press, 1990.

[151] Oberschall A, Leifer E M. Efficiency and Social Institutions: Uses and Misuse of Economic Reasoning in Sociology [J]. Annual Review of Sociology, 1986, 12: 233-253.

[152] O'Brien G D. All the essential half-truths about higher education [M]. Chicago: University of Chicago Press, 1998.

[153] Oliver C. Strategic responses to institutional processes [J]. Academy of management review, 1991, 16 (1): 145-179.

[154] Oliver C. The antecedents of deinstitutionalization [J]. Organization studies, 1992, 13 (4): 563-588.

[155] Olssen M. The neo-liberal appropriation of tertiary education policy in New Zealand: Accountability, research and academic freedom [M]. "State-of-the-Art" Monograph No. 8. Palmerston North: New Zealand Association for Research in Education, 2002.

[156] Ostrom E. Theories of the Policy Process [M]. Boulder: Westview Press, 1999: 35-72.

[157] Ostrom E, Crawford S. Understanding Institutional Diversity [M]. Princeton: Princeton U-

niversity Press, 2005.

[158] Patton M Q. Qualitative evaluation and research methods [M]. Newbury Park: Sage, 1990.

[159] Patton M Q. Qualitative research and evaluation methods [M]. California: Sage Publication, 2002.

[160] Peters B G. Institutional theory in political science: the new institutionalism [M]. London: Pinter, 1999: 1-24.

[161] Peters B G. Debating Governance [M]. Oxford: Oxford University Press, 2000: 36-53.

[162] Peters B G. Institutional theory: Problems and prospects. Political-science series [M]. Vienna: Institute for Advanced Studies, 2000.

[163] Peters B G. The future of governing [M]. Lawrence: University Press of Kansas, 2001.

[164] Peters B G, Pierre J. Governance without government? Rethinking public administration [J]. Journal of Public Administration Research and Theory, 1998, 8 (2): 223-243.

[165] Peterson M W, White T H. Faculty and administrator perceptions of their environments: Different views or different models of organization? [J]. Research in Higher Education, 1992, 33 (2): 177-204.

[166] Pierre J. Debating governance [M]. Oxford: Oxford University Press, 2000.

[167] Pierre J, Peters G B. Governance, politics and the state [M]. New York: St. Martin's Press, 2000.

[168] Pierson P. Increasing returns, path dependence, and the study of politics [J]. American political science review, 2000, 94 (2): 251-267.

[169] Powell W W. The new institutionalism in organizational analysis [M]. Chicago: University of Chicago Press, 1991: 183-203.

[170] Quadagno J, Knapp S J. Have historical sociologists forsaken theory? Thoughts on the history/theory relationship [J]. Sociological Methods & Research, 1992, 20 (4): 481-507.

[171] Ragsdale L, Theis III J J. The institutionalization of the American presidency, 1924-92 [J]. American Journal of Political Science, 1997, 41 (4): 1280-1318.

[172] Ramo K J. Reforming shared governance: Do the arguments hold up? [J]. Academe, 1997, 83 (5): 38-43.

[173] Rhodes R A W. Introduction [J]. Public Administration, 1991, 69 (1): 1-2.

[174] Rhodes R A W. The new governance: governing without government [J]. Political stud-

ies, 1996, 44 (4): 652-667.

[175] Rhodes R A W. Understanding governance: policy networks, governance, reflexivity and accountability [M]. Buckingham: Open University Press, 1997.

[176] Riehl C. Bridges to the future: The contributions of qualitative research to the sociology of education [J]. Sociology of Education, 2001 (74): 115-134.

[177] Roger E M. Diffusion of innovations [M]. New York: The Free Press, 2003.

[178] Rubin H, Rubin I. Qualitative interviewing: the art of hearing data [M]. London: Sage, 2005.

[179] Ruef M, Scott W R. A multidimensional model of organizational legitimacy: Hospital survival in changing institutional environments [J]. Administrative Science Quarterly, 1998, 43 (4): 877-904.

[180] Schimank U, Lange S. University governance: western European comparative perspective [M]. Netherlands: Springer, 2009: 51-75.

[181] Schneider P, Sadowski D. The impact of new public management instruments on PhD education [J]. Higher Education, 2010, 59 (5): 543-565.

[182] Schuster J H, Smith D G, Corak K A, et al. Strategic governance: How to make big decisions better [M]. Washington DC: American Council on Education/Oryx Press, 1994.

[183] Schutz A. The phenomenology of the social world [M]. Evanston: Northwestern University Press, 1967.

[184] Scott P. Governance in higher education: the university in a state of Flux [M]. London: Economica Ltd, 2001: 125-142.

[185] Scott W R. Organizations: rational, natural and open systems [M]. Englewood Cliffs, NJ: Prentice-Hall, 1981.

[186] Scott W R. Institutional Environments and Organizations: Structural Complexity and Individualism [M]. Thousand Oaks: Sage Publications, 1994: 55-80.

[187] Scott W R. Institutions and Organizations [M]. Thousand Oaks: Sage Publications, 2008.

[188] Scott W R, Ruef M, Mendel P J, et al. Institutional change and healthcare organizations: From professional dominance to managed care [M]. Chicago: University of Chicago Press, 2000.

[189] Seidman I. Interviewing as qualitative research: a guide for researchers in education and

the social sciences [M]. New York: Teachers College Press, 2012.

[190] Selznick P. The moral commonwealth: social theory and the promise of community [M]. Berkeley: University of California Press, 1992.

[191] Sewell Jr W H. A theory of structure: Duality, agency, and transformation [J]. American journal of sociology, 1992, 98 (1): 1-29.

[192] Sewell Jr W H. The historic turn in the human sciences [M]. Michigan: University of Michigan Press, 1996: 245-280.

[193] Shepsle K A. Studying Institutions Some Lessons from the Rational Choice Approach [J]. Journal of theoretical politics, 1989, 1 (2): 131-147.

[194] Simon H A. Administrative behavior: a study of decision-making process in administrative organization [M]. New York: Free Press, 1975.

[195] Simon H A. Bounded rationality and organizational learning [J]. Organization science, 1991, 2 (1): 125-134.

[196] Simons R. Strategic orientation and top management attention to control systems [J]. Strategic Management Journal, 1991, 12 (1): 49-62.

[197] Smouts M C. The proper use of governance in international relations [J]. International Social Science Journal, 1998, 50 (155): 81-89.

[198] Sporn B. International Handbook of Higher Education [M]. Netherlands: Springer, 2006: 141-157.

[199] Stake R. The sage handbook of qualitative research [M]. London: Thousand Oaks, 2005: 443-466.

[200] Stinchcombe A L. Constructing social theories [M]. Chicago: University of Chicago Press, 1987.

[201] Stoker G. Governance as theory: five propositions [J]. International social science journal, 1998, 50 (155): 17-28.

[202] Strang D, Meyer J W. Institutional conditions for diffusion [J]. Theory and society, 1993, 22 (4): 487-511.

[203] Suchman M C. The institutional construction of organizations: International and longitudinal studies [M]. Thousand Oaks, CA: Sage, 1995: 39-63.

[204] Sydow J, Schreyögg G, Koch J. Organizational path dependence: Opening the black box [J]. Academy of Management Review, 2009, 34 (4): 689-709.

[205] Thelen K. Historical institutionalism in comparative politics [J]. Annual review of political science, 1999, 2 (1): 369-404.

[206] Thelen K, Steinmo S. Structuring politics: historical institutionalism in comparative analysis [M]. Cambridge: Cambridge University Press, 1992: 1-32.

[207] Tierney W G. Introduction [J]. American Behavioral Scientist, 2003, 46 (7): 859-864.

[208] Tierney WG. (2005). A cultural analysis of shared governance: the challenges ahead [J]. Higher Education: Handbook of Theory and Research, 2005 (19): 85-132.

[209] Tierney W G, Minor J T. Challenges for governance: A report by the Center for Higher Education Policy [M]. Los Angeles, CA: University of Southern California, 2003.

[210] Tolbert P S. Institutional Patterns and Organizations: Culture and Environment [M]. Cambridge, MA: Ballinger, 1988: 101-113.

[211] Tolbert P S, Zucker L G. Institutional sources of change in the formal structure of organizations: The diffusion of civil service reform, 1880-1935 [J]. Administrative science quarterly, 1983, 28 (1): 22-39.

[212] Tolbert P S, Zucker L G. Handbook of Organization Studies [M]. London: Sage, 1996: 175-190.

[213] Tolofari S. New public management and education [J]. Policy Futures in Education, 2005, 3 (1): 75-89.

[214] Van Vught F. Innovative universities [J]. Tertiary Education and Management, 1999, 5 (4): 347-355.

[215] Walsh J P. Managerial and Organizational Cognition: Notes from a Trip Down Memory Lane [J]. Organization Science, 1995, 6 (3): 280-321.

[216] Weber M. Economy and Society: An Outline of Interpretive Sociology [M]. New York: Bedmeister, 1968.

[217] Weick K E. Sense making in organizations [M]. Thousand Oaks, CA: Sage, 1995.

[218] Weick K E, Roberts K H. Collective mind in organizations: Heedful interrelating on flight decks [J]. Administrative science quarterly, 1993, 38 (3): 357-381.

[219] Weingartner R H. Fitting form to function: A primer on the organization of academic organizations [M]. Phoenix Ariz: Oryx Press, 1996.

[220] Weiss R. Learning from strangers: the art and method of qualitative interview studies [M]. New York: The Free Press, 1994.

[221] Welsh J, Nunez W, Petrosko J. Faculty and administrative support for strategic planning: a comparison of two-and four-year institutions [J]. Community College Review, 2005, 32 (4): 20-39.

[222] Westmeyer P. Principles of governance and administration in higher education [J]. Springfield, IL: Charles C Thomas, 1990.

[223] Whitehead M. "In the shadow of hierarchy": meta-governance, policy reform and urban regeneration in the West Midlands [J]. Area, 2003, 35 (1): 6-14.

[224] Williams D, Gore W, Broches C, Lostoski C. One faculty's perceptions of its governance role [J]. The Journal of Higher Education, 1987, 58 (6): 629-657.

[225] Williamson O E. Debating rationality: nonrational aspects of organizational decision making [M]. Ithaca, N.Y.: Cornell University Press, 1993: 155-194.

[226] Winter S G. Toward a neo-Schumpeterian theory of the firm [J]. Industrial and Corporate Change, 2006, 15 (1): 125-141.

[227] Wright V. Reshaping the state: The implications for public administration [J]. West European Politics, 1994, 17 (3): 102-137.

[228] Zietsma C, Winn M, Branzei O, et al. The war of the woods: Facilitators and impediments of organizational learning processes [J]. British Journal of Management, 2002, 13 (S2): 61-74.

[229] Zucker L G. The role of institutionalization in cultural persistence [J]. American sociological review, 1977, 42 (5): 726-743.

[230] 毕宪顺. 权力整合与体制创新：中国高等学校内部管理体制改革研究 [M]. 北京：教育科学出版社, 2006.

[231] 毕宪顺, 赵凤娟, 甘金球. 教授委员会：学术权力主导的高校内部管理体制 [J]. 教育研究, 2011 (9): 45-50.

[232] 陈何芳. 教授治校：高校"去行政化"的重要切入点 [J]. 教育发展研究, 2010 (13): 68-73.

[233] 陈霜叶. 中国大学的学术逻辑与行政逻辑的互动类型 [J]. 高校教育管理, 2013, 7 (2): 20-32.

[234] 陈向明. 质的研究方法与社会科学研究 [M]. 北京：教育科学出版社, 2000.

[235] 陈运超. 论教授治校权力与实现 [J]. 高教探索, 2007 (5): 38-40.

[236] 范智新, 杨海斌, 秦选斌, 等. 高校招聘教师的现状及问题分析 [J]. 科技创业

月刊,2007,20(2):131-132.

[237] 顾海兵,陈小重.中国大学网站新闻的官味度分析[J].复旦教育论坛,2009(4):39-41.

[238] 龚波,李士伟,刘厚广.高校组织决策:谁去揭开"神秘"的面纱?[J].教育与职业,2007(25):38-40.

[239] 郭卉.大学治理中教师与行政人员的关系:基于社会资本的研究[J].现代大学教育,2005(3):48-52.

[240] 郭丽君.学术职业视野中的大学教师聘任制研究[D].上海:华东师范大学,2006.

[241] 韩延明.论"教授治学"[J].教育研究,2011(12):41-45.

[242] 何斌.从教师"进"与"出"谈我国高校教师聘任制度改革[J].教育发展研究,2005(13):72-75.

[243] 洪源渤,罗旭虹.论大学教师参与学校决策的权力[J].当代教育理论与实践,2010,2(2):135-137.

[244] 胡先锋.论高等学校的教师招聘[J].山西财经大学学报(高等教育版),2005,8(1):50-53.

[245] 黄毅.建构性变通:制度变迁社会学的一个分析框架:以S大学教师职务聘任制变革为例[J].学术研究,2013(10):45-52.

[246] 李宝国.高校院(系)教授委员会有效运行机制探析[J].江苏高教,2011(4):97-98.

[247] 李海萍.高校学术权力运行现状的实证研究[J].教育研究,2011(10):49-53.

[248] 李军,阳渝,伍珂霞.从人力资源管理视角看我国高校教师招聘[J].当代教育论坛:宏观教育研究,2006(19):81-82.

[249] 林炊利.核心利益相关者参与公办高校内部决策的研究[D].上海:华东师范大学,2013.

[250] 林杰.普通高校教师对高校现行制度安排满意度的分析:基于全国高校的抽样调查[J].教育学报,2009(3):58-67.

[251] 刘彩霞.我国高校教师职务聘任制研究[D].上海:华东师范大学,2003.

[252] 刘海峰.高考改革的回顾与展望[J].教育研究,2007(11):19-24.

[253] 刘海峰.十年来高校考试招生改革的新进展[J].中国高等教育,2012(19):11-13.

[254] 刘亚荣. 我国高校学术自主权变迁的实证研究 [J]. 高等教育研究, 2008, 29 (7): 37-42.

[255] 刘玉照, 田青. 新制度是如何落实的？——作为制度变迁新机制的"通变" [J]. 社会学研究, 2009 (4): 133-156.

[256] 马健生, 孙珂. 高校行政化的资源依赖病理分析 [J]. 北京师范大学学报 (社会科学版), 2011 (3): 40-46.

[257] 欧阳光华. 教授治校：源流、模式与评析 [J]. 高教发展与评估, 2005, 21 (4): 12-15.

[258] 彭阳红. "教授治校"的现代变革：以德、法、美为例 [J]. 现代教育管理, 2011 (4): 122-125.

[259] 邱晓雅. 高校教师参与决策的困境及机制创新 [J]. 教育发展研究, 2009 (3): 82-85.

[260] 屈代洲, 鄢明明. 教授治学的实现路径探析：以 H 大学教授委员会为例 [J]. 中国高校科技, 2013 (12): 8-11.

[261] 王长乐. 大学制度改革目标探析 [J]. 华中师范大学学报 (人文社会科学版), 2012 (1): 153-160.

[262] 王雅文. 高校基层党政联席会议制度的变迁与发展走向 [J]. 辽宁大学学报 (哲学社会科学版), 2011, 39 (6): 155-159.

[263] 魏进平, 刘志强, 何小丰. 教师参与大学决策的积极意义和激励措施 [J]. 国家教育行政学院学报, 2008 (5): 46-50.

[264] 温海峰. 浅谈高校教师的选拔与录用 [J]. 高教探索, 1999 (4): 75-77.

[265] 向东春. 大学学术人员在学术事务管理中影响力的实证研究 [J]. 教师教育研究, 2008, 20 (5): 25-32.

[266] 谢安邦, 阎光才. 高校的权力结构与权力结构的调整：对我国高校管理体制改革方向的探索 [J]. 高等教育研究, 1998 (2): 11-17.

[267] 谢仁业. 北大的"炸弹"都"炸"了谁？——访著名教育家潘懋元 [J]. 理论参考, 2003 (8): 24-26.

[268] 薛传会, 凌炜. 学术权力与行政权力的分野：学院教授委员会制度探索 [J]. 教育探索, 2012 (4): 72-73.

[269] 严蔚刚. 教授委员会在高校二级学院治理结构中的地位 [J]. 复旦教育论坛, 2013 (4): 49-52.

[270] 姚剑英. 中国高校教授委员会现状分析及思考 [J]. 辽宁教育研究, 2007 (6): 30-32.

[271] 尹晓敏. 教师参与高校决策: 合理性及其限度性 [J]. 教育科学, 2006, 22 (5): 68-70.

[272] 尹晓敏. 高校决策的理性限制与教师参与的价值证成: 教师参与高校决策合理性的一种阐释 [J]. 现代教育科学: 高教研究, 2007 (4): 26-29.

[273] 应望江. 四位一体: 优化高校院系治理结构的构想 [J]. 国家教育行政学院学报, 2008 (7): 51-54.

[274] 袁耀梅. 参与式管理: "教授治校"与"教授治学"的一个"调节器" [J]. 长春工业大学学报 (高教研究版), 2009, 29 (4): 23-26.

[275] 张斌贤. 我国高等学校内部管理体制的变迁 [J]. 教育学报, 2005, 1 (1): 36-42.

[276] 张德祥. 高等学校的学术权力与行政权力 [J]. 南京: 南京师范大学出版社, 2002.

[277] 张君辉. 中国大学教授委员会制度的本质论析 [J]. 教育研究, 2007, 28 (1): 72-75.

[278] 张意忠. 教授治学的调查与思考 [J]. 江苏高教, 2006 (4): 86-89.

[279] 章兢, 彭兰. 中国特色现代大学制度的建设路径探析 [J]. 中国高等教育, 2012 (10): 10-12.

[280] 赵蒙成. "教授治校"与"教授治学"辨 [J]. 江苏高教, 2011 (6): 1-5.

[281] 郑浩, 刘赞英, 刘兴国, 等. 论大学的矛盾性与现代大学制度建设的哲学困境 [J]. 河北科技大学学报 (社会科学版), 2012, 12 (2): 84-89.

[282] 钟秉林, 赵应生, 洪煜. 中国特色现代大学制度建设: 目标、特征、内容及推进策略 [J]. 北京师范大学学报 (社会科学版), 2011 (4): 5-12.

[283] 周本贞, 陆选荣, 王飞. 多元共治视阈中大学内部四大管理主体的问题及消解 [J]. 高校教育管理, 2013, 7 (1): 21-26.

后 记

对大学治理的研究兴趣，始于香港求学期间，本书亦在博士论文的基础上修改而成。在"师父"黎万红教授的悉心指导和严格要求下，本书对国际学术界关于大学治理的讨论进行了本土回应，丰富了共同治理及制度化过程的理论探讨。同时，本书采用个案研究法，从制度化过程的视角切入，深化了"教授治学"的相关研究，并为这一政策的实施提供政策建议。

受限于研究资源、研究问题及个人的研究经验，本书仍存在三方面的局限。首先，研究资源的缺乏，限制个案及可获取信息的丰富性。本书在"教授治学"的政策背景下，以教育部直属重点大学为研究对象，探讨大学教师参与课程、招生、人事等领域之决策的制度化过程。作为年轻学者，本人受限于"守门人"资源，主要以一所"985工程"研究型大学为研究对象，有限的个案，限制了研究所能获得的资料的丰富性，无法呈现教师在不同地区、不同类型的大学中参与决策过程的具体情况，亦无法展示不同情境脉络中的教师对于"教授治学"这种新的实践方式的内化过程及应对方式。

其次，研究问题的"敏感性"对接触受访者的限制。尽管研究者在联系访谈对象以及访谈过程中，最大限度地避免使用"决策""管理""行政"等词语，但仍有部分受访者尤其是院级学术领导认为本研究过于敏感而拒绝接受访谈，个别年轻教师虽迫于"守门人"或其他中间人的人情压力接受访谈，但在访谈过程中表现出敷衍或小心翼翼的态度，影响本研究的全面性及深度。

由于研究者的经验所限，可能并未充分考虑被访者的顾忌，相信研究宜需要多关心被访者的感受，适度调节访谈问题，以降低被访者的焦虑感。

最后，作为一名初级质化研究者，有限的田野工作经验，可能限制了本书能够获取的信息的丰富性。如在访谈过程中可能存在遗漏追问时机的情况，另外，研究者对于访谈内容与节奏的把控、中立角色的保持、"前设"与"偏见"的摒除等方面亦存在进一步努力的空间。而且，在数据分析与解读过程中，研究者也可能因资质与经验的不足，影响研究的广度和深度。

以上诸多问题不仅为研究者的后续研究提供了可资借鉴的经验教训，更指明了日后可以继续努力的方向与空间。具体而言，不同地区及类型的大学可能存在不同的治理文化，后续研究或可考虑选取中西部教学型大学为个案，探讨不同情境脉络中教师参与决策的方式以及不同群体之间的互动情形。当然，研究者亦可考虑对个案大学进行追踪观察，希冀呈现"教授治学"制度化过程的全幅图景，以及教师对这一新的实践方式的认识及内化过程。

行文至此，回望在港的求学和研究经历，多重滋味席卷而来，尤其感激陪我走过"十关"的良师益友。感谢师父黎万红教授的悉心教导，每月一次的例会，从开始的惶恐不安，到最后的泰然享受，正是师父的严格要求，才让我有机会感受进步。翻开历次考试、访谈提纲，以及开题报告的一稿、二稿、三稿……每稿中密密麻麻的中肯建议，时刻提醒我感念师父的用心与严谨。学业之外，师父也在生活的一点一滴中示范着如何做人与处世，严谨、自信、共享、尊重是师父给予我的期望，我也立誓能够不辱师命继续传承。

感谢陈霜叶教授、何瑞珠教授，二位老师的严厉与挑战迫使我不断思考，拓展思路，逐渐明确研究问题、理论视角、研究方法。感谢曾荣光教授于课堂、办公室、餐厅甚至电梯里对于我研究选题的耐心解答，感谢钟宇平教授、林嘉嘉教授、谢均才教授、彭新强教授、李军教授等对所授课程的热情与投入，使我能够尽快熟悉各种研究方法以及教育政策各个领域的主要研究议题与成果。

感谢琳琳、丽佳、银霞、雪峰、宋佳等同门给予我的关怀与支持，高情厚谊，铭感不已。感谢陈国本楼606室的同窗们，一起学习、生活的日子从不枯燥，感谢雪枫、丽敏、丽媛在我彷徨、落寞时给予的最大支持。感谢父

后 记

母对于我长年在外求学的宽容,感谢弟弟替我守在父母身边恪尽孝道。

最后,本书为 2018 年度教育部人文社会科学研究青年基金项目"世界一流大学治理改革研究:基于案例分析的视角"(18YJC880154)的阶段性研究成果。在书稿修改和出版过程中,得到了教育部社会科学司和知识产权出版社的大力支持,尤其在编辑过程中,本书的责任编辑认真负责,对相关文字进行了字斟句酌的修改,在此,一并致谢!写作过程中还有很多思考不成熟的地方,恳请读者批评指正!

书不尽意,谨以此文祝福所有人平安、健康!

朱贺玲
于御景湾静宅
2019 年 11 月 14 日